Im Grunde sind die Frauen, von denen Sabine Deitmer erzählt, so normal und friedliebend wie du und ich. Wenn nur die Probleme mit den Männern nicht wären... Gnadenlos werden sie hier vorgeführt, die Männer, die Frauen das Leben schwermachen: der busengrapschende Chef, der humorlose Haustyrann, der Politiker, der über Leichen geht. Je nach Temperament findet jede der porträtierten Frauen eine andere haarsträubende Lösung für ihren ganz speziellen Fall.
Die Männer bekommen nur, was sie verdient haben. Schließlich begehen alle den gleichen verhängnisvollen Fehler: Sie unterschätzen die Frauen. Und wenn brave Frauen böse werden, müssen sich Männer warm anziehen. Zwei Meter unter der Erde kann es sehr kalt sein.
Spannende, witzige, provozierende Geschichten von galligem schwarzen Humor. Frauenfreundlich und teuflisch unterhaltsam.

Sabine Deitmer, Jahrgang 1947, studierte Anglistik und Romanistik in Bonn und Konstanz und arbeitete danach als Lehrerin, freie Übersetzerin und pädagogische Mitarbeiterin. Lebt seit mehr als zehn Jahren im Ruhrgebiet (Dortmund). Vorher Vagabundieren in Brighton, Bristol und Berlin.

Sabine Deitmer

Mordgeschichten

Bye-bye, Bruno
Auch brave Mädchen tun's

Fischer Taschenbuch Verlag

Die Frau in der Gesellschaft
Lektorat: Ingeborg Mues

Sonderausgabe
Veröffentlicht im Fischer Taschenbuch Verlag GmbH,
Frankfurt am Main, Mai 1992

Umschlaggestaltung: Manfred Walch, Frankfurt am Main
Umschlagabbildung: Mel Ramos,
›Senorita Rio – The Queen of Spies‹, 1963
Mit freundlicher Genehmigung
der Louis K. Meisel Gallery, New York
Gesamtherstellung: Clausen & Bosse, Leck
Printed in Germany
ISBN 3-596-11303-2

Inhalt

Bye-bye, Bruno

Auch brave Mädchen tun's

Bye-bye, Bruno

Bye-bye, Bruno

Mit schwesterlichen Grüßen

Berlin, den 8. Mai 1988

Liebe Schwester,
Du hast Dich zu einem sechswöchigen Selbstverteidigungs-Fernlehrgang angemeldet. Dies ist der erste von sechs Briefen. In jedem Brief werden wir Dir für die darauffolgende Woche bestimmte Aufgaben stellen. Für den Erfolg des Lehrgangs ist es unbedingt notwendig, daß Du unsere Anweisungen aufs Wort befolgst. Hier sind Deine Aufgaben für die erste Woche:
Nimm Dir zwei, drei Illustrierte vor, am besten die letzten Nummern des STERN oder des SPIEGEL, und reiß alle Abbildungen heraus, auf denen Männer zu sehen sind. Suche Dir zehn Männer heraus, die Du auf Anhieb am abstoßendsten findest. Häng Dir diese Figuren gut sichtbar an eine Wand neben Dein Bett und sieh ihnen jeden Morgen und jeden Abend fest in die Augen. Erfinde ein unterschiedliches Schimpfwort für jeden einzelnen. Sprich jeden Mann mindestens zweimal täglich mit dem Schimpfwort an, das Du Dir für ihn ausgedacht hast. Steigere dabei Deine Lautstärke, bis Du laut schreist.

Berlin, den 15. Mai 1988

Liebe Schwester,
den ersten Teil des Lehrgangs hast Du mit Bravour hinter Dich gebracht. In der Benennung der Männer warst Du direkt und schöpferisch.
»Du Schwein, du Sau, du Ekel« sind zwar bekannt, aber wirkungsvoll. »Schlappschwanz, Schwanzficker, Widerling, Dickmops, Versager und Null« sind schöpferisch, jedoch weniger direkt.
Das haben wir uns für die zweite Woche für Dich ausgedacht: Du siehst Deinen Figuren nach wie vor mindestens zweimal täglich fest in die Augen und beschimpfst sie laut. Deine Beschimpfungen machst Du etwas lebendiger, indem Du sie mit

Adjektiven anreicherst. Also nicht nur »du Schwein« sondern »du widerliches Schwein«. Du fährst fort mit »dich sollte frau doch« oder »dir sollte frau doch«, zum Beispiel »die Eier abschneiden«. Vergiß nicht, diese Drohungen laut herauszuschreien.

Berlin, den 22. Mai 1988

Liebe Schwester,
dies ist nun schon der dritte Brief, und wir sind recht zufrieden mit Dir. »Du elendes Schwein, dich sollte frau lebendigen Leibes mit einem rostigen Messer kastrieren« hat uns sehr gut gefallen, ebenso wie »du mieser kleiner Arschficker, dir sollte frau dein Rohr einbetonieren«. Merkst Du eigentlich schon, wie Du Dich durch unser Programm veränderst, wie Du mutiger wirst? Aber wir wollen uns nicht mit dem bisher Erreichten zufriedengeben, und weiter geht's. Das steht für Dich auf dem Programm der kommenden Woche: Mach Fotokopien von den Widerlingen, die bei Dir neben dem Bett hängen, und kleb sie auf Styroportafeln. Tapezier Dir jetzt eine ganze Wand, mindestens jedoch eine Fläche von zwei mal ein Meter fünfzig, voll mit den Bildern Deiner Lieblingsekel. Wähl Dir aus allen Abbildungen Dein Superekel und behandle es gebührend. Mit Filzstiften kannst Du es verschönern, indem Du Kreise um Teile seines Körpers oder Gesichts ziehst. Jetzt pack Dir Dein Ekel. Kauf Dir ein paar Wurfpfeile und versuche, sie genau in die Kreise zu plazieren. Schrei laut bei jedem Pfeil, den Du dem Ekel entgegenwirfst, was Du ihm antun wirst. In der Art von »du widerlicher Vergewaltiger du, dir werde ich mit meinem Pfeil deine dreckigen Hoden durchbohren«. Verbringe mit diesem Spielchen mindestens eine halbe Stunde pro Tag.

Berlin, den 29. Mai 1988

Liebe Schwester,
ja, so ist es richtig. Langsam kommst Du in Fahrt. Diese Widerlinge haben bei Dir nichts mehr zu lachen. Gut so. Übrigens hast Du schon die Hälfte des Kurses hinter Dir. Also, paß gut auf, was Dir die nächste Woche bringt. Besorg Dir einen Sack aus dickem, festem Stoff. Den bekommst Du in jedem Wäschegeschäft. Pack ihn voll mit alten Klamotten,

wie zum Beispiel ausrangierten Kleidungsstücken, alten Dekken und ähnlichem. Wenn er voll ist, mach ihn gut zu und befestige ihn an einer dicken Schnur am Türrahmen Deines Schlafzimmers. Er soll frei baumeln können. Das reicht eigentlich schon, aber besser ist, wenn Du Dir einen Eimer Kleister anrührst und die Fotokopien Deines Superekels auf den Sack pappst. Sobald der Kleister getrocknet ist, darfst Du Dich auf den Sack stürzen. Bearbeite ihn mit Händen und Füßen, sooft Du Lust dazu hast, mindestens jedoch eine Stunde pro Tag. Schrei dem Widerling dabei die Schimpfworte entgegen, die Du bisher gelernt hast. Hoffentlich wohnst Du in keinem Neubau.

Berlin, den 5. Juni 1988

Liebe Schwester,
Dein Paket mit den seltsamen Fleischschnipseln haben wir sofort nach Erhalt an unsere Katzen verfüttert. Du bist nicht die erste, bei der unser Kurs voll eingeschlagen hat, und langsam wird uns der Boden hier in Berlin etwas heiß. Sobald die Geschäfte abgewickelt sind, hoffen wir, in wärmere Gegenden umziehen zu können.
Wenn Du uns einen Gefallen tun willst, dann erinnere alle Frauen, die Du kennst und die in der letzten Zeit den Kurs bei uns gemacht haben, daran, daß wir das Geld schnellstens brauchen. Denn bisher hat uns allein die schlampige Zahlungsmoral unserer Kundinnen noch hier gehalten.
Wir fordern Dich nachdrücklich auf, jeden weiteren Kontakt zu uns einzustellen.

Mit schwesterlichen Grüßen

Kaffeeklatsch

Die fünf älteren Damen, die sich um den ovalen Holztisch zusammengefunden hatten, trafen sich seit nahezu zwanzig Jahren einmal im Monat zum gemeinsamen Kaffeeklatsch. Es hatte jedoch Seltenheitswert, wenn alle fünf beisammen waren. Jede von ihnen verreiste gerne und oft, so daß das Damenkränzchen selten in voller Besetzung tagte, wie es heute nach fast zwei Jahren zum ersten Mal wieder der Fall war. Käthe Trautwein war die Gastgeberin. Mit fünfundsiebzig die älteste unter den anwesenden Damen, erfreute sie sich bester Gesundheit, versorgte ihr großes Haus selbst, und wer sie mit ihren blitzenden Augen sah, schätzte sie auf allerhöchstens sechzig. Die Treffen bei Käthe waren berühmt-berüchtigt, da sie sich nicht selten bis spät in die Nacht fortsetzten, dank Käthes ausgezeichneten Sherry- und Portweinvorräten. Es war sogar schon vorgekommen, daß Käthe die Gästebetten herrichten mußte und die Damen des Kränzchens allesamt bei ihr übernachteten.

Die Krümel auf den Tortenplatten mit den weißen Deckchen in der Mitte des Tischs neben den frisch duftenden Fresien sowie die Südweingläser, die schon seit einer Weile neben den Kaffeegedecken standen, zeigten an, daß sich das Kaffeekränzchen in fortgeschrittenem Stadium befand. Bereits zum zweiten Mal füllte Käthe die Kristallgläser nach und freute sich, daß die Freundinnen es sich augenscheinlich wohlergehen ließen.

Gretl Driehorst öffnete den obersten Knopf ihrer Seidenbluse und fuhr sich verträumt mit der Hand über den Halsansatz. Zwei weiße Strähnen hatten sich aus dem Knoten am Hinterkopf befreit, und ihre Schuhe standen längst einsam neben dem Tischbein, während Gretl auf Strümpfen über den Teppich strich.

Therese Gottlieb strich sich mit den Fingern durch die leuchtend roten Haare, nahm ihr perlmutternes Brillengestell von der Nase und begann inbrünstig die Gläser zu putzen. Ein

sicheres Zeichen, daß sie ganz bei der Sache war und nichts verpassen wollte.
Lore Ganter schüttelte ungläubig ihren Kopf mit den kurzgeschorenen silbergrauen Haaren, murmelte »ts, ts« und fuhr energisch mit dem Zeigefinger durch die Luft.
Minchen Silbermann hielt wie immer Strickzeug in ihren flinken Händen, und ihre Wangen hatten die leicht rote Färbung, die die interessantesten Geschichten erwarten ließ.
Käthe stellte die Portweinflasche in die Mitte des Tischs. Das war das Zeichen, daß die Freundinnen sich von nun an selbst bedienen konnten.
»Heute ist ein ganz besonderer Tag«, sagte Minchen, durchbohrte das Wollknäuel mit den beiden metallenen Stricknadeln und legte den giftgrünen Schlauch, der einmal als Kuschelschlange für ihren jüngsten Enkel enden sollte, in den Schoß.
»Du hast dein siebtes Enkelkind bekommen, einen Monat zu früh«, vermutete Gretl, die bisher erst einmal Großmutter geworden war.
»Ohne uns etwas zu verraten, hast du den Führerschein gemacht – und bestanden«, schlug Therese vor, die Minchen häufig im Auto herumchauffierte.
»Du bist den ›Anonymen Alkoholikerinnen‹ beigetreten«, frotzelte Lore, denn Minchen war mit Abstand die trinkfesteste unter ihnen.
»Du kommst ins Fernsehen. ›Minchens Stricktips für werdende Mütter‹«, versuchte es Käthe.
»Falsch, alles falsch«, triumphierte Minchen, »was ihr mir zutraut, also wirklich. Es ist ein ernster Gedenktag. Einer, zu dem mir unser Herr Pfarrer höchstpersönlich einen Gruß geschrieben hat. Mein Fritz ist nämlich heute vor genau zehn Jahren beigesetzt worden.«
»Die Zeit vergeht«, kommentierte Käthe als einzige.
»Heute vor genau zehn Jahren«, wiederholte Minchen. »Und wißt ihr, was mir unser Pfarrer heute schreibt? Er schreibt, daß er mich beglückwünscht zu dem Mut, mit dem ich mein Leben seither gemeistert habe, und daß Fritz ein aufrechter Christ gewesen sei, eine Säule seiner Gemeinde, ein Pfeiler, auf den man bauen konnte.«
»Ein Pfeiler«, spottete Lore.

»Eine Säule«, schmunzelte Käthe.
»Und wißt ihr, was das erste war, was mir einfiel, als ich an Fritz dachte? Seine Unterhosen.«
»Seine Unterhosen?«
»Ja, seine Unterhosen«, fuhr Minchen fort und stärkte sich mit einem Schluck Portwein, »er trug nämlich zeit seines Lebens lange Unterhosen, der Fritz. Im Winter wollene, innen aufgerauhte, im Sommer baumwollene. Jahrein, jahraus. Und wenn er einmal in der Woche die Unterhosen neben das Bett hing, dann wußte ich Bescheid... ›Was gut ist gegen die Kälte, ist auch gut gegen die Wärme‹, pflegte er zu sagen.« Minchen errötete.
»Fünfzehn Paar lange Unterhosen hat er mit in die Ehe gebracht. Ich habe vielleicht Augen gemacht.«
»Sag bloß, das war auch schon so in den Flitterwochen?«
»Aber selbstverständlich. Da gerade. Wir waren vierzehn Tage lang an der Nordsee. Im März! Könnt ihr euch das vorstellen? Dafür hatte ihm seine Mutter die ganze Winterkollektion eingepackt.«
»Hat er die Unterhosen denn wenigstens öfter als einmal pro Woche neben das Bett gehängt?«
»Wo denkt ihr hin, mein Mann war ein Mann mit Grundsätzen. Ein aufrechter Christ, eine Säule der Gemeinde, wie der Herr Pfarrer gesagt hat. Und streng katholisch. Eine katholische Säule sozusagen. Luther war für ihn ein Lustmolch.«
»In der Woche zwier, schadet weder ihm noch ihr«, warf Lore ein, die auch schon Religionsunterricht gegeben hatte.
»Von wegen zweimal, nicht bei Fritz. Einmal pro Woche, und als die vier Kinder da waren, in jedem Jahr eins, da hat er die langen Unterhosen für immer anbehalten.«
»Immer?« fragte Therese spöttisch.
»Immer, wenn wir uns gesehen haben. Das war ja selten genug, die paar Tage Fronturlaub hier und da.«
»Und später?«
»Später ist er dann nur noch einmal schwach geworden. Aber das war Jahre später. Da hat er dann noch einmal die langen Unterhosen neben das Bett gehängt. Das ist dann unsere Jüngste geworden, die Bettina. Der Schreck ist ihm für immer in die Glieder gefahren. Von da ab waren Fritz und seine Unterhosen eins. Ich jedenfalls habe ihn nie mehr ohne zu Ge-

sicht bekommen. Von dem Augenblick an, als ich ihm gesagt habe, daß ich wieder schwanger war.«
»Wie alt warst du eigentlich damals, Minchen?«
»Also die Bettina ist im August fünfunddreißig geworden. Als sie kam, muß ich so um die Dreißig gewesen sein. Mein Gott, wie die Zeit vergeht.«
Für eine Weile wurde es still an der Kaffeetafel. Jede der Anwesenden hing ihren Gedanken nach.
»Meine Flitterwochen waren das Beste an der ganzen Ehe«, durchbrach Gretl die Stille, »zwei Wochen Venedig im Juni. Das war was. Wenn ich daran noch denke. Groß und schlank war der Anton da. Ein gutaussehendes Mannsbild«, versonnen schob Gretl die Finger der rechten Hand in den Ausschnitt der Seidenbluse und fuhr sich über ihren Halsansatz.
»Venedig«, Gretl ließ das Wort auf der Zunge zergehen. »Vom Balkon unseres Hotelzimmers sahen wir direkt auf den Hof einer Autowerkstatt. Das war wunderbar, diese Aussicht.«
Minchen schickte einen vielsagenden Blick zu Therese, die ein Schmunzeln nicht unterdrücken konnte.
»Geschlafen haben wir kaum damals, so aufregend fanden wir das alles.«
»Die Autos?« fragte Lore ironisch.
»Nicht nur die Autos. Obwohl das auch schon was war damals. Nein, nicht die Autos. Venedig und die Menschen und die Kunst und alles. Und mein Anton hat mir das alles so schön erklärt, den Dogenpalast und die Geschichte und den Baustil der Paläste. Als ob er den Kunstführer selbst geschrieben hätte. Ohne hineinzugucken hat er das erklärt, so feinsinnig, und dabei hat er meine Hand gestreichelt. Jedesmal, wenn er mir wieder etwas Neues über Venedig erzählt hat, hat er meine Hand gestreichelt.«
»Vierzehn Tage lang«, gab Therese zu bedenken, »da muß er sich ja eine Sehnenscheidenentzündung geholt haben bei so viel Streicheln.«
»Also ich fand das wunderbar damals. Bis ans Ende der Welt wäre ich mit dem Anton gegangen, ohne eine Sekunde zu überlegen. Bis nach Grönland wäre ich mit ihm gegangen, obwohl es in Venedig so schön warm war.«
»Spätestens in Grönland hättest du ihn gegen einen Pinguin

eingetauscht«, witzelte Therese weiter, »die sind so korrekt gekleidet und so höflich, da wäre selbst dein Flitterwöchner nicht mitgekommen.«

»Spottet nur, aber so wohlerzogen waren eure sicher noch nicht einmal während der Flitterwochen. Immer hat er mir den Stuhl zurechtgerückt und sich selbst erst gesetzt, wenn er sicher war, daß ich einen guten Platz hatte.«

»Gute Kinderstube«, stellte Käthe sachlich fest.

»Gibt es heutzutage ja überhaupt nicht mehr«, ergänzte Lore, »bei meinem Schwiegersohn, da muß man aufpassen, daß er einem den Stuhl nicht unter dem Hintern wieder wegzieht, falls man zufällig vor ihm einen gefunden hat.«

»So wie in Venedig hat er mir nie wieder einen Stuhl angeboten, der Anton, nie mehr«, Gretl fingerte eine dicke Haarnadel aus ihrem Knoten und steckte die losen Haarsträhnen fest, die sich beim Erzählen gelöst hatten, als suche sie Halt für das, was noch kommen sollte.

»Hinterher mußte ich ihm immer den Sessel zurechtrücken, so geschafft ist er abends aus dem Geschäft nach Hause gekommen. Ganz klein ist er da in dem Sessel geworden, die Schultern sind ihm fast nach unten weggesackt, so ist er in sich zusammengesunken. Zwei Kinder hatte ich da auf einmal. Meine Große, die gleich im ersten Ehejahr zur Welt kam, und den Anton. Ich dachte, ich hätte einen großen starken Mann geheiratet, und stand da mit zwei Babys. Gerade, daß ich den Anton nicht zu wickeln brauchte wie die Ilse. Füttern mußte ich ihn genauso, und Aufmerksamkeit brauchte er mindestens genausoviel, wenn er mir erzählt hat, wie schlimm es wieder mit den Angestellten im Geschäft war. Da habe ich ihm immer über die Backen gestreichelt genau wie bei der Kleinen, oder ich habe ihm etwas zu schlecken in den Mund gesteckt. Da kriegte er wieder gute Laune. Stellt euch vor, einmal habe ich ihm doch wirklich den Schnuller von der Kleinen aus Versehen in den Mund gesteckt. Und er kaute eine ganze Weile darauf herum, bis er ihn wieder ausgespuckt hat.«

»Ein Baby, ein Riesenbaby«, Minchen kicherte los und wischte sich mit einem Taschentuch die Lachtränen ab.

»Ich fand das gar nicht lustig.«

»Einen Schnuller, nein wirklich«, amüsierte sich Käthe, »einen Schnuller.«

»Lieber ein Baby als ein Halbstarker«, warf Therese in die Diskussion und fuhr sich mit einer resoluten Handbewegung durch die kurzgeschnittenen und perfekt gefärbten roten Haare.
»Wieso Halbstarker?«
»Der Erwin hat zeit seines Lebens jede freie Minute mit einem Motorrad verbracht. Entweder ist er darauf rumgebrettert wie ein Wilder, oder er hat darunter gelegen und irgend etwas repariert oder frisiert oder Öl gewechselt. Alle naselang hat er Öl gewechselt. Das stand dann kannenweise in der Garage herum, das ganze alte Öl. Eine Verschwendung war das. Und dann hat er stundenlang bunte Streifen auf seine Maschine gemalt. Und mich hat er jedesmal komisch angeguckt, wenn ich mir die Zehennägel rot lackiert habe...«
»Mein Enkelsohn hat gerade ein Mofa zu seinem Geburtstag bekommen. Darauf kommt er angeknattert, um mich zu besuchen«, sagte Käthe, »das ist ein ganz normaler junger Mensch.«
»Wie alt ist dein Enkel denn?«
»Sechzehn.«
»Also mit sechzehn ist das ganz normal. Auch noch mit dreißig. Auch für einen Mann mit dreißig fand ich das noch ganz normal. So alt war der Erwin, als ich ihn kennenlernte. Das konnte ich verstehen, daß er nach dem Krieg die Uniform als erstes gegen die Motorradkluft eingetauscht hat. Wo er nie eine richtige Kindheit hatte und schon so früh arbeiten gehen mußte, weil sein Vater im Ersten Weltkrieg geblieben war. Ich habe das verstanden, daß er sich noch austoben mußte und wie stolz er auf seine erste BMW war. Das habe ich alles verstanden.«
»Ganz ansehnliche Kerls sind das in den Ledersachen«, warf Lore ein.
»Er hat mir ja auch gefallen, der Erwin, in den dunklen Ledersachen. Aber irgendwie habe ich doch gehofft, daß sich das gibt mit den Jahren. Daß er erwachsen wird und auch mal wieder aus der Motorradkluft aussteigt und seinen Vaterpflichten nachkommt. Das genaue Gegenteil war der Fall. Der Kleine hat ihn nie interessiert. Dafür hätte er wohl mit einem Motorradhelm durch den Geburtskanal schießen müssen, am besten meinem Erwin direkt auf den Lenker. Aber so

war das halt nicht. Mit dem Kleinen konnte er überhaupt nichts anfangen. Gleich nach seiner Geburt ist er in den Motorradklub eingetreten und war noch seltener zu Hause.«
»Motorsport«, sagte Käthe sachverständig.
»Motocross«, verbesserte Therese, »wißt ihr überhaupt, was das ist?«
»Gelände, mit dem Motorrad durchs Gelände«, bot Gretl an, die sich bei jedem Thema zu einem Beitrag berufen fühlte.
»Gelände ist gut. Morast, Schlammgruben und Sumpflöcher wären treffender. Mindestens einmal im Monat gibt es irgendwo solche Schlammfahrten. Und für die Schlammfahrten muß natürlich auch geübt werden. Könnt ihr euch überhaupt vorstellen, wie die danach aussehen, wenn sie wieder nach Hause kommen?«
»Sportlich.«
»Gestählt.«
»Verschwitzt.«
»Wie die Wildschweine, die sich eingesuhlt haben«, ergänzte Therese. »Und mit diesen schlammbespritzten Anzügen und matschverkrusteten Stiefeln spazieren sie geradewegs in eure sauberen Wohnzimmer. So müßt ihr euch das vorstellen, daß es nur so knirscht auf dem Parkett.«
»Er hätte ja die Stiefel vor der Tür ausziehen können«, schlug Minchen vor, die das gerade erst bei ihren Enkelkindern eingeführt hatte.
»An den Dreck hätte ich mich ja noch gewöhnen können. Aber dieses Siegerlächeln, auch wenn er als letzter durchs Ziel ist. An ihm hat es nie gelegen. Das Lächeln ist ihm nie vergangen. ›Saubere Arbeit‹, hat er mir gesagt, ›dein Erwin hat saubere Arbeit geleistet. Du kannst stolz auf mich sein, Therese.‹ Stellt euch das vor. ›Saubere Arbeit‹, hat er gesagt, bei dem ganzen Dreck, den er mir hereingetragen hat. ›Saubere Arbeit.‹«
»Saubere Arbeit, das muß ich mir merken«, kicherte Minchen und dachte an ihre Enkelkinder.
»Das Schlimmste für mich«, fuhr Therese fort, »war der Beiwagen. Das Allerschlimmste. Am Anfang, als ich mich geweigert habe, zu ihm auf das Motorrad zu steigen, hat er einen Beiwagen gekauft. Und stolz war er darauf. Ich kann euch sagen. Zwei Wochenenden habe ich es darin ausgehal-

ten. Die Kurven. Ihr könnt euch das nicht vorstellen. In jeder Kurve dachte ich, gleich würde ich allein mit dem Beiwagen durch die Leitplanken schießen. Todesängste habe ich ausgestanden. Und ihm hatten es vor allem die Kurven angetan. Das war für ihn das allergrößte: mit Karacho in die Kurve, so daß die Räder von meinem Beiwagen quietschten. Die tollste Kurve war die vor dem Ortseingang, da ist er noch einmal in die vollen gegangen. Und ich habe gezittert und mich am Chassis festgekrallt. ›Nichts für Weiber‹, hat er verständnisvoll gegrinst, als ich für immer ausgestiegen bin. ›Nur was für Männer. Harte Männer.‹«

»Mit dem konntest du dich sicher gut unterhalten«, spottete Gretl jetzt und setzte nach, »über Motorräder.«

Minchen, Käthe und Lore schmunzelten entzückt.

»Ihr seid gemein. Ihr wißt genau, daß ich nichts mehr davon hören will, von all den Kawakikis, Suzukis und wie sie alle heißen. Kindische Namen. Er ist sie auf jeden Fall alle gefahren: amerikanische, deutsche, japanische. Was ihr wollt. Alle Klassen. Alle Pferdestärken. Wollt ihr vielleicht noch einen kleinen Vortrag hören, wie schnell jedes von diesen Biestern innerhalb von dreißig Sekunden beschleunigt? Weiß ich alles. Dazu reicht es noch bei mir.«

»Wir wollen uns ja kein Motorrad anschaffen, oder?« lenkte Käthe, die Gastgeberin, ein.

»Vielleicht doch«, meinte Therese scheinheilig, »so, wie ihr euch dafür interessiert, sollte ich mal eine BMW mit Beiwagen organisieren. Wen darf ich denn nächsten Monat damit zu Hause abholen?«

Therese fuhr sich mit den Fingern durch ihre roten Haare und nahm einen kräftigen Schluck von ihrem Portwein.

»Zum Schluß hat er mir dann einen tollen Streich gespielt. Ich dachte, ich würde nie mehr eine Motorraduniform sehen, auf jeden Fall nicht mehr bei mir. Und wer kommt zur Beerdigung? Auf Erwins ausdrücklichen Wunsch? Der ganze Motorradklub. Dreißig Motorradfreunde in schwarzem Leder sind in Dreierreihe hinter seinem Sarg hergefahren mit einem Kranz aus weißen und schwarzen Nelken. Ich wußte vorher gar nicht, daß es so was gibt. Schwarze Nelken«, schloß Therese, goß sich ihr Glas voll und leerte es in einem Zug.

»Meiner stieg nicht auf oder unter die Maschinen, meiner

stieg in die Maschinen«, verkündete Lore in einer Lautstärke, die ausgereicht hätte, eine Horde plärrender Erstkläßler zu übertönen, »sofern sie groß genug dafür waren«, fuhr sie in gemäßigter Stimmlage fort. »Er hätte in einem Maschinenpark leben können, da wäre er so richtig glücklich gewesen. Mit lauter Motoren und Kolben und Rädchen und Drehscheiben und Schrauben und Muttern und Schraubzwingen und mit einer großen Kanne Öl, das hatte er mit Erwin gemeinsam. Ohne Öl ging nichts. Öl war wichtig. Besonders wichtig, damit alles reibungslos laufen konnte. So ein beständiges Surren Tag und Nacht, das war das Größte für meinen Fredy.«

»Dafür mußtest du dich nie mit Handwerkern rumplagen«, vermutete Therese.

»Ich durfte mich nicht mit Handwerkern rumplagen«, verbesserte sie Lore. »Ich hätte das liebend gern getan, aber ich durfte es nicht. Selbst als der Abfluß unserer Toilette über Tage nicht freizubekommen war, durfte ich keinen Klempner holen. Als die Kinder es leid waren, Garageneinfahrten zu suchen und bei Dunkelheit in die Vorgärten der Nachbarn einzufallen, habe ich vorsichtig angedeutet, ob nicht vielleicht doch eventuell ein Fachmann hinzugezogen werden sollte. Da ist er durchgedreht, der Fredy. So habe ich ihn noch nie erlebt. ›Dein Fachmann. Hier hast du deinen Fachmann‹, hat er geschrien und mit der Rohrzange nach mir geworfen. Heute noch habe ich davon eine Narbe am Oberarm. Tief aufgerissen war das Fleisch bis auf die Knochen.«

Lore knöpfte die Manschette ihrer Hemdbluse auf und zeigte auf eine pfenniggroße weiße Narbe in Halbmondform, die in braune Pigmentflecken eingebettet lag.

»Der war ja richtig gefährlich, dein Fredy.«

»Er war der liebste Mann der Welt«, Lore knöpfte ihren Ärmel wieder zu. »Nur reizen durfte man ihn nicht. Da brannten bei ihm die Sicherungen durch. Ich habe nie mehr den Vorschlag gemacht, Handwerker zu holen. Das könnt ihr euch denken. Auch nicht, als unsere Zentralheizung ausfiel und wir eine Woche lang im November mit Wintermänteln durch die Wohnung laufen mußten. Letztendlich hat er es immer geschafft. Das muß ich ihm lassen. Nur gedauert hat es manchmal.«

Käthe knipste die Stehlampe und die Wandleuchten mit den pergamentenen Schirmchen an. Die Kaffeetafel mit der Damenrunde wurde in gedämpftes, warmes Licht getaucht.

»Da habt ihr sicher viel Geld gespart, wenn er alles reparieren konnte?«

»Geld gespart«, fragte Lore erstaunt, »wieso Geld gespart? Wir haben zwei Garagen dazumieten müssen für die Werkzeuge und die großen Teile.«

»Zwei Garagen?«

»Ihr habt ja keine Ahnung, was da so zusammenkommt bei einem richtigen Heimwerker. Allein die Kästen für die Nägel und Dübel und Schrauben. Keine Ahnung habt ihr. Und dann die größeren Geräte. Die Sägen und Schraubstöcke und was weiß ich nicht noch alles.«

»Zwei Garagen«, murmelte Minchen beeindruckt.

»Zwei Garagen«, bestätigte Lore, »wo sollten wir denn hin mit den Musikschränken, Plattenspielern, Waschmaschinen, Mixern, Rasenmähern, die er von Kollegen geschenkt gekriegt hat, wenn sie nicht mehr liefen. Sollten wir uns die vielleicht ins Wohnzimmer stellen?«

»Und was hat er mit dem ganzen Kram gemacht?« fragte Käthe.

»Erst einmal hat er alles auseinandergenommen, bis alle Einzelteile vor ihm auf der Werkbank lagen, alle Schräubchen, Motörchen, Leitungen und so was. Ja und dann hat er alles wieder neu zusammengesetzt. Na, und bevor er sie auseinandergenommen hat, hat er daran rumprobiert, um rauszukriegen, an welchem Teil der Fehler lag. Und das Teil hat er dann ersetzt. Dazu mußte er gleich noch ein ähnliches Teil auseinandernehmen, weil ja nie oder fast nie das gleiche Teil kaputtging. Ja, und dann hat er alles wieder zusammengesetzt. Das konnte dauern. Stunden, Wochen, Monate, je nachdem. Aber hinterher ist das Ding wieder gelaufen. Allerdings sind nach dem Zusammenbauen immer ein paar Schrauben übriggeblieben. Mich haben die ganz unruhig gemacht, die Schrauben, die da übrigblieben.«

»Anscheinend waren die ja überflüssig, wenn das Ding auch ohne sie lief«, merkte Käthe an.

»Das hat er auch immer gesagt, genau das hat er gesagt, ›völlig überflüssig der ganze Schnickschnack‹, und hat sie genommen und zu seinen anderen Schräubchen sortiert. Mir war das ganz unheimlich, daß bei uns im Mixer die Schrauben fehlten und in der Waschmaschine und überall. Ich habe die Geräte gemieden wie die Pest. Noch nicht mal den Rührer habe ich in die Steckdose gehalten, lieber habe ich die Sahne mit der Hand geschlagen.«

»Wegen der paar Schräubchen, die fehlten?«

»Schräubchen? Bei unserem Staubsauger fehlten drei dicke Schrauben. Große fette Schrauben. Die hab ich mir genau angeguckt. Die mußten doch zu was gut sein. Wozu waren sie sonst drin? Ich habe dann nur noch mit dem Schrubber die Teppiche abgeschrubbt, wenn Fredy nicht da war.

Ein Gutes hatte die Sache aber. Als er gemerkt hat, daß ich den Kram nicht angerührt habe, ist er in die Hausarbeit eingestiegen.«

»Er hat im Haushalt gearbeitet?« fragte Minchen ungläubig.

»Für ihn war das keine Arbeit, eher so eine Art Test, in dem sich die Geräte nach der Reparatur bewähren mußten. Der Staubsauger saugte, die Waschmaschine wusch, das Rührgerät knetete, der Ofen buk und der Mixer mixte. Dabei kam natürlich auch was heraus, Fredy machte ein prima Brot, und die Quarkgerichte schmeckten den Kindern immer toll.«

»Was für ein Mann«, sagte Käthe anerkennend.

»Der ideale Ehemann«, fand Gretl, deren Anton noch nicht einmal wußte, an welchem Platz in der Wohnung der Kasten mit dem Bier stand.

»Er hat es getan, weil er ohne das Surren von Motoren in der Luft nicht leben konnte. Sobald er das hörte, hatte er einen glücklichen Ausdruck im Gesicht«, stellte Lore klar. »Es gab da nur ein kleines Problem, ein klitzekleines Problem.«

»Es gab für ihn nichts mehr zu reparieren?« vermutete Käthe.

»Es gab immer etwas für ihn zu reparieren. Das war nicht das Problem.«

»Was dann?«

»Das Problem war ganz anders gelagert.«

»Es war ein politisches Problem«, spöttelte Minchen.

»Es war ein sexuelles Problem«, tippte Gretl.

»Das Problem war ein menschliches Problem«, triumphierte

Lore. »Ein menschliches Problem. Die einzige Art von Problem, für die Fredy kein Werkzeug in seinen Garagen hatte.«
»Wie meinst du das?«
»Nimm einmal Tom, unseren Jüngsten. Wenn der früher aus der Schule kam, konnte ich ihm an den Augen ablesen, welche Note er in der Lateinarbeit geschrieben hatte.«
»Das konnte ich auch immer«, sagte Käthe.
»Das können sicher alle von uns. Aber Fredy konnte das nicht. Überhaupt nicht. Er reagierte auf Geräusche. Mit unserem Hund kam Fredy bestens zurecht, das war ein Gejaule, ein Gebelle, ein Gekläffe, eine Liebe. Auch an seinem Auto hörte er jede Veränderung, aber an seinen Kindern hörte er nichts.«
»Solange er sie nicht zur Reparatur auf die Werkbank legte...«, begann Käthe.
»Dazu hätte er erst einmal bemerken müssen, daß etwas mit ihnen nicht stimmte. Aber Fredy hatte so eine eigenartige Vorstellung von Menschen. Er hielt sie für Maschinen, die ohne Wartung liefen. ›Ich verstehe gar nicht, was du für Probleme mit den Kindern hast‹, sagte er immer, ›die laufen doch eins a.‹«
»Sie laufen doch eins a?« wiederholte Käthe ungläubig. »Das wäre das letzte, was mir zu Kindern einfallen würde.«
»Und wie lief es zwischen euch beiden, auch eins a?«
»Wenn ich von ihm bemerkt werden wollte, mußte ich laut werden oder mit den Füßen trampeln oder schreien. Auf normale Lautstärke hat er nicht reagiert. Da ist bei ihm wohl nur das Signal ›störungsfrei‹ angekommen.«
»Hat er dir denn dann zugehört?«
»Immer. Total aufmerksam. Mit einem Ausdruck auf dem Gesicht, als ob er noch schwanken würde, ob er die Kneifzange oder das Elektroprüfgerät einsetzen sollte.«
Käthe stellte eine zweite Flasche Portwein in die Mitte des Tischs.
»Immerhin hörte er dir zu.«
»Ich bin mir bis heute nicht sicher, ob Fredy je den Unterschied zwischen einer Frau und einer Waschmaschine begriffen hat.«
»Laß dich mal ansehen«, sagte Minchen, »viel zu rund für

eine Waschmaschine. Gar keine Ecke. Fehlerhaftes Modell.«
»Ein bißchen groß für eine Waschmaschine. Oder läßt du dich platzsparend zusammenklappen? Dann ließe sich noch ein Eckchen finden.«
»Meine Rollen funktionieren jedenfalls bestens, davon könnt ihr euch überzeugen«, sagte Lore, ging zur Anrichte und holte von dort eine Schale mit gemischten Nüssen.
»Eine interessante Fragestellung«, kommentierte Käthe, fuhr sich mit dem Zeigefinger in den Mund, feuchtete ihn an und sammelte damit die übriggebliebenen Krümel von ihrem Kuchenteller.
»Welche?«
»Der Unterschied zwischen einer Frau und einer Waschmaschine. Von der Kosten-Nutzen-Seite her.«
»Sag mal, Käthe, hast du in der letzten Zeit vielleicht mit deinem Steuerberater geredet oder einem Anlageberater oder so etwas ähnlichem?«
»Ich habe nur an meinen Kurt gedacht, wie der die Frage angegangen wäre.«
»Von der Kosten-Nutzen-Seite können wir Frauen doch nur gewinnen gegenüber den Waschmaschinen. Keine Anschaffungskosten...«
»Keine Anschaffungskosten? Das glaubt ihr vielleicht. Mein Kurt hätte euch dazu einen Vortrag halten können. Über Stunden. Also, da wären als erstes einmal die Fahrtkosten zu den Verabredungen mit den Frauen, die kleinen Geschenke während der Verlobungszeit, die Blumen und die Schokolade für die Schwiegermutter und vielleicht einmal ein Bändchen mit Liebesgedichten für die Verlobte oder ein Reiseführer«, sagte sie mit Blick zu Gretl, »um die frisch Angetraute zu beeindrucken – ganz zu schweigen von den Ausgaben für Abendessen, Theaterkarten und Eintrittskarten für den Botanischen Garten oder die Sternwarte. Kosten satt. Meinem Kurt wäre aus dem Stegreif noch einiges mehr eingefallen. Er hat das alles fein säuberlich in seinem Notizbuch festgehalten und mir hinterher die Rechnung präsentiert. Und diese Kosten werden von keinem Finanzamt anerkannt. Das hat ihn am meisten gewurmt. Nur die Essensrechnungen konnte er absetzen. Als Bewirtungskosten für Geschäftsfreunde.«

»Die Anschaffungskosten für eine Waschmaschine hätte er auch nicht absetzen können, es sei denn, er wäre Besitzer eines Waschsalons gewesen.«
»Bei der Waschmaschine fallen aber kaum Unterhaltskosten an, und bei Frauen...«
»Also wirklich«, unterbrach Lore empört, »Unterhaltskosten.«
Unbeirrt fuhr Käthe fort: »Unterhaltskosten. Wir Frauen müssen unterhalten werden, wir brauchen Geld fürs Essen, für den Haushalt, für die Kinder, für die Kleidung. Frauen sind ein immenser Kostenfaktor.«
»Und ein immenser Sparfaktor. Schließlich sparen Frauen Kosten für eine Wirtschafterin, eine Putzfrau, eine Nachhilfelehrerin und für weiß wen noch.«
»So hätte Kurt das nie gesehen. Vor der Ehe hatte er geringere Kosten. Keine Kinder, kein Haus, keine Frau und was es sonst noch an kostensteigernden Faktoren gibt.«
»Kostensteigernde Faktoren«, wunderte sich Minchen.
»Schließlich hat dein Kurt, wie unsere Männer auch, enorme Steuervorteile gehabt. Die günstigste Steuerklasse.«
»Also wirklich«, wies Käthe Thereses Einwurf zurück, »man braucht keine Finanzexpertin zu sein, um zu wissen, daß der Staat immer nur einen lachhaften Betrag von dem erstattet, was tatsächlich und nachweisbar aufgewendet wurde.«
»Aber den Nutzen, den die Männer von uns Frauen haben, den enormen Nutzen. Wir waschen Wäsche, von Ausnahmen wie bei Lores Fredy einmal abgesehen, wir bewirten Gäste, wir ziehen Kinder groß.«
»Da war Kurt völlig entgegengesetzter Meinung, was den Nutzen von Frauen anging. Er war ernsthaft der Meinung, daß Frauen das schwerverdiente Geld ihrer Ehemänner zum Fenster hinauswerfen.«
»Zum Fenster hinauswerfen?« fragte Therese verständnislos.
»Jeder Konsument, jeder mündige Konsument, hätte Kurt gesagt, würde niemals ohne einen Taschenrechner einen Supermarkt betreten. Die Erfindung des Taschenrechners hielt er für einen wahren Segen der Menschheit. Wenn er mit mir einkaufen ging, um mir zu zeigen, wie der mündige Konsument einkauft, hatte er immer den Taschenrechner dabei. Be-

vor ein Artikel in den Einkaufskorb wanderte, wurde der Betrag, den er kostete, in den Taschenrechner eingegeben. Und bevor sich Kurt einer Kasse näherte, wußte er auf den Pfennig genau, was er eingekauft hatte. Wer das nicht so machte wie er, warf in seinen Augen das Geld zum Fenster hinaus, da sich Kassiererinnen regelmäßig verrechnen, zuungunsten des Kunden natürlich. Das war Kurts unumstößliche Theorie. Und meistens behielt er recht. Für eine Differenz von acht Pfennigen hat er sich den Geschäftsführer kommen lassen und darauf bestanden, daß der ganze Einkaufskorb wieder ausgeräumt wurde und die Kassiererin alles noch einmal eingab. Mit hochroten Backen natürlich und so nervös, daß sich das Ganze oft noch zwei-, dreimal wiederholte. Ich wäre am liebsten im Boden versunken. Und die Leute in der Schlange hinter uns waren natürlich auch nicht begeistert. Aber das hat Kurt nie gestört. Für ihn ging es ums Prinzip, und er war ernsthaft der Meinung, daß die Kunden auf diesem Wege erst um Pfennige und schließlich über die Jahre um Hunderte und Tausende von Mark betrogen wurden. Ich habe natürlich nie einen Taschenrechner zum Einkaufen mitgenommen, und Kurt hat geargwöhnt, daß ich dadurch Hunderte und Tausende zum Fenster hinausgeworfen habe. Seiner Meinung nach verprassen alle Frauen das schwerverdiente Geld ihrer Männer, entweder indem sie nichts als unnütze Dinge kaufen, oder indem sie – so wie ich – nicht rechnen.«
»Die armen Männer«, sagte Lore, »sie können einem ja richtig leid tun. Ausgebeutet haben wir sie all die Ehejahre, ihren Verdienst haben wir sinnlos verschleudert.«
»Und wir haben jahrelang auf Kosten von Kurt euren Portweinvorrat niedergemacht«, sagte Therese und goß sich ein, »diese Kosten, das muß ihn doch schwer gewurmt haben.«
»Hat es auch. Nach jedem Abend, wenn ihr bei mir wart, hat er die leeren Flaschen zum Frühstück neben den Brötchen aufgebaut. Gesagt hat er nichts, aber ich habe auch so verstanden. Es war ja deutlich genug. Daraufhin habe ich den Portwein für die Abende mit euch immer selbst eingekauft von dem Geld, das die Kinder mir zugesteckt haben. Und ich habe uns einen besseren gegönnt...«
»Für sich selbst ist er nicht so knauserig gewesen, oder?«
»Das war auch eine ganz andere Sache. Seine eigenen Ausga-

ben hat er nie in Frage gestellt. Und er konnte in jedem Fall mit einer eigens von ihm erstellten Kosten-Nutzen-Analyse nachweisen, daß es sinnvolle Ausgaben waren, die im Endeffekt wieder Geld einbrachten.«

»Ausgaben, die Geld einbringen?«

»Er hat mir stundenlang vorgerechnet, wie wirtschaftlich es ist, das teuerste Modell eines BMW zu bestellen. Ich habe das nie verstanden, aber seine Rechnungen waren immer überzeugend. Das teuerste Modell, hat er argumentiert, zahle sich schon allein deshalb aus, weil ihn dann alle für solvent hielten und sein Bankmanager ihm automatisch den Überziehungskredit für sein Konto um Zehntausende erhöhen würde.«

»Und wie war es mit seinem Nutzen für dich?«

»Begrenzt, sehr begrenzt. Wenn man bedenkt, welche Kosten er mir verursacht hat. Die, die sich nicht in Mark und Pfennig fassen lassen. Sehr begrenzt, jedenfalls verglichen mit einer guten Flasche Portwein«, fuhr Käthe fröhlicher fort und stellte die dritte Flasche Portwein in die Mitte des Tisches.

»Wir hätten uns schon früher kennenlernen sollen, nicht erst bei dieser albernen Gemeindefreizeit für Hausfrauen und Mütter«, seufzte Käthe.

»Das wäre doch gar nicht möglich gewesen, als die Kinder noch im Haus waren«, stellte Lore fest, »da hätten wir das doch nie geschafft.«

»Ich glaube, Lore hat mal wieder recht«, sagte Minchen, »ich habe ja auch so noch Jahre gebraucht, bis ich mich getraut habe.«

»Am mutigsten war die Gretl. Das steht fest. Aber die hatte es auch am einfachsten mit ihrem Anton.«

»Ja, auf der Beerdigung von dem Anton hat es für uns eigentlich erst angefangen. Die Gretl war noch ganz alleine«, sagte Therese und polierte ihre Brillengläser.

»Wenn ich noch daran denke, wie neidisch ich auf die Gretl war, damals. Und wie gut ihr das schwarze Kostüm stand zu ihren langen blonden Haaren, die gerade erst die ersten weißen Strähnen kriegten. Und wie der Pfarrer sie angeguckt hat bei der Leichenrede am Grab. Richtig gierig.«

»Schon auf der Beerdigung konnte man sehen, wie gut der Gretl das bekam, daß der Anton nicht mehr da war.«

»Bis ich mal kapiert habe, daß das kein Zufall war mit dem Anton ... Der hohe Blutdruck, das Cholesterin und die Rollbraten, die die Gretl an ihn verfüttert hat und die er so gerne aß. Aus allen Wolken bin ich gefallen.«
»Aber dann hat es Klick gemacht bei uns«, sagte Lore, »obwohl zuerst keine von uns was gesagt hat.«
»Auf jeden Fall war das die einzige Beerdigung, bei der wir alle da waren. Hinterher ist keine mehr zu den anderen Beerdigungen gegangen.«
»Normale Vorsichtsmaßnahmen waren das.«
»Fredy war ja dann der nächste«, fuhr Lore fort. »Wie leicht die Männer es uns gemacht haben. Ich brauchte nur einmal in ein Physikbuch zu gucken. Ein einziges Mal. Ein Physikbuch der fünften Klasse. Danach habe ich mir Fredys Prüfgerät für die Elektrosachen vorgenommen. So einfach war das. Und keiner hat was gefragt, wo er doch immer die Schrauben übrigbehalten hat und so. Und dann kam das große Aufatmen. Ganz schnell.«
»Die Männer haben uns einfach unterschätzt«, Therese strich durch ihre roten Haarstoppeln, »die haben nur gesehen, daß wir geduldig alles haben mit uns machen lassen, und dann haben sie einfach nicht mehr mit uns gerechnet.«
»Nur weil ich die Pullover für die Kinder selbst gestrickt habe, hat der Fritz mich für unterbelichtet gehalten. Dabei hätte ich den gern mal gesehen bei Jacquard-Muster und solchen Sachen. Dafür braucht man Köpfchen. Besonders, wenn man ohne Muster strickt. Und ich habe nie eine Vorlage gebraucht«, sagte Minchen stolz. »Und Fritz hat sich jahrelang nur über mich lustig gemacht. Alleine hätte ich mich trotzdem nie getraut, wenn die Gretl mir nicht geholfen hätte.«
»Das war ein gutes Stück Arbeit, mit dem Jagdgewehr«, erinnerte sich Gretl. »Aber dann war es ganz einfach. Letztendlich. Weil niemand nachfragt. Kommt zu häufig vor beim Reinigen des Gewehrs, so ein einfacher Unfall. Und Minchen hätte sowieso niemand zugetraut, daß sie einen Gewehrlauf von einer Stricknadel unterscheiden kann.«
»So viel Talent. So viel göttliches Talent. Und alles jahrelang im Haushalt untergegangen. Ich sag ja, wir hätten uns eher kennenlernen sollen«, murmelte Käthe.

»Ich finde, wir haben das alles schon ganz gut hingekriegt«, befand Therese, »und der Erwin hätte sich keinen besseren Tod vorstellen können als den auf seiner Maschine. Der wäre mir noch dankbar gewesen. Eine kleine Spur Öl in der großen Kurve vor dem Ortseingang. Ein Kinderspiel. Und jeder wußte, wie schnell der Erwin immer gerade durch diese dumme Kurve gefahren ist. War ja seine Spezialität, mit vollem Karacho da reinzugehen.«
»So verletzlich, die Herren«, witzelte Minchen, »gar nicht widerstandsfähig. Ein paar Tropfen Öl, und schon sind sie weg.«
»Kurt war die härteste Nuß«, stöhnte Lore, »was ich da an Betriebsanleitungen von BMW gelesen und überlegt und überlegt habe. Und dann kam mir die zündende Idee, ganz plötzlich. Beim Kartoffelschälen, das mußte ich ja seit Fredys Tod wieder selber machen. Wie mir eine geschälte Kartoffel von der Küchenablage rollte, da war mir klar, wie es zu gehen hatte.«
»Ohne euch hätte ich das nie geschafft. Nie und nimmer«, warf Käthe ein.
»Eigentlich war es der häßlichste Tod«, bestätigte Therese. »Besonders der Anfang, ich habe ihm nicht gerne eins mit dem Brett über den Kopf gezogen, wirklich nicht.«
»Du mußtest das tun«, stellte Gretl fest, »du bist die Größte und die Sportlichste von uns. Es war einfach nötig.«
»Da mußten wir alle ran. Wie aufwendig das war. Kurt wäre entzückt gewesen, wieviel Aufwand sein Tod erfordert hat.«
»Und wie wir alle gestöhnt haben und gekeucht... Was wiegt eigentlich so ein BMW? Bis wir den den Abhang runter hatten. Eine Mordsarbeit war das.«
»Mordsarbeit«, kicherte Minchen.
»Wenn sie uns nur nicht immer so unterschätzt hätten«, sinnierte Lore.
»So verdammt unterschätzt. Dabei hätten sie doch wissen müssen, daß wir die Geduld haben, um auf den richtigen Zeitpunkt zu warten.«
»Geduld hatten wir, aber auch unsere Geduld war begrenzt.«
»Wir haben sie auf jeden Fall überlebt, alle fünf, wenn das

kein Grund zum Anstoßen ist«, sagte Käthe und prostete ihren Freundinnen zu, die ebenfalls ihr Glas in der Hand hielten.
»Habt ihr eigentlich schon mal überlegt, daß wir kein Einzelfall sind?« fragte Minchen.
»Kein Einzelfall? Wie meinst du das?«
»Ja, lest ihr denn nicht die Todesanzeigen in der Zeitung?«
Alle fünf hatten eine Tageszeitung abonniert und lasen mit besonderer Begeisterung die Kleinanzeigen.
»Ja und, ist euch da noch nie etwas aufgefallen?«
»Was soll uns denn aufgefallen sein?«
»Na, das Alter. Das Alter der Männer«, setzte Minchen nach.
»Das muß euch doch aufgefallen sein. Die Männer sterben fast alle früher als die Frauen. Das ist sogar statistisch erwiesen. Ob das Zufall ist?«
Käthe ging in die Küche, um die Schnittchen zu holen. Es würde ein langer Abend werden. Das war sicher.

Schalentiere

Eine eigenartige Stimmung hing über der Stadt.
Die Müllmänner standen mit ihrem Sprühwagen auf dem Parkplatz und knobelten, ob sie hier ihre Tour mit einem Bier beenden oder noch die letzten sechs Straßen abspritzen sollten. Die Hundebesitzer setzten ihre Vierbeiner auf die Bürgersteige und trieben sie an, ihr Geschäft an der nächstgelegenen Laterne zu verrichten. Die Kellner auf den Kaffeeterrassen zogen unter noch halbvollen Gläsern die Tischdekken weg und trugen die unbesetzten Stühle und Tische über die Köpfe der Gäste nach drinnen.
Ilse überlegte, ob sie vor Einsetzen des Regengusses noch ein Eis essen sollte. Sie entschied sich dafür. Und bereute es keinen Moment, als sie die erste Kirsche zwischen den Zähnen zerdrückte und der Geschmack von Amaretto und Vanilleeis sich auf ihrer Zunge breitmachte.
Sie bereute es erst, als sie in strömendem Regen durch die Innenstadt radelte. Bis auf die Haut durchnäßt, die Finger um den Lenker gekrallt und ängstlich darauf bedacht, in keine der glitschigen Straßenbahnschienen zu geraten.
Ihre Zunge, die bei Anstrengung den Weg durch die Schneidezähne ins Freie fand, fing die ersten dicken Regentropfen auf. Bbbbrrrrr. Genuß mit Reue.
Das war Ilses Spezialität. Mit den Männern ging es ihr genauso. Als sie das Fahrrad im Hausflur an die Kette legte, hinterließ sie ein paar schmale Rinnsale, die zielstrebig jedes für sich auf die Kellertreppe zuflossen.
Ilse stapfte leise die vier Treppen über blank gescheuertes Linoleum hoch bis in die oberste Etage und hoffte inständig, daß Frau Obermeyer einmal nicht vor dem Spion hinter ihrer Tür stand und die Übeltäterin enttarnte, die schon am Montag ihre Putzorgie vom Samstag zunichte machte.
Vor der Tür stapelten sich die Mülltüten. Die Neue hatte Abfalldienst diese Woche. Das konnte ja noch heiter werden mit der. Ilse klingelte Sturm. Das war das Schöne an einer WG.

Irgendwer war meistens da zum Türaufmachen. Und man brauchte seine Tasche nicht auf der Fußmatte auszukippen, um an den Schlüssel zu kommen. Die Neue machte die Tür auf.

»Na, wieder den Schlüssel vergessen?«

»Nee, Klingelmännchen. Ich wollte nur sehen, ob ihr darauf reinfallt.«

Die Neue lächelte gequält.

Ilse steuerte ins Bad, um die nassen Sachen loszuwerden und sich unter die heiße Dusche zu stellen. Als sie vor dem beschlagenen Spiegel mit den Fingern durch ihre kurzen Haarstoppeln fuhr, sah sie unwillig aus den Augenwinkeln, daß die Neue ihre selbstgeschlagenen Cremes und Wässerchen über das ganze Schränkchen verteilt hatte. Die machte sich ganz schön breit.

In der Küche roch es nach einem Zwischending zwischen angebrannter Milch und Reibekuchen. Ilse kannte den Geruch.

Bernd stand am Herd und kämpfte mit seiner Brille, die ihm wegen der Kochdämpfe fortwährend beschlug, und einem riesigen schwarzen Haufen, durch den sich weiße Würmer fraßen.

Ilse kannte das Gericht. Es war Bernds Spezialität: schwarze Bohnen mit Zwiebeln.

Die Bohnen mußten einiges durchstehen, bis es soweit war. Sie wurden stundenlang gewässert, zerkocht, zerstampft und trockengelegt, um anschließend noch mit gebratenen Zwiebeln vermengt und ebenfalls gebraten zu werden. Das Ergebnis war erstaunlich. Serviert wurden die heißen Bohnen mit einer kalten weißen Sauce aus saurer Sahne und Milch, die ordentlich gepfeffert und gesalzen war.

Nur der Spüldienst hatte schlechte Karten. Die Töpfe waren kaum sauber zu kriegen. Heute war Ilse der Spüldienst.

»Komm, setz dich«, sagte Rainer und schob ihr einen Teller mit einem grünen Haufen unter die Nase. »Vorspeise.«

»Wollt ihr mich vergiften?«

»Das sind Avocados mit Krabbensauce«, erklärte die Neue.

»Grüne Krabbensauce? Bist du vielleicht farbenblind? Oder hast du dich vertan mit den Zutaten?«

»Nun probier doch erst mal«, beruhigte sie Rainer, »schmekken prima, die Tierchen in der Avocadotunke.«
»Mehr als mir die Speiseröhre zukleistern kann ich ja nicht«, gab Ilse zu und löffelte los.
»Also ich find das Scheiße«, sagte Bernd laut und kratzte wie besessen mit dem Spachtel auf dem Boden der Pfanne herum. »Du solltest die Renate nicht immer so quer von der Seite anmachen.«
»Tu ich das?« fragte Ilse mit vollen Backen. »Man wird doch wohl noch ein harmloses Witzchen machen dürfen über unschuldige Meerestiere, die in grüner Sauce verenden.«
»Hör auf«, sagte Bernd und kratzte weiter.
»Spiel dich bloß nicht so auf als großer Beschützer unserer Neuen«, platzte Ilse der Kragen. »Man wird doch noch normal reden dürfen, oder?«
»Du sollst die Renate nicht immer so quer von der Seite anmachen«, äffte sie ihn nach, »soll ich ihr vielleicht in Zukunft Küßchen geben, dafür, daß sie den Müll vor der Tür verrotten läßt, wenn sie Abfalldienst hat?«
»Au weia, jetzt kommst du mit den Mülltüten. Ich halt das bald nicht mehr aus. Du weißt genau, daß es nicht darum geht. Mach dir doch nichts vor.«
»Du hast recht«, gab Ilse zu. »Es ist nicht nur das mit dem Müll, was mir stinkt. Aber ich sehe überhaupt nicht ein, daß ich sie mit Samthandschuhen anfassen soll, nur weil du mit ihr bumst.«
»Darf ich abräumen?«
Die Neue sammelte die Teller ein und schob die grünen Schalen mit einer Gabel in die Abfalltüte.
Dabei tauschte sie mit Bernd einen vielsagenden Blick.
»Du hast aber auch ein Pech«, seufzte Ilse, »schon wieder eine Abfalltüte halb voll.«
»Ist kein Problem. Der Bernd bringt den ganzen Abfall mit mir runter nach dem Essen. Auch die Tüten vor der Tür.«
»Das sind ja ganz neue Sitten: Kochen und Abfall mit runtertragen. Spült der Bernd vielleicht auch noch heute abend für alle? Oder ist er nur so großzügig zu dir?«
Rainer, der sonst nur aus der Ruhe geriet, wenn jemand sich seiner Stereoanlage bis auf fünf Schritte näherte, schlug mit der Faust auf den Tisch. Der Pfefferstreuer und die Gläser

hüpften auf, der Salzstreuer fiel um und kugelte der Neuen entgegen.
»Könnt ihr nicht einmal mit eurem Beziehungsstreß aufhören? Beim Essen wenigstens? Sonst ziehe ich bald aus.«
»Da wird sich der Bernd freuen«, säuselte Ilse. »Wenn du ausziehst, kriegen wir bestimmt noch 'ne Neue. Dann hat er drei Frauen im Haus. Das wird ihm gefallen. Und die Neue kocht für uns dann immer Schildkrötensuppe als Vorspeise.«
Es klingelte.
Rainer spurtete erleichtert in den Flur hinaus. Und kam mit Elke zurück.
»Ich wollte bloß fragen, ob ihr uns mit ein paar Eiern aushelfen könnt. Wir sind abgebrannt.«
Elke wohnte in einer Frauen-WG ein paar Häuser weiter.
»Ist was?« fragte sie verstört, als niemand reagierte.
Rainer nahm die Sache in die Hand. Er holte einen Eierkarton aus dem Kühlschrank.
»Also hier hätten wir sechs ordentliche hellbraune Eier von angeblich freilaufenden Hühnern. Ist das recht?«
Elke kicherte. »Angeblich ist gut. Also, wenn ihr die entbehren könnt, würden wir sie gerne in die Pfanne hauen. Mit ein paar Kartoffeln. Neue deutsche Küche«, setzte sie entschuldigend nach.
»Braucht irgendwer noch irgendwelche Eier für irgendwelche Nachtische heute abend?« vergewisserte sich Rainer.
»Frische nicht«, sagte Ilse, »höchstens faule, und dreimal dürft ihr raten, was ich mit denen tun werde.«
»Mensch ist bei euch dicke Luft«, staunte Elke. »Dagegen ist es ja bei uns richtig gemütlich.«
Elke schnappte die Eier und verschwand.
»Essen«, schrie Bernd.
Rainer griff sich einen geflochtenen Untersetzer und warf ihn in die Mitte des Tischs. Bernd knallte die heiße Pfanne darauf.
Der schwarze Berg war zu einer schwarzen Wurst zusammengesackt. Da es immer noch reichlich für vier war, gab Bernd die Pfanne frei. Jeder konnte sich aufladen, soviel er wollte.
»Mensch, das schmeckt ja toll«, stöhnte die Neue voller Be-

geisterung, »hätte ich nie gedacht. Und die Sauce. Einfach toll. Ehrlich.«
Bernd wischte sich die Brille an seinem T-Shirt ab und nahm die Komplimente der Neuen gelassen entgegen.
Rainer und Ilse sahen sich an.
»Ist Bernds Spezialität«, sagte Rainer.
»Um Eindruck zu schinden«, ergänzte Ilse. »Kannste dir echt was drauf einbilden, Renate. Hat er für uns schon seit Monaten nicht mehr auf den Tisch gebracht.«
Gabeln kratzten über Teller, Kinnbacken kauten. Keiner sagte ein Wort.
»Ist was?« erkundigte sich Ilse unschuldig.
»Also, ich hau ab, Leute. Ist mir zu stressig heute. Ich dreh noch 'ne Runde.«
Rainer nahm seinen Teller und stellte ihn in die Spüle.
»Dann wären wir ja unter uns«, Ilse ging in die vollen, »du und deine beiden Frauen. Wie hättest du es denn heute am liebsten? Einen flotten kleinen Dreier vielleicht, mal zur Abwechslung?«
»Hör auf, Ilse. Verdammt noch mal. Das war doch von Anfang an klar, daß ich nicht so 'ne Zweierkiste wollte, nur. Du bist und bleibst meine Hauptbeziehung. Das hab ich auch der Renate gesagt. Stimmt's Renate?«
Renate nickte mit dem Kopf.
»Ab und zu will ich mal was mit 'ner anderen Frau machen. Ist das so schwer zu verstehen?«
»Plätzchen backen?« erkundigte sich Ilse unschuldig.
»Ab und zu will ich auch mal mit einer anderen Frau schlafen, wenn du es schon so genau wissen willst. Aber davon wird unsere Beziehung ja nicht berührt. Ich nehme dir nichts weg, meine ich.«
Bernd polierte mit dem Abtrockentuch die Gläser seiner Brille.
»Und heute abend. Wie sieht es da aus?« wollte Ilse wissen.
»Heute abend«, Bernd putzte weiter an seiner Brille. »Heute abend«, er machte einen neuen Anfang, »heute abend wollen Renate und ich ins Kino gehen – und den Rest des Abends miteinander verbringen.«
»Und die Nacht?«

»Bin ich hier auf einem Verhör oder was? Die Nacht auch. Ist doch logisch.«
»Und Renate? Will die das auch? Hast du die schon gefragt, ob die das will?«
Renate wich Ilses Blick aus und guckte starr auf den schwarzverschmierten Rand der Bratpfanne.
»Die will das auch«, stellte Bernd klar.
»Und was ich will, interessiert niemanden in diesem Zusammenhang?«
»Ilse, wir könnten doch morgen abend, sei vernünftig.«
»Wenn du nicht sofort abhaust, hau ich dir die Bratpfanne auf den Kopf. Hau ab.«
»Ilse... mir fällt das auch nicht leicht.«
»Warum machst du es dann?«
»Ilse, das Reden bringt nichts. Wir gehen jetzt.«
Die Wohnungstür schlug zu.
»Ihr könntet mir wenigstens noch frohes Spülen wünschen, finde ich«, rief Ilse ihnen nach.
Am liebsten hätte sie Bernds Bettgestell zersägt und die Matratze mitsamt dem Bettzeug aus dem Fenster geworfen und Renates Matratze gleich hinterher.
Ilse beherrschte sich. Sie stürzte sich auf den Topf und die Pfanne, in der die Bohnen angesetzt hatten. Mit vollem Einsatz kratzte sie daran herum. Als die Küche blinkte wie an dem Sonntag, an dem sich Bernds Eltern zum Kaffee eingeladen hatten, war ihr etwas wohler.
Ilse ging in ihr Zimmer, legte die Stones auf und holte sich eine dicke rote Schlaftablette aus dem Arzneischrank im Badezimmer: ›Mother's little helpers.‹
Rainers Mami war Apothekerin und sorgte dafür, daß es ihnen an Chemie zur Lebensbewältigung nie mangelte.

*

Mit zerschlagenen Gliedern schlich sich Ilse am nächsten Morgen in die Küche. Nachts war sie mehrfach wach geworden. Sie hatte geträumt, daß Bernd ihr kleine Häufchen von brennend heißen Bohnen auf die nackte Haut setzte, und laut aufgeschrien.
Auf der Emaillespüle standen drei verschmierte Becher und die leere Teekanne ohne Deckel.

Ilse setzte Wasser auf. Sie haßte Tee. Jedenfalls heute morgen. Sie drehte die Kaffeebohnen durch die Mühle, die sie gemeinsam mit Bernd auf dem letzten Flohmarkt erstanden hatte. Der Kessel pfiff, und Wasserdampf setzte sich auf die Aufkleber, die auf dem Herddeckel prangten. ›Auf die Dauer hilft nur Power‹ und ›Nieder mit dem Männlichkeitswahn‹. Ilse wunderte sich, daß ihr keine Playboyhäschen entgegenlachten. Das wäre irgendwie passender gewesen.
Sie schaltete das Radio an. Mittagsmagazin. Au weia. So spät. ›Die ästhetischen Kategorien des Mittelalters‹ waren heute morgen ohne sie gelaufen. Und jetzt lohnte es sich auch nicht mehr, für das Latein von vierzehn bis sechzehn Uhr aufs Fahrrad zu steigen. Sie würde eh zu spät kommen.
Mit der vollen Kaffeetasse ging sie ins Bett zurück. Sie sah sich als Playboyhäschen verkleidet riesige Graffiti auf den Beton des Uni-Parkhauses sprühen. ›Stellt euch vor, die Typen pfeifen und keine geht hin.‹
Dann schlief sie ein.
Es bollerte an der Tür. Ilse wachte auf. Die Tür wurde aufgestoßen.
»Was soll das?« Bernd stand am Fußende ihrer Matratze. »Willst du mir ein schlechtes Gewissen machen, oder was? Das läuft nicht bei mir. Das kannst du dir abschminken.«
Ilse fröstelte und sagte kein Wort.
»Von mir aus kannst du dich Wochen hier einbunkern. Mir machst du kein schlechtes Gewissen damit.«
Selten hatte Ilse Bernd so wütend gesehen. Staunend sah sie, daß seine Ohrläppchen die Farbe der knallrot gefärbten Häkelgardine vor ihrem Zimmerfenster annahmen.
»Ich finde, du übertreibst mal wieder. Aber wenn du leiden willst, bitte schön. Ich kann dich nicht daran hindern. Glaub nur nicht, daß du mich damit strafen kannst.«
Die Tür fiel mit einem Knall hinter Bernd zu.
Kurz darauf klopfte es erneut. Zaghaft diesmal. Rainer streckte seinen Kopf durch die Tür.
»Willst du was essen? Soll ich dir 'ne Knifte rüberschieben?«
»Ich will gar nichts. Nur in Ruhe gelassen werden.«
Verständnisvoll blinzelte Rainer ihr zu.
Ilse versuchte, weiterzuschlafen. Es ging nicht. Sobald sie die

Augen schloß, sah sie volle Mülltüten oder Renates Duftwässerchen auf dem Badezimmerschrank oder schwarze Bohnen mit weißen Würmern. Nichts, was sie ruhiger werden ließ. Von der Küche her zog der Duft von gebratenen Kartoffeln durch ihre Zimmertür. Neue deutsche Küche. Bestimmt hatte sich Rainer von Erika inspirieren lassen.
Sie zog ihre dicken Wollsocken an und setzte sich im Nachthemd an den Küchentisch.
Rainer grinste freundlich.
»Bratkartoffeln wie bei Muttern.«
Ilse grinste zurück.
Bernd saß am anderen Ende des Tisches und schwieg.
»Wo ist denn die Neue?« erkundigte sich Ilse.
»Mit ihrem Mittwochsmann auf Achse«, gab Rainer bereitwillig Auskunft.
Bernds Ohrläppchen fingen an zu glühen.
»Ach, ist das so ordentlich geregelt. Jeden Mittwoch?«
»Scheint so. Ist ihr Prof und – verheiratet. Er kann nur mittwochs im Anschluß an sein Seminar. Da hat er Ausgang.«
Bernd schwieg.
»Mensch hab ich ein Glück. Daß heute Mittwoch ist, meine ich. Da bin ich ja auch mal wieder dran bei Bernd, vielleicht.«
»Essen«, rief Rainer, und flatschte die Bratkartoffeln mit dem Tortenheber auf die Teller.

*

Bernd legte seine Brille auf den Boden neben Ilses Matratze und kroch unter die Bettdecke.
»Ilse«, sagte er, sobald sie sich neben ihm ausstreckte, und strich mit der Hand über die Bettdecke an Ilses Körper entlang, »du weißt doch, daß du meine einzige wichtige Beziehung bist. Das weißt du doch, oder?«
Ilse wartete.
»Ich finde, wir sollten einfach mal wieder abhauen für ein paar Tage. Einfach so. Wie früher.«
»Meinst du das ernst?«
»Klar, meine ich das ernst. Und wie. Laß uns gleich morgen früh losdüsen. Ab und weg. Die Uni und alles andere lassen wir einfach mal sausen für die paar Tage.«

»Einfach so?«
»Einfach so!«
»Morgen schon?«
»Klar, gleich nach dem Aufstehen.«
»Und das Zelt?«
»Ist bei mir im Kofferraum. Kein Problem. Alles paletti.«
»Und wovon sollen wir...«
»Ist alles okay. Ich hab noch genug von meinem Job bei Grundig. Ich lad dich ein.«
»Du, Bernd...«
»Ja?«
»Du kannst so lieb sein...«
»Aber?«
»Mußt du denn immer mit anderen rummachen?«
»Ich stell den Wecker auf sieben«, beendete Bernd das Gespräch.

*

»Sollte man öfter machen«, grunzte Bernd behaglich und legte seinen Kopf auf Ilses Bauch. In den Dünen hatten sie eine windgeschützte Kuhle gefunden. Die Junisonne war schon erstaunlich heiß. Weit und breit waren sie die einzigen Menschen am Strand. Nur ein paar fette Möwen zogen ihre Kreise in den blauweißen Wattewolken über ihren Köpfen.
Sie griffen sich die Fahrräder, die in dem lockeren Sand lagen, und schoben sie auf dem Sandstreifen am Wasser durch den Schaum der auslaufenden Wellen. Ein leichter Wind blies ihnen Sandkörner ins Gesicht. Bernd schwang sich auf sein Rad und fuhr mit den schmalen Gummireifen durch die flachen Wellen, so daß links und rechts des Fahrrads das Salzwasser aufspritzte.
»Gleich geht's zu Edgar«, schrie ihr Bernd vom Fahrrad zu.
»Genever trinken«, schrie Ilse zurück. Edgar war der Wirt des Strandpavillons, der zu ihrer Lieblingskneipe geworden war.
»Karten schreiben«, rief Bernd zurück.
»An wen?« wollte Ilse wissen.
Bernd stieg vom Fahrrad und wartete, bis Ilse mit ihrem Rad zu ihm aufgeschlossen hatte.

»Mußt du wieder damit anfangen?« fragte er.
»Wieso? Du hast doch damit angefangen. Ich will niemandem Karten schreiben. Du willst Karten schreiben. Du willst ihr schreiben.«
»Ihr will ich auch schreiben. Aber nicht nur...«
Die Fahrräder knirschten durch den nassen Sand.
Das Meer schob sich langsam den Dünen entgegen. Der Streifen zwischen Wasser und Dünen wurde schmaler. Die Flut bahnte sich ihren Weg.
»Mensch, guck mal, Ilse«, rief Bernd aufgeregt und deutete auf einen Betonklotz, der groß und schief aus dem Sand ragte. »Ein Bunker. Mensch, das ist bestimmt noch ein Bunker aus dem Zweiten Weltkrieg, den die Nazis hier hingesetzt haben. Der ist von den Dünen abgeschmiert und hier runtergekommen.«
Er warf sein Fahrrad in den Sand und lief auf den mächtigen Klotz zu. Dann war er verschwunden.
Der Eingang bestand aus einer Tür mit dicken Stahlplatten. Die Tür war einen Spalt geöffnet. Eine rostige Eisenkette hing an einem klobigen Riegel. Ilse zwängte sich durch den schmalen Spalt und gelangte in einen niedrigen Raum, feucht und dunkel wie eine Höhle.
Pfeiler und Wände des Bunkers waren dicht mit fingernagelgroßen Muschelschalen besetzt. Fasziniert trat Ilse an einen Pfeiler heran, um die Kalkablagerungen näher zu betrachten. Je dichter sie sich auf den Betonpfeiler zubewegte, um so lebhafter ging es unter den weißen Muschelschalen zu. Es knackte und summte. Ilse erinnerte sich an ihren Biologieunterricht in der Schule und suchte nach einem Namen für diese seltsamen kleinen Muscheltiere. Und dann erinnerte sie sich. Es waren Seepocken. Kleine Krebse mit einem besonders kräftigen Schließmuskel. Krebse, die wie Muscheln aussahen. Sie saßen am Bug von Schiffen oder auf Holzpfeilern, die in der Brandung standen. Und jetzt saßen sie hier. Auf den Wänden und Pfeilern dieses alten Bunkers.
Zu Hunderten, zu Tausenden waren sie hier versammelt, diese seltsamen kleinen Muschelkrebse und knackten und summten.
Mit der Hand fuhr Ilse dicht am Pfeiler entlang hinauf und hinunter. Ein lautes Summen und Surren der Kalktierchen

begleitete die Bewegung ihrer Hand. Vorsichtig berührte Ilse die Muschelpanzer einiger dicht umeinander- und übereinandergelagerter Tiere. Sofort entwickelte sich ein ohrenbetäubendes Knacken unter ihrem Handteller.
Gebannt starrte Ilse auf das Heer dieser kleinen weißen Muscheltiere, die jeden Quadratzentimeter Beton an Pfeilern und Wänden erobert hatten.
»Bernd«, rief sie.
»Ilse«, klang es gut hörbar aus dem dunkelsten Teil des Bunkers.
»Ilse. Das ist so irre hier. Total verrückt. Davon muß ich unbedingt Fotos machen. Morgen.«
»Bernd, komm mal hier rüber. Ich muß dir unbedingt was zeigen.«
»Bernd«, Ilse streckte die Hand nach ihm aus.
Da war kein Bernd.
Nur die Muscheltiere antworteten auf ihre ausgestreckte Hand mit einem warmen Surren.
»Das gibt Fotos. Irre«, tönte Bernds Stimme noch genauso weit entfernt wie vorher. »Das muß die Renate sehen, Mann.«
Der Name war ihm so rausgerutscht. Er schwieg betroffen.
Wie eine Wunde brach in Ilse die Gewißheit auf, daß Bernd ihr immer so fern bleiben würde wie in diesem Moment. Nie würde sie von ihm das bekommen, was sie sich ersehnte.
Er war zu. Völlig verschlossen.
Ein totes Schalentier. Da war mehr Leben in den hellen Muscheltieren an den Pfeilern und Wänden dieses Bunkers. Die summten und surrten, wenn sich ihre Hand ihnen entgegenstreckte.
»Ilse«, hörte sie seine Stimme.
»Ilse, Ilse, Ilse.«
Das Echo brach sich an den Bunkerwänden.
Ilse antwortete nicht.
Sie schlug die Eisentür zu.
Vor dem Bunkereingang fand sie im Sand einen alten Eisenrost und ein paar rostige Haken. Sie griff einen dicken Eisenhaken, zögerte kurz und schob ihn dann durch den Riegel der Eisentür.
Die Tür zum Bunker war zu.

Endgültig zu.
Dumpf drang ein schwaches Hämmern durch die dicke Stahlschicht zu Ilse. Der Riegel bewegte sich keinen Millimeter. Dort drinnen stand Bernd jetzt vor einer verschlossenen Tür. Einer Tür, die sich nie mehr für ihn öffnen würde.
Das Meer war nur noch einige Fußbreit vom Bunker entfernt. Bald würde die Flut die Betonpfeiler des Bunkers umspülen, höher steigen. Bernd würde in den kalten Wellen des Salzwassers ertrinken, und die Kalktierchen würden singen.
Der Himmel färbte sich rot.
Ilse dachte an den Anfang allen Lebens, das aus dem Wasser entsteht.

Der Traummann

»Hey du«, sagte der Traummann von oben herab und zog lässig an seiner Zigarette. »Tu nicht so, als ob du mich zum ersten Mal siehst.«

Bettina sah ihn an. Klar kannte sie ihn. Hatte ihn schon gesehen. Gut sah er aus. Das mußte sie zugeben. Mit den windzerzausten Locken, den lässigen Klamotten und dem Glimmstengel in der Hand. Und braun war der. Das war keine Sonnenbank. Das war echt. Sonne pur. Direkt aus Afrika. Da wo sie am heißesten ist.

»Na, wie gefall ich dir?«

Der konnte Fragen stellen. Einen lässigeren Typen hatte sie noch nicht gesehen. Der war super. Blonde Locken und windzerzaust. Der war echt besser als diese gelackten dunklen Typen. Der war echt super. Wie der den Glimmstengel hielt. Das machte ihm keiner nach. Und lässig hockte der da auf seinem Baumstamm. Der einzige Baumstamm weit und breit. Der hatte Geschmack. An eine Parkuhr würde der sich nie anlehnen. Ein Baumstamm. Au Mann. Das war stark.

»Na, sag schon, daß du mich stark findest.«

Klar biste stark. Aber das weißte doch, das brauch ich dir doch nicht noch zu sagen.

Bettina lief weiter.

»Kommste heute abend wieder?«

Fragen konnte der stellen. Seit drei Tagen sahen sie sich zweimal täglich. Jeden Morgen. Jeden Abend.

So ein Supertyp, dachte Bettina. Die anderen kannste echt in der Pfeife rauchen. Den Andreas zum Beispiel.

Seit drei Wochen wollte der mit ihr ins Kino gehen.

»Kommste mit ins Roxy, da spielense ›Rambo‹?«

»Auf solche Krafttypen steh ich nicht.«

Und dann fragt der wieder.

»Kommste mit ins Lux, da spielense ›Rocky 3‹?«

»Auf solche Krafttypen steh ich nicht.«

Wie oft mußte sie dem das noch sagen. Der versteht echt

nichts. Überhaupt nichts. Lädt sie weiter ein in solche Schwachsinnsstreifen. Dem ist einfach nicht zu helfen. Außerdem ist er sowieso nicht ihr Typ. Knallrot ist der im Gesicht. Wird einfach nicht braun. Da hilft keine Sonnenbank und gar nichts. Und wie der immer die Finger verdreht, wenn er mit ihr redet. Also keine Spur von lässig, der Typ. Der reinste Versager.
Da ist der andere um Klassen besser. Echt stark, der Mann. Ein Supermann.
»Hey du«, sagt der Supermann und zieht lässig an seiner Zigarette, als Bettina auf dem Nachhauseweg an ihm vorbeikommt. »Tu nicht so, als ob du mich zum ersten Mal siehst.«
Bettina sieht ihn an. Der sah jetzt echt noch besser aus. Noch lässiger die Klamotten und der Glimmstengel. Und die Schuhe. Der läuft bis ans Ende der Welt. Echt stark. Der fährt mit keiner Straßenbahn. Noch nicht mal ein Auto braucht der. Der läuft. Einfach so. Der läuft und läuft und läuft – bis er die Richtige gefunden hat. Mit dem Loch in der Sohle ist er bis zu ihr gelaufen. Der Supertyp.
»Na, wie gefall ich dir?«
Der konnte Fragen stellen. So ein Supertyp. Und dann fragt er sie. Einfach so. Lässig auf seinen Baumstamm gelehnt, fragt er sie.
»Na, sag schon, daß du mich stark findest.«
Das haben ihm sicher schon viele gesagt, daß er ein Supertyp ist. Bettina läuft weiter.
»Kommste mit in die Kamera, da spielense ›Jenseits von Afrika‹?«
Bettina sieht Andreas groß an. Was ist denn jetzt los?
»Da ist kein einziger Schwachsinnstyp drin.«
Als ob sie das nicht wüßte. Ein Superfilm ist das. Und auf Video gibt's den auch noch nicht.
»Okay«, sagt Bettina, »warum nicht.«
Sie verabredet sich mit Andreas um Viertel vor acht vor der Kamera. Andreas hat die Karten schon besorgt.
»Willste 'ne Cola?«
»Okay, warum nicht.«
Ein Supertyp ist der Andreas nicht. Aber in Ordnung. Schwer in Ordnung. Wenn er nur 'ne Spur lässiger wär. Nur

ein ganz kleines bißchen. Und wenn er nicht immer so rot wäre im Gesicht. Und wenn er nicht so feuchte Finger hätte.
Bettina drückt Andreas die Coladose in die Hand. Andreas wird noch röter. Au Mann. Was für ein Typ.
Das Licht geht aus. Bettina ist seit Ewigkeiten nicht mehr im Kino gewesen.
Als der Vorhang zur Seite geht, traut sie ihren Augen nicht. Sitzt da ihr Supertyp. Ihr blonder Supertyp von seit ein paar Tagen. Sitzt der doch windzerzaust und sonnenbraun, wie er so ist, in einem Boot und paddelt mit seinen lässigen Klamotten auf einem Fluß herum. Sagt kein einziges Wort und paddelt so rum. Mit Urwald links und Urwald rechts und 'nem Krokodil neben dem Boot, und die Sonne knallt und alles. Er paddelt, bis er zu einer Insel kommt, springt aus dem Boot und hechtet in einen Bretterverschlag. Da knallt er sich auf einen Stuhl, 'nen Stuhl und nicht auf 'nen Baumstumpf, schlägt die Beine übereinander und krallt sich eine Packung Zigaretten vom Tisch. Krallt sich die Packung, reißt sie auf und zündet sich einen Glimmstengel an. Zündet ihn sich an, zieht lässig daran und sagt: »Ich laufe meilenweit für eine...«
Seelenruhig sieht er Bettina in die Augen und zieht dabei lässig an seinem Glimmstengel.
So eine Frechheit. So ein verlogener Typ. Ihr guckt er jeden Tag zweimal in die Augen, seit vier Tagen schon, und tut so, als wäre er nur für sie gelaufen. Für sie ganz allein. Meilenweit. Gelaufen und nicht im Boot geschippert. Und ihm liegt an nichts was außer an seinen dummen Glimmstengeln. Denen mit dem Kamel drauf. Dieser verlogene Scheißkerl. Bettina kocht vor Wut. Den ganzen Film über muß sie an diesen verlogenen Typen denken. Und die Typen im Film sind auch nicht besser. Keine Spur. Genauso lässig und windzerzaust und sicher genauso verlogen.
»Kann ich dich nach Hause bringen?«
»Okay, warum nicht.«
Auf einmal sieht sie Andreas mit anderen Augen. Kein Supertyp. Keiner von diesen verlogenen Supertypen. Immerhin.
»Bis morgen.«
Andreas wird noch röter und gibt ihr seine feuchte Hand.

»Bis morgen.«
Bettinas Eltern sitzen vor dem Video.
Keiner merkt, daß sie noch mal weggeht.
»Hey du«, sagt der Supermann von oben herab zu ihr im Licht der Straßenlaterne und zieht lässig an seinem Glimmstengel. »Tu nicht so, als ob du mich zum ersten Mal siehst.«
Bettina sieht ihn an. Ganz schön gestylt war der. Auf lässig gestylt. Und wer weiß, woher der seine Bräune wirklich hatte. Sicher aus der Tube. Wie konnte sie den nur mal super finden. So verlogen, wie der war.
»Na, wie gefall ich dir?« fragt der Typ.
Das muß man sich vorstellen. Wie gefall ich dir. Nach all den Lügen und dem süßen Getue. Da fiel ihr echt nichts mehr ein. So verlogen wie der war.
»So gefällst du mir besser.«
Mit dem Küchenmesser kratzt ihm Bettina erst den einen, dann den anderen Augapfel aus. Gar nicht mehr lässig der Typ ohne seine tollen blauen Augen. Ganz schön beschränkt, wie der jetzt guckt.
»Viel besser gefällst du mir so.«
Mit einem scharfen Schnitt ritzt sie ihm den Oberkörper auf. Dicke Papierwülste klaffen auseinander.
»Na, sag schon, daß du mich stark findest«, stöhnt er, als Bettina diesen lässigen Mund mit der Zigarette von der Wand abzieht.

Die Männer von nebenan

Auf Zehenspitzen und ohne das Licht anzuschalten geht Elisabeth in die dunkle Küche. Vorsichtig tastet sie sich an der Spüle vorbei. Ungefähr einen Meter vor der Glastür, die in den Hinterhof führt, bleibt sie stehen. Die Tür ist geschlossen. Ihre Augen gewöhnen sich langsam an die Dunkelheit. Schräg gegenüber, gerade über der Mauer, die ihren Hinterhof von dem des gegenüberliegenden Hauses trennt, sieht sie den beleuchteten Ausschnitt eines Treppenhauses. Ein Fenster steht offen und bildet den Rahmen, in dem plötzlich ein Paar Hosenbeine erscheinen, die die Treppe hinaufwandern. Elisabeth hält vor Schreck die Luft an, als sie kurz darauf ein weiteres Paar erblickt und dann noch eins. Jetzt geht das Licht im Hausflur gegenüber aus. Alles ist so, als wäre nichts geschehen. Elisabeths Herz fängt wie wild zu pochen an.

Da sind sie wieder. Und es sind nicht nur zwei, sondern mindestens drei Männer. Sie tastet sich vorsichtig, ihr Gesicht weiterhin der Tür zum Hinterhof zugewandt, rückwärts aus der Küche hinaus. Erst als sie die Küchentür hinter sich geschlossen hat, dreht sie sich um und geht in ihr Schlafzimmer. Das Schlafzimmer liegt nach vorne heraus an einer tagsüber belebten Geschäftsstraße. Durch die heruntergelassenen Jalousien dringen die regelmäßig an- und ausgehenden Blitze einer Leuchtreklame und das Geräusch einzelner an der Ampel startender Autos zu ihr hinauf. Sie setzt sich auf das Bett, schaltet das matte Licht ihrer Nachttischlampe an und greift mit zittrigen Fingern nach einer Zigarette.

So geht das nun schon seit einer Woche. Seit einer Woche traut sich Elisabeth nur noch im Dunkeln in ihre Küche, aus Angst, daß sie von den Männern gesichtet werden könnte. Nachts liegt sie wach unter der Bettdecke und kann keinen Schlaf finden. Sie stellt sich vor, was passiert, wenn die Männer aus dem Haus gegenüber bemerken, daß sie sie wiedererkannt hat und ihr Treiben beobachtet. Sie werden kom-

men und sie zum Schweigen bringen. Da ist sich Elisabeth sicher.
Sobald nachts durch ihre geschlossene Schlafzimmertür Stimmen aus dem Hinterhof zu ihr dringen, zittert sie vor Angst und denkt: Jetzt ist es soweit. In diesem Moment werden sie die Scheiben der Küchentür einschlagen, und im nächsten werden sie zu mir ins Schlafzimmer eindringen. Und sie wird ihnen hilflos ausgeliefert sein, diesen brutalen Schlägern mit den Messern in den Händen.
Seit zwei Monaten lebt Elisabeth allein in der Wohnung mit der Tür zum Hinterhof. Am Anfang ist alles gutgegangen. Damals hat sie geglaubt, daß alles anders werden wird, daß die Männer sie endlich in Ruhe lassen. Sie hat geglaubt, daß sie hier in Sicherheit ist. Aber dann hat sie ihn wiedergesehen. Eines Abends, als sie sich in der Küche einen Tee aufbrühen wollte. Breitbeinig stand er mitten in dem erleuchteten Fenster des Hauses gegenüber, die Daumen in die dicken Eisenschnallen seines Ledergürtels verhakt. Er stand einfach da und lächelte verächtlich zu ihr herab. Seither weiß sie, daß sie ihm und seinen Freunden nicht entkommen ist und daß die Männer gelogen haben, als sie sagten, Martin sei tot. Er ist nicht tot. Er ist lebendig wie eh und je. Und er ist nicht allein. Er hat sich Verstärkung geholt.
Elisabeth drückt ihre Zigarette aus und versucht einen klaren Gedanken zu fassen. Sie greift nach der Cognacflasche, die neben dem Bett steht, und beginnt mit flattrigen Händen den Schwenker zu füllen. Ein Teil des Cognacs läuft neben dem Glas hinunter und breitet sich auf der Platte des Nachttischs aus. Sie trinkt in kleinen Schlucken. Der Alkohol rinnt ihr warm die Kehle hinunter. Als sie das leere Glas abstellen will, kommt ihr von der Glasplatte des Nachttischs wieder das höhnische Grinsen von Martin entgegen. Verschwommen, aber gut erkennbar. Elisabeth preßt die Hände zusammen und zerdrückt dabei das leere Glas. Als sie die Faust öffnet, fallen dicke, dunkelrote Tropfen auf das weiße Bettzeug und die hellen Blumen ihres Kimonos. Sie schreit auf und versucht, die Splitter von der Bettdecke und ihrem Kimono zu schütteln, der immer blutiger wird. Entsetzt starrt sie auf die roten Flecken, die sich vom Busen her auf ihrem Bauch verlaufen. Sie springt aus dem Bett, zerrt das erstbeste Handtuch

aus dem Schrank und wickelt es um die verletzte Hand. Alle hatten gelogen: ihre Eltern, die Männer, alle. Sie wollten, daß sie getötet wird. Deshalb hatten sie ihr zu der Wohnung geraten. Die Tür zum Hinterhof ist kein Zufall. Die Mauer lächerlich niedrig und von jedem leicht zu überklettern. Ein Klacks, die Tür einzuschlagen. Und schon sind sie da. Mit ihren Messern, so wie sie es in ihren Phantasien schon unzählige Male erlebt hat. Leicht wird sie es ihnen nicht machen, schwört sich Elisabeth. Auf allen vieren kriecht sie in die Küche. Mit der gesunden rechten Hand drückt sie die Türklinke nieder. Dabei bleibt sie auf dem Boden, damit man sie auf keinen Fall von draußen sieht.

Aus ihrem Versteck unter dem Küchentisch holt sie sich die Messer, die sie für den Notfall dort bereitgelegt hat. Dann kriecht sie zurück, die Messer unter den Arm mit der verbundenen Hand geklemmt. Sie vergewissert sich, daß die Türen hinter ihr geschlossen sind.

Im Schlafzimmer legt sie die Messer in eine freie Ecke und beginnt sofort mit der Arbeit. Mit ihrem ganzen Gewicht stemmt sie sich gegen die Möbel und schiebt sie nacheinander über den weichen Teppichboden vor die Tür ihres Schlafzimmers: den Kleiderschrank, die Kommode, das Bücherregal, das Bett, den Nachttisch, die Stühle, den Schreibtisch, bis alle Möbelstücke ihres Schlafzimmers vor der Tür aufgebaut sind. Erschöpft kriecht sie in die Ecke des Zimmers, wo die Messer liegen. Auf einmal ist sie ganz ruhig. Ruhiger als mit den Pillen, die Doktor Klein ihr mitgegeben hat. Pillen braucht sie nicht mehr. Ihre Hand hat aufgehört zu bluten. Sie reißt das Tuch mit einem Ruck ab, ohne einen Schmerz zu spüren. Dann merkt sie, wie sie langsam müde wird.

Als sie von lauten Geräuschen aufgeschreckt wird, weiß sie nicht, wie lange sie geschlafen hat. Jetzt ist es soweit. Sie lächelt zufrieden vor sich hin und nimmt in jede Hand ein Messer. Die Tür des Schlafzimmers behält sie fest im Auge. Sie spürt die Holzgriffe der Messer in ihrer Hand und hört das Bersten von Holz, das immer lauter wird, immer näher kommt. Sie müssen schon in der Diele sein. Gleich werden sie durch die Tür zum Schlafzimmer kommen und auf ihre Barrikade treffen. Holz splittert, schwere Einzelteile fallen auf den Boden.

Und dann sieht Elisabeth Martin: Martin, der breitbeinig und mit dem höhnischen Grinsen, das ihr so vertraut ist, geradewegs auf sie zukommt.
Natürlich hat er sich verkleidet. Er ist ja nicht dumm. Er hat sich einen weißen Kittel übergezogen und spricht ganz wie Doktor Klein:
»Frau Lämmert, so beruhigen Sie sich. Wir wollen Ihnen doch nur helfen.« Helfen, sagt er scheinheilig und kommt immer näher auf sie zu.
In der Hand hält er einen Dolch mit einer spitzen Nadel, die ihr hell entgegenblinkt.
Da schnellt Elisabeth aus der Hocke hoch und rammt ihm mit aller Kraft die beiden Messer in den Unterleib.
Einmal, zweimal, dreimal.
Diesmal soll er ihr nicht entkommen.
Als sie wieder zu sich kommt, liegt sie in einem sauberen weißen Bett in einem Krankenhauszimmer. Ein Doktor, den sie nicht kennt, tritt an ihr Bett.
»Wo ist Doktor Klein?« fragt sie verwirrt.
»Frau Lämmert, Doktor Klein ist einem bedauerlichen Unfall zum Opfer gefallen. Wir reden später darüber. Vielleicht. Jetzt brauchen sie erst einmal Ruhe, viel Ruhe.«

Durch dick und dünn

»Was machst du jeden Morgen?«
»Ich gehe ans Fenster und rufe laut: ›Es geht mir in jeder Hinsicht und mit jedem Tag immer besser und besser.‹«
»Und tut es das?«
»Was?«
»Geht es dir mit jedem Tag und in jeder Hinsicht, oder wie der Quatsch heißt, besser und besser?«
»Ich weiß nicht.«
»Wieso weißt du das nicht?«
»Ich mache es doch erst seit drei Tagen.«
»Gerda, du spinnst!«
»Wieso sagst du, ich spinne. Nur weil du nicht daran glaubst?«
»Liebe Gerda, wir kennen uns seit dreißig Jahren. Da darf ich dir doch wohl offen sagen, was ich von so einem Quatsch halte. Wieviel wiegst du zur Zeit?«
»Zweiundachtzig Kilo.«
»Und was sagt der Arzt?«
»Nichts, was ich nicht selber wüßte. Daß ich unbedingt abnehmen muß, wenn ich meine Herzstiche loswerden will.«
»Und? Hast du abgenommen?«
»Ich habe drei Pfund zugenommen.«
»Warum sagst du nicht jeden Morgen: Ich werde mit jedem Tag immer runder und runder?«
»Du bist gemein.«
»Ich bin nicht gemein. Ich sage dir nichts, was du nicht selber weißt.«
»Erika, ich hab schon soviel versucht. Ich schaffe das nicht allein.«
»Du hast nichts ernsthaft versucht. Nur Bücher gelesen. Davon ändert sich nichts. Auch nicht durch deine frommen Wünsche am Morgen. Schwing deinen Hintern durch die Landschaft. Such dir einen Lauftreff. Mach was!«

*

»Na, Gerda, wie geht's? Immer noch mit jedem Tag runder und runder?«
»Ich habe mit dem Laufen angefangen. Zweimal wöchentlich beim Lauftreff im Stadtpark.«
»Und, wie gefällt es dir?«
»Ganz schön mühselig, die Pfunde durch die Gegend zu wuchten. Ich schnaube wie eine Dampfwalze. Aber ich bin nicht die einzige.«
»Hört sich gut an. Und was machen die Pfunde?«
»Sie schmelzen, langsam, aber sicher. Seit deinem letzten Anruf vor einem Monat habe ich zwei Kilo weniger. Und weißt du was? Ich esse weniger. Ganz von alleine. Bei jedem Stück Kuchen denk ich dran, daß ich das noch zusätzlich mitschleppen müßte. Da vergeht mir der Appetit.«
»Was sagt Franz dazu?«
»Der merkt überhaupt nichts. Du kennst ihn ja, solange die Wohnung sauber ist und das Essen pünktlich auf den Tisch kommt, ist die Welt für ihn in Ordnung.«
»Müßte er nicht auch...«
»Klar müßte er. Vor allem wollen müßte er. Er hat ja noch ein paar Kilo mehr drauf als ich. Und wie geht es dir, Erika?«
»Wie soll es schon einer Witwe gehen, deren Ekel von Mann unter der Erde und deren Monster von Kindern aus dem Haus sind. Bestens.«
»Erika!«
»Gerda, sei nicht so prüde. Dir werde ich doch wohl noch die Wahrheit sagen dürfen. Ehrlich, es ist mir noch nie so gut gegangen. Keiner redet mir rein, wofür ich mein Geld ausgebe, wie ich meine Zeit einteile. Wenn ich gewußt hätte, wie gut mir das Witwendasein bekommt, hätte ich Hans eigenhändig mit dem Brotmesser die Kehle durchgeschnitten.«
»Fühlst du dich nicht ein bißchen einsam manchmal?«
»Einsam? Gerda, ich hatte noch nie soviel Kontakt zu Leuten. Und zu so interessanten Leuten. Bei Hans wären die nie ins Haus gekommen. Kein standesgemäßer Umgang, hätte er gesagt. Der Arme, und er hat sich so gelangweilt mit seinem standesgemäßen Umgang.«
»Hast du nicht Lust, uns einmal zu besuchen, Erika?«

»Sei mir nicht böse, Gerda, aber ich bleibe lieber hier. So ein geordneter Haushalt mit Mann deprimiert mich. Erinnert mich zu sehr an meine vertanen Jahre.«

*

»Hier spricht der telefonische Anrufbeantworter von Erika Thalmann. Frau Thalmann ist zur Zeit verreist. Sie können jedoch eine kurze Nachricht hinterlassen. Sprechen Sie jetzt.«
»Hallo, Erika. Hier spricht Gerda. Ich wollte dir nur sagen, daß ich wieder fünf Pfund leichter geworden bin. Ich schwinge die restlichen Pfunde schon ganz schön locker durch die Landschaft. Du kannst stolz auf mich sein. Und wo treibst du dich rum? Melde dich mal, wenn du wieder zurück bist.«

*

»*Wo* warst du, Erika? Ich glaube, ich höre nicht richtig...«
»In Neuseeland. Du wirst doch wohl noch wissen, wo Neuseeland ist. So schlecht war unser Erdkundeunterricht bei Frau Reiser doch auch nicht.«
»Du warst drei Wochen in Neuseeland?«
»Was ist denn daran so komisch? Bei drei Wochen Mallorca würdest du dich nicht so anstellen.«
»Wie bist du denn da hingekommen?«
»Ja lebst du denn hinter dem Mond? Mit dem Flugzeug natürlich. Von Frankfurt aus kann man täglich nach Auckland fliegen.«
»Und wie teuer ist das?«
»Na ja, nicht so ganz billig.«
»Hast du im Lotto gewonnen?«
»Nein, ich habe nur unser Haus verkauft.«
»Du hast was?«
»Ich habe das Haus verkauft. Es war immer zu groß. Viel zu groß. Ich habe es gehaßt, dieses Monstrum, all die Jahre. Nie bin ich mit dem Putzen fertig geworden. Und jetzt habe ich es verkauft. Ich werde in eine kleine Wohnung ziehen, hübsch, pflegeleicht und zentral gelegen. Ein Herr von der Post hat versprochen, daß ich meine Telefonnummer behalten kann.«

»Und wie bist du auf Neuseeland gekommen. Hast du dort Bekannte oder Verwandte?«
»Ganz im Gegenteil. Ich kenne keine Menschenseele dort. Deshalb bin ich ja dort hingefahren, weil ich das Land nicht kenne. Überhaupt nichts von ihm weiß. Ich habe mir einen Wagen gemietet und bin ein bißchen rumgefahren. Ein schönes Land, so grün und so nette Leute überall. Du solltest auch einmal allein verreisen. Das tut gut nach all den Jahren mit Familie.«
»Wir fahren wieder nach Sylt wie immer. Die Kinder wollen uns dort besuchen.«
»Du Arme!«

*

»Was machen die Pfunde, Gerda?«
»Ich bin zehn Kilo leichter und fühle mich fit wie seit Jahren nicht mehr.«
»Und Franz?«
»Du kennst ihn ja. Er hockt vor dem Fernseher nach der Arbeit, vertilgt die Erdnußvorräte, die ich für den Besuch angelegt habe, und nimmt weiter zu.«
»Und er merkt nichts?«
»Das wäre das erste Mal, daß er was bemerkte. Er hat noch nicht einmal etwas gemerkt, als seine Tochter im siebten Monat schwanger war, damals. – Und was machen deine Reisepläne? Wohin geht es das nächste Mal?«
»Im April fahre ich für sechs Wochen nach China. Mit einer Reisegesellschaft diesmal. Ich lerne schon fleißig Chinesisch mit einem Studenten aus Taiwan. Ein interessanter junger Mann.«
»Wenn ich dich so reden höre, dann kriege ich auch Lust. Jedes Jahr Sylt seit zwanzig Jahren, als ob wir Greise wären.«
»Komm doch einfach mit.«
»Als wenn das so einfach wäre... Na ja, Lust hätte ich schon. Riesengroße sogar!«
»Dann red doch einfach mal mit Franz. Vielleicht läßt er dich ja fahren. Das Geld wäre kein Problem. Da könnte ich was beisteuern.«

*

»Na, kommst du mit nach China?«
»Nur über seine Leiche, hat er gesagt. Und daß er sich scheiden ließe, wenn ich ihn sechs Wochen allein lassen würde. Das mußt du dir mal vorstellen. Nach fünfundzwanzig Jahren Ehe muß ich mir so was sagen lassen. Und daß er bei einer Scheidung dafür sorgen würde, daß ich keinen Pfennig bekomme, das würde er schon hinkriegen. Und Reisen nach China würde er nie und nimmer unterstützen. Die könnte ich mir aus dem Kopf schlagen. Er wäre auch gern mal nach Bangkok geflogen.«
»Der blanke Neid.«
»Fünfundzwanzig Jahre Ehe. Und was kommt dabei heraus? Kleinliche Mißgunst.«
»Vielleicht möchte er nicht ohne dich sein?«
»Sag lieber, er möchte nicht ohne Köchin und Putzfrau sein. Das kommt der Wahrheit näher.«
»Gerda, entschuldige, aber diese Unterhaltung deprimiert mich. Sie erinnert mich zu sehr an mein altes Leben. Außerdem muß ich noch Chinesisch lernen.«

*

»Erika, ich kann mit dir nach China fahren!«
»Bist du verrückt?«
»Verrückt nicht, nur lustig.«
»Lustig? Was heißt das denn nun schon wieder?«
»Lustig heißt lustig. Ich bitte um Aufnahme in den Klub der lustigen Witwen. Franz ist tot.«
»Gerda, sei vernünftig. Was ist passiert?«
»Das habe ich dir bereits gesagt. Franz ist tot, ich bin eine lustige Witwe, und wir können gemeinsam nach China fahren.«
»Wie ist das passiert? Hast du ihm mit dem Brotmesser die Gurgel durchgeschnitten, als er von Bangkok schwärmte?«
»Hältst du mich für so dumm?«
»Wie ist es dann passiert?«
»Ich habe mich um die Gesundheit meines Mannes gekümmert, und dabei ist es dann passiert.«
»Was hast du denn nun gemacht?«
»Ich habe ihm immer wieder das gesagt, was unser Doktor ihm schon seit Jahren sagt, daß er abnehmen muß, wenn er noch ein paar Jahre leben möchte.«

»Und wie hat er das aufgenommen?«
»Unwillig, das kannst du dir ja denken. Aber ich habe nicht lockergelassen, und schließlich hatte ich ihn soweit, daß wir ihm einen neuen roten Jogginganzug gekauft haben. Der alte Trainingsanzug paßte ihm ja schon seit Jahren nicht mehr.«
»Und dann?«
»Dann habe ich ihm Mut gemacht, gemeinsam mit mir zum Lauftreff in den Stadtwald zu gehen.«
»Und weiter?«
»Dort haben wir erst mal zusammen eine kleine Runde gedreht.«
»Und wie hat er die durchgestanden?«
»Nicht schlecht. Er hat gekeucht und ist rot angelaufen.«
»Und danach?«
»Danach habe ich mich mit ihm auf eine Bank gesetzt, damit er sich ausruhen konnte.«
»Sich ausruhen?«
»Ich habe ihm gesagt, daß er nicht mehr der Jüngste ist und daß er sich schonen müsse. Daß er nicht mehr so loslegen kann wie früher.«
»Und wie hat er darauf reagiert?«
»Weiß vor Wut ist er geworden. Und ist gleich wieder aufgesprungen, obwohl er das bißchen Ruhe dringend nötig gehabt hätte.«
»Und dann?«
»Dann hab ich ihn gescheucht. Wie er das wollte. Puterrot und verbissen ist er neben mir hergelaufen.«
»Wie lange hat er das durchgehalten?«
»Keine zehn Minuten. Ich hab gesehen, wie die Ader an seiner Stirn immer stärker heraustrat.«
»Und was hast du da gemacht?«
»Ich habe mehrmals locker im Laufen gefragt, ob er nicht doch lieber ausruhen will.«
»Und er?«
»Er hat nur verbissen den Kopf geschüttelt, denn Atem zum Sprechen hatte er nicht mehr.«
»Und was dann?«
»Dann ist er neben mir zusammengebrochen. Der Speichel lief ihm aus dem Mund, und die Augen blickten ganz starr. Kein schöner Anblick.«

Ein Freitag wie jeder andere

Das Licht im Treppenhaus ging aus. Im Dunkeln fischte Ulrike in ihrer Handtasche nach dem Wohnungsschlüssel. Endlich. Nervös fuhrwerkte sie eine Weile mit dem Schlüssel am Schloß herum, drehte ihn hin und her, bis die Tür aufsprang. Sie tastete nach dem Lichtschalter, der im Flur ihrer Wohnung rechts oben neben der Eingangstür angebracht war.

Sie wollte gerade den Schalter nach unten drücken, als sich eine warme feuchte Hand über ihre legte und eine Männerstimme sagte: »Laß das Licht aus.«

Ulrike hielt den Atem an. Der Druck der feuchten Männerhand ließ sie starr werden. Ulrikes Finger krallten sich in das Leder ihrer Handtasche.

»Mach die Tür zu«, befahl die Stimme aus dem Dunkeln.

Der Mann mußte knapp einen Schritt vor ihr stehen. Sein alkoholisierter Atem schlug ihr ins Gesicht. Die feuchte Hand ließ los, und der Mann trat einen Schritt zurück.

»Die Tür«, erinnerte er sie.

Ulrike stieß die Tür mit dem Fuß zu und ließ sich mit dem Rücken dagegen fallen.

»Zieh dich aus«, sagte der Mann und leuchtete ihr mit einem hellen Licht direkt in die Augen.

Ulrike kniff die Augen zusammen.

»Dorthin.«

Der Mann leuchtete mit der Lampe quer über den Flur zur Garderobe hinüber.

Sie stellte die Handtasche ab, zog den Mantel aus und hängte ihn auf einem Bügel an die Garderobe.

»Umdrehen«, befahl er, und sie drehte sich, bis der Kegel seiner Lampe ihr frontal ins Gesicht leuchtete. In einem plötzlichen Anfall von Übelkeit krampfte sich ihr Magen zusammen.

»Weiter. Ausziehen.«

Sie nahm ihre Perlenkette, zog sie über den Kopf und ließ sie auf den Tisch neben das Telefon gleiten.

»Ich warte.«
Ulrike kämpfte gegen den Brechreiz an, der die Speiseröhre hochstieg.
Mit beiden Händen faßte sie die Borte ihres weichen Wollpullovers, zog ihn über den Kopf, verhedderte sich darin, zog weiter. Sobald sie die Arme aus dem Pullover geschält hatte, legte sie ihn über die Perlenkette neben das Telefon. Sie strich sich mit den Händen die Haare aus dem Gesicht, die ihr beim Ausziehen des Pullovers über die Stirn gefallen waren. Ulrike fröstelte. Sie verschränkte ihre Arme vor der Brust. Die Taschenlampe blendete sie nicht mehr. Ihr Lichtkegel glitt über ihre Halsknochen und Schultern, wanderte weiter zum Brustansatz. Mehrmals folgte der Strahl der Taschenlampe dem Bogen, den der Ausschnitt ihres Unterrocks bildete.
Ulrike bekam eine Gänsehaut.
»Weiter«, mahnte die Stimme.
Ulrike begann, an dem Verschluß ihres Faltenrocks herumzuzerren.
»Wird's bald«, trieb er sie an.
Im gleichen Augenblick löste sich der Haken, und der Reißverschluß sprang auf. Sie stieg aus dem Rock und ließ ihn neben dem Telefontisch auf den Boden fallen.
Nur noch mit dem Unterrock bekleidet, richtete sie ihre Augen unschlüssig auf den Mann, der sich im Dunkel hinter der Taschenlampe verbarg.
»Ausziehen«, tönte es unerbittlich.
Wie um einen Aufschub zu gewinnen, streifte sie ihren Ring und ihre Armbanduhr ab.
»Mach schon«, drängte die Stimme, und sie wußte, daß sie keine andere Wahl hatte, als zu tun, was die Stimme ihr befahl. Sie streifte den Unterrock über den Kopf und legte ihn zu dem Rock am Boden.
»Nicht schlecht«, sagte die Stimme. »Überhaupt nicht schlecht.«
Am Lichtstrahl der Lampe, die ein wenig Wärme verbreitete, spürte sie, daß der Mann jetzt Kreise um ihre Brüste beschrieb, erst um die linke, dann um die rechte. Sie hörte, daß er schwerer atmete.
»Weiter.«

Ulrike blieb nicht mehr viel zum Ausziehen. Mit einer Hand streifte sie die Schuhe mit den flachen Absätzen ab und schob sie zur Seite.
»Weiter.«
Als sie die Strumpfhose von den Beinen gezogen hatte, sagte er zu ihrer Überraschung:
»Das reicht, dein Höschen gefällt mir.«
»Ins Schlafzimmer«, befahl er.
Ulrike versuchte, nicht zu stolpern. Der Strahl der Taschenlampe, mit der er ihr von hinten leuchtete, warf nur einen schwachen Schein auf den dunklen Boden vor ihr.
»Kein Licht«, mahnte er, als sie die Tür zum Schlafzimmer öffnete.
Er leuchtete mit der Lampe auf das breite französische Bett.
»Leg dich aufs Bett.«
Die Überdecke war eiskalt.
»Und mach die Beine breit, du Schlampe.«
Ulrike lehnte sich zurück, schloß die Augen und tat, was er verlangte. Sie versuchte, beherrscht zu bleiben. Nichts zu tun, was ihn zornig machen könnte.
»Ja, so gefällst du mir.«
Sie hörte seinen Atem, der immer schneller wurde.
»Gut so, das ist gut. Bleib so. Genau so. Ja, ja, ja, so ist's gut«, keuchte er. »Bleib so, immer so, ja, so, so.«
Die Taschenlampe fiel auf den Boden.
Ulrike wußte, daß es überstanden war.
»Komm ins Bett, Hans, schlafen. Es ist schon spät, und ich bin todmüde.«
Sie kroch unter die Bettdecke und drehte sich um, damit ihr vom alkoholgeschwängerten Atem ihres Ehemanns nicht übel wurde.

*

Pünktlich um sieben Uhr klingelte der Wecker.
Ulrike stand auf und ging in die Küche, um das Frühstück vorzubereiten. Sie hörte, wie die Dusche im Badezimmer angestellt wurde. Hans würde viel Wasser brauchen, um seinen Kater zu vertreiben. Während sie freitags abends mit ihren Freundinnen im Lindenkrug kegelte, brachte er sich zu

Hause mit Alkohol und flotten Video-Kassetten in Schwung.
Zwanzig Minuten später erschien er in der Küche, wie aus dem Ei gepellt mit frischem Hemd, Anzug und tadellos gebundener Krawatte.
»Guten Morgen, Liebling.«
Ohne sie anzusehen, setzte er sich an den Frühstückstisch. Er trank ein Glas frisch gepreßten Orangensaft und aß schweigend das Müsli, das sie ihm zubereitet hatte. Ulrike beobachtete ihn beim Essen. Im hellen Tageslicht saß ihr ein gepflegter Mann mit grauen Schläfen gegenüber, der nichts, aber auch gar nichts mit dem Mann gemeinsam hatte, der sie jeden Freitagabend alkoholisiert zu Hause empfing, wenn sie vom Kegeln heimkam.
Heute morgen war er wieder der korrekte Herr Rechtsanwalt, zu dem seine Klienten vollstes Vertrauen haben konnten. Und der sogar samstags in die Kanzlei ging, um nichts unerledigt über das Wochenende liegen zu lassen.
»Liebling, gestern abend«, er räusperte sich mehrmals, »ich glaube, ich hatte einiges getrunken. Meine Erinnerung läßt mich im Stich. Kannst du mir helfen? Ist irgend etwas Ungewöhnliches vorgefallen?«
»Aber nein«, beruhigte sie ihn, »es war alles so wie sonst. Du hattest nur ein bißchen zuviel getrunken.«
Das war die Formel, auf die sie sich geeinigt hatten. Dafür ließ er sie an den anderen Tagen mit seinen ausgefallenen sexuellen Wünschen in Ruhe.
»Ulrike«, sagte er ernst und griff ihre Hand, »ich könnte mir keine bessere Frau wünschen.«
Sie sah ihn an und fragte sich nicht zum ersten Mal, ob dieser Mann noch bei Verstand sein konnte.
Während der gesamten Zeit ihrer Ehe, die seit fast drei Jahren bestand, hatten sie nicht einmal das gemeinsam getan, was im Bürgerlichen Gesetzbuch als ›eheliche Pflichten‹ bezeichnet wurde.
Anfangs hatte sie versucht, ihn dazu zu bewegen, gemeinsam mit ihr einen Therapeuten aufzusuchen. Aber das kam für ihn nicht in Frage, ›indiskutabel‹, hatte er sie wissen lassen, aufgrund seines Berufs und der damit verbundenen gesellschaftlichen Stellung. Daraufhin hatte sie die Scheidung gewollt.

Da hatte er ihr offen gedroht, daß, sofern sie das täte, er alles strikt leugnen würde, was sie vorbringen könnte, und er im Gegenzug alles daransetzen würde, sie für geisteskrank zu erklären. Ulrike hatte keinen Augenblick daran gezweifelt, daß er jedes Wort genauso meinte, wie er es gesagt hatte.

Hans stellte sein Frühstücksgeschirr zusammen und wischte sich mit der Serviette die Lippen ab.

»Bis heute mittag, Liebling«, sagte er, und sie wußte, daß er pünktlich um dreizehn Uhr wieder zu Hause sein würde.

*

Um zwanzig nach neun klingelte das Telefon. Ulrike nahm den Hörer ab und meldete sich.

»Gott sei Dank. Du bist es«, tönte es Ulrike erleichtert aus dem Hörer entgegen, »ich habe mir solche Sorgen gemacht. Ist alles in Ordnung?«

»Aber ja, alles in Ordnung. Wie du hörst, lebe ich noch«, fügte sie scherzhaft hinzu.

»Du solltest über so etwas nicht spaßen«, erwiderte er. »Wann können wir uns treffen?«

»Am Montag«, sagte Ulrike, »um zwei im Museumscafé.«

»Bis Montag, und paß gut auf dich auf.«

»Bis Montag.«

Sie legte den Hörer zurück auf die Gabel.

*

Am Montag betrat Ulrike um kurz nach zwei das Museumscafé. Ein salopp gekleideter Mann mit kariertem Wollschal über dem Pullover nahm zur Begrüßung fürsorglich ihren Arm.

»Ich habe mir wirklich Sorgen gemacht.«

Er führte sie an den Tisch, wo er schon einen Platz gefunden hatte.

»Und ich glaube, du übertreibst«, sagte sie.

»Du weißt genau, daß das nicht stimmt.«

Ulrike schwieg betroffen.

Sie hatte Thomas vor gut einem Jahr kennengelernt. Als Hans sie zum ersten Mal losgeschickt hatte, um ihm Filme zu besorgen, Pornofilme. Und sie hatte mit hochrotem Kopf vor den Regalen mit den Pornokassetten gestanden und auf

Nachfrage des Verkäufers noch nicht einmal gewußt, welches System für ihren Recorder zu Hause das richtige war. Am liebsten wäre sie in den Boden versunken.
Thomas hatte amüsiert die Szene zwischen ihr und dem Verkäufer beobachtet und dann seine Hilfe angeboten. Sobald sie sich an die Marke ihres Videorecorders zu Hause erinnern konnte, hatte er ihr das System genannt, nach dem er funktionierte. Er war Physiklehrer an einer Berufsschule und kannte sich in diesen Dingen aus.
Seit einem dreiviertel Jahr war Thomas Ulrikes Geliebter.
»Wie war's denn diesmal?«
Ulrike berichtete, was sich Freitagabend ereignet hatte.
»Das gefällt mir nicht«, Ulrike hatte Thomas noch nie so aufgebracht gesehen. »Er spielt mit dir alle diese Pornos durch, und mit jedem Mal wird es härter. Das nächste Mal probiert er das gleiche mit Messer oder so etwas ähnliches. Da gehe ich mit dir jede Wette ein. Dein Mann ist ein Psychopath, der gehört in eine Klinik.«
»Du magst ja recht haben«, gab Ulrike zu, »ganz sicher hast du recht. Er ist nicht normal. Aber wenn er sich nicht freiwillig zu einer Behandlung entschließt, kann ich gar nichts machen. Wegen Pornos mit der Ehefrau kannst du niemanden in eine Klinik einweisen lassen.«
»Das ist mir auch klar. Aber was dein Mann da mit dir veranstaltet ist krankhaft. Das hat nichts mehr mit ein bißchen Abwechslung zu tun. Das ist nicht mehr normal. Und verdammt gefährlich«, fügte er hinzu.
»Warum sollte das gefährlich sein? Bisher ist mir doch nichts dabei passiert. Wieso sollte er denn auf einmal durchdrehen?«
»Die Streifen werden schärfer«, entgegnete Thomas ernst.
»Was meinst du damit?«
»Du hast mir selber erzählt, daß er in der letzten Zeit das Zeug wieder allein einkauft, Pornos aus Holland, Skandinavien und von wer weiß wo importiert. Illegal, ganz heiße Ware. Drankommen läßt sich trotzdem. Hier, ich habe dir mal so eine Kassette besorgt, damit du weißt, wovon ich rede.«
Thomas schob ihr eine Kassette über den Tisch, und Ulrike steckte sie in die Handtasche.
»Das ist anderes Zeug, als du es hier in den Videoläden kaufen

kannst. Es wird gemunkelt, daß da alles echt ist, nichts gestellt. Die drehen mit kleinen Ausreißerinnen irgendwo in Mexiko. Da kräht dann kein Hahn danach, wenn die nie mehr auftauchen.«
Ulrike lief ein Angstschauder die Wirbelsäule hinunter.
Beunruhigt ging sie von dem Treffen mit Thomas nach Hause.

*

Sobald am nächsten Morgen die Haustür hinter Hans ins Schloß gefallen war, holte Ulrike die Kassette, die sie von Thomas bekommen hatte, und ging damit zum Videorecorder im Wohnzimmer. Sie wollte wissen, ob Thomas mit seinen Befürchtungen recht hatte. Die Bildqualität der Kassette war nicht besonders, der Vorspann von weißem Schnee durchrieselt: ›Extreme Productions‹ konnte sie entziffern. Das war alles. Kein Hinweis auf die Schauspieler, die Kameraführung, Regie, nichts.
Unvermittelt setzte die Handlung ein. Zwei Männer in schwarzen Hosen mit nacktem Oberkörper und dunklen Kapuzen auf dem Kopf, in denen nur für die Augen dünne Schlitze ausgespart waren, kamen ins Bild. Bedrohlich gingen sie an einem riesigen Eisenbett vorbei auf ein junges zierliches Mädchen zu, das in der Ecke des Raums Zuflucht gesucht hatte. Das Bett war das einzige Möbelstück in dem kahlen Raum. Immer näher gingen sie auf sie zu, in den Händen Ketten, die dumpf aus dem Recorder rasselten. Und die dunklen Augen des Mädchens so weit aufgerissen, unnatürlich weit, riesige dunkle Teller, geweitet vor Angst oder Drogen oder beidem. Und dann ein markerweichender Schrei aus diesem Kindermund, und Ulrike drehte den Ton ab, konnte diesen Schrei nicht mehr aushalten, und nicht diese Augen.
Ulrikes Blick versank für einen Moment im Leder der Couchgarnitur, auf der sie saß, zählte die Falten neben der Sitzfläche, die Kerben auf den Armlehnen. Ihre Finger hatten sich unwillkürlich zur Faust geballt.
Ulrike hob den Blick wieder und sah, daß das Mädchen jetzt auf dem Bett lag, Arme und Beine an die Bettpfosten gekettet, nackt, mit aufgerissenem Mund, angstgeweiteten Augen, sich ohnmächtig auf der Matratze windend. Die Männer mit den

Kapuzen hatten Eisenstangen in ihren Händen und näherten sich von zwei Seiten dem Kopfende des Bettes.
Ulrike sprang auf und stellte den Recorder ab.
Sie hatte genug gesehen.

*

»Na, wie hat es dir gefallen?« fragte Thomas als erstes bei ihrem nächsten Telefongespräch.
»Mir ist jetzt noch übel, wenn ich daran denke, daß es so etwas überhaupt gibt.«
»Es gibt so einiges. Deine Freitage sind auch nicht schlecht.«
»Die sind völlig harmlos«, verteidigte sie sich sofort. »Verrückt, aber im Vergleich völlig harmlos.«
»Ich wünschte, du hättest recht, Ulrike. Aber ich bin leider überhaupt nicht davon überzeugt. Paß gut auf dich auf am Freitag.«

*

Als sie am Freitag vom Kegeln nach Hause kam, war ihr unbehaglicher als gewöhnlich zumute. Thomas hatte ihr Angst gemacht mit dieser Kassette.
Sobald sie die Tür zu ihrer Wohnung geöffnet hatte, klangen ihr die gleichen Befehle wie vom letzten Freitag entgegen. »Laß das Licht aus« und »Mach die Tür zu«.
Mit dem Rücken an die Wohnungstür gelehnt, versuchte Ulrike sich zu beruhigen. Er würde sicher die Nummer vom letzten Freitag noch einmal spielen wollen. Das war schon vorgekommen.
Sie wurde von dem grellen Licht der Taschenlampe auf ihrem Gesicht aufgeschreckt. Eine eisige Stimme sagte:
»Tu, was ich dir sage. Ich verstehe keinen Spaß. Ich habe ein Messer in der Hand, damit kann ich dir dein hübsches Frätzchen massieren.«
Ulrike wurde es vor Ekel und Angst schwarz vor den Augen.

*

Wie gewohnt rief Thomas sie am nächsten Morgen gegen halb zehn in der ersten Pause von der Schule aus an.

Ulrike nahm den Hörer auf und sagte tonlos:
»Du hattest recht, so geht es nicht weiter.«

*

Als Ulrike eine Woche später zur gewohnten Zeit nach ihrem Kegelabend in die Straße einbog, in der sie seit drei Jahren wohnte, bot sich ihr ein ungewöhnliches Bild.
Die Fenster ihrer Wohnung, die zur Straße herausgingen, und fast alle Fenster der benachbarten Wohnungen waren hell erleuchtet. Vor dem Haus standen ein Feuerwehrwagen und zwei grün-weiße Polizeifahrzeuge. Ulrike hätte vor Dankbarkeit und Erleichterung laut aufschluchzen können.
Nachbarn, Feuerwehrleute und Polizisten bildeten eine dichte Traube vor dem Hauseingang. Frau Jankowski, die Hausmeisterin, sah sie kommen und machte einen Mann in Zivil neben sich auf sie aufmerksam. Im Nu bildete sich zwischen den Menschen eine freie Gasse, in der der Mann in Zivil ihr entgegenkam.
»Frau Jansen?« fragte er und hielt ihr so etwas wie eine Erkennungsmarke entgegen. Ulrike nickte schweigend. Die Gespräche der anderen verstummten.
»Frau Jansen, es tut mir sehr leid. Aber Sie müssen es wissen. Ihr Gatte ist bei einer Explosion ums Leben gekommen.«
Auf ihren fragenden Blick fuhr er fort:
»Ihr Fernseher ist implodiert. Das passiert schon einmal. Ich weiß, daß Ihnen das kein Trost sein kann, aber es ist noch glimpflich abgegangen, das ganze Haus hätte in Brand geraten können.«
Ulrike sah auf ihre Nachbarn, die so stumm und seltsam scheu auf sie blickten, und es war mit ihrer Beherrschung vorbei. Sie schluchzte auf, ihre Tränen liefen, und dann fühlte sie sich so schwach wie seit langem nicht mehr, merkte, wie die Beine unter ihr wegknickten und sie das Bewußtsein verlor.
Sie wachte auf dem Kanapee in Frau Jankowskis Wohnküche auf. Eine Neonröhre verbreitete festlich helles Licht, und ihr war wohlig warm. Frau Jankowski hatte eine dicke Wolldecke um sie gewickelt.

»Es wird schon wieder«, sagte sie beruhigend zu Ulrike und goß ihr eine heiße Tasse Tee ein.
»Heute schlafen Sie erst mal bei mir, morgen sehen wir dann weiter.«
Schon lange war Ulrike ein Zimmer nicht mehr so heimelig vorgekommen. So viel Licht. Sie ließ ihren Blick durch die Wohnküche schweifen. Es kam ihr alles so seltsam vertraut vor, der alte Küchenschrank, die Familienfotos, die Stühle mit den selbstgenähten Kissen und der Fernseher auf der Nähmaschine, geschmückt mit einem Bild der Eltern und einer Kupfervase mit roten Plastiknelken.
Ob Frau Jankowski wußte, daß sie in diese Vase nie und nimmer Wasser tun durfte, daß es eine furchtbare Explosion gab, wenn Wasser in einen Fernseher geriet, daß die Bildröhre durchschmorte und jeder, der den Fernseher anstellte, mit dem Leben dafür zahlen konnte?
Ob Frau Jankowski das wußte?
Das hatte sie selbst vor ein paar Tagen schließlich auch noch nicht gewußt.

Maßgeschneidert

Diesmal stirbt Herr Schneider einen besonders unangenehmen Tod.
Er sitzt auf der untersten Bank in der Sauna, hat die Sanduhr herumgedreht und wartet auf die Schweißtropfen. Und da brechen die ersten auch schon aus der Haut hervor, vermehren sich in Sekundenschnelle, schwellen an, bis sie platzen und sich ihren Weg an diesem ein Meter achtzig langen und neunundachtzig Kilo schweren Körper entlang bahnen, der nichts anderes mehr ist als eine glitschige, dampfende Masse Fleisch. Er ächzt und stöhnt. Der rote Sand in der Uhr ist zu drei Vierteln durchgelaufen. Er schleppt sich zur Tür. Die Tür ist geschlossen. Mit den Fäusten trommelt er gegen das Glasfenster der schweren Holztür. Nichts. Die Tür bleibt zu. Nach einer Weile ist es ruhig. Ute hört den dumpfen Aufprall seines schweren Körpers hinter der Saunatür.
Herr Schneider ist in der Sauna erstickt.
In diesem Augenblick geht die Tür zum Chefzimmer auf, und Herr Schneider steht in voller Lebensgröße im Zimmer seiner Sekretärin.
»Ich bin im Kassenraum, falls Wiedemann mich sucht.«
Verfolgt von Utes Augen geht Schneider, der jetzt in einem maßgeschneiderten grauen Anzug steckt, zur Tür hinaus. Draußen im Gang läßt Ute eine Bande von Rockern auf ihn los. Mit Fahrradketten in der Hand bauen sie sich vor ihm auf. Schneiders Bauch beginnt vor Angst unter der Weste zu beben.
»Na, Opi, wie ham wa's denn?« fragt der Anführer genüßlich und hält ihm einen Schlagring unters Kinn. Schneider wird kreidebleich, übergibt sich und rutscht langsam an der Wand nach unten, dicke Fladen von Erbrochenem auf Hemd und Weste.
»Watt, Opi, Angst? In der Zeitung haste doch immer so markige Sprüche drauf, was du für uns tun willst und so. Jetzt tun wir was für dich.«

Ute stellt sich vor, wie ein Schlagring auf die Kopfhaut ihres Chefs niedersaust, ihm die Schädeldecke spaltet.
Sie blickt auf die Armbanduhr. Elf Uhr sechsundfünfzig. Vier Minuten bis zur Mittagspause. Hoffentlich kommt er schnell zurück, damit sie pünktlich in die Mittagspause gehen kann. Sie kann erst gehen, wenn er wieder da ist. Es ist ungeschriebenes Gesetz im Vorzimmer des Herrn Schneider, daß das Telefon zu keiner Tageszeit unbesetzt bleiben darf.
Aus der Schreibtischschublade holt Ute sich eine Illustrierte und ihr Butterbrot. Vorsichtig, um den Lippenstift nicht zu verschmieren, beißt sie hinein und blättert die bunten Seiten um.
Ekelhaft, denkt sie und nimmt einen tüchtigen Bissen. Da sind sie ja wieder, diese Saubermänner mit den weißen Hemden. Dieses immer gleiche Grinsen um die Mundwinkel. ›Jawohl, Herr Wiedemann. Selbstverständlich. Jawohl. Sie haben recht. Keine Frage. Ein Fehler eines Mitarbeiters. Unerklärlich. Ich werde sofort veranlassen, daß er... Nein, Herr Wiedemann. Mich trifft keinerlei Schuld in der Angelegenheit.‹
Genauso redete er. Ute steckt den letzten Bissen des Leberwurstbrots in den Mund.
Und das waren die Typen, die das Sagen hatten.
Ute hört Schritte auf dem Gang. Schnell läßt sie Illustrierte und Butterbrotpapier in der Schublade verschwinden.
»Sie können zu Tisch gehen. Fräulein Wenke.«
Ute nimmt ihre Handtasche, zieht die Lippen nach, pudert die Nase und geht an den Schrank. ›Fräulein Wenke‹ hallt es in ihrem Kopf, als sie sich den Mantel anzieht. ›Fräulein Wenke‹. Sie ist achtundzwanzig. Nur weil sie nicht verheiratet ist, nennt Schneider sie ›Fräulein Wenke‹. Jedesmal ärgert sie sich von neuem darüber.
»Mahlzeit«, ruft sie in Richtung auf die offene Tür. »Ich bin in der Kantine.« Der Gang zur Kantine ist den Mitarbeitern der Stadtverwaltung offiziell gestattet und bedeutet eine halbe Stunde länger Mittagspause.
Zwanzig nach zwölf. Das geht ja noch. Ute ist mit ihrer Freundin Renate in einem Café am Markt verabredet.
Renate kaut an einem Stück Pflaumenkuchen mit Sahne. »Er will dich loswerden«, sagt sie zur Begrüßung, noch bevor Ute

den Mantel ausziehen kann. Renate arbeitet im Personalamt.
»Das weiß ich positiv. Das Telefon ist heißgelaufen, als du krank warst.«
»Das sieht ihm ähnlich. Und das nur, weil ich ihn mit seinen sauberen Fingern nicht an mich ranlasse. Ist ja klar, daß da 'ne Retourkutsche kommen mußte.«
»Der treibt's echt toll. Wieviel Schreibkräfte hat der in den letzten zwei Jahren verschlissen?«
»Eins, zwei, drei, vier, fünf, sechs«, zählt Ute an ihren Fingern ab, »entweder hat er was mit ihnen angefangen, und es ist ihm nach einer Weile zu heiß geworden, oder er konnte nicht landen, und dann mußten sie auch gehen.«
»Wo wollen die mich denn hinstecken?«
»Ins... Einwohnermeldeamt.«
»O Gott, das soll er mir büßen.«
»Viel Glück, dem sollte es wirklich mal einer heimzahlen.«
»Dem und allen anderen. Guck sie dir doch an. Für sich und ihre Freunde die dicksten Pöstchen, das tollste Büro. Ganz zu schweigen von dem, was sie sich so nebenbei an Land ziehen. Und wenn einer dann trotzdem mal auffällt, decken ihn natürlich die Parteifreunde. Und gehen muß ein anderer, zwei Gehaltsstufen darunter. Wenn überhaupt.«
»Meiner geht jetzt schon während der Dienstzeit in den Puff«, kichert Renate. »Ist ja auch nicht weit. Jeden Mittwoch um zwei. Wir können die Uhr nach ihm stellen. Er flötet: ›Ich muß mal eben zum Hauptamt‹, und wir grinsen uns eins. Denn vom Büro aus kannst du direkt bis in die Linienstraße gucken. Da schleicht er sich hin, und eine Stunde später ist er wieder da.«
Als Ute sich an den Schreibtisch setzt, hört sie klar und deutlich die Stimme ihres Chefs durch die halboffene Tür.
»Ein Versäumnis meiner Sekretärin vermutlich.«
Welche Panne er wohl jetzt wieder auf mich abwälzt? Man sollte ihn aufspießen. Außer dem Leberwurstbrot hat Ute nichts gegessen, nur den Kaffee getrunken. Aufspießen und lebendigen Leibes rösten, daß die ganze Bosheit aus ihm heraustropfen kann.
Durch die halboffene Tür tritt Ute zu ihm ins Zimmer und sieht, wie er den Telefonhörer auflegt.
»Haben Sie mich gerufen?«

Schneider blickt sie über den schweren Rand seiner schwarzen Brille an.
»Nein. Nein, wie kommen Sie darauf?«
Von der Tür aus kann Ute erkennen, daß vor ihm auf dem Schreibtisch offen der Kalender einer Autofirma mit den bunten Fotos nackter Pin-up-Girls liegt. Den hat sie bisher noch nicht bei ihm gesehen. Jemand, der ihren Chef gut kannte, mußte etwas von ihm gewollt haben.
Wieder an ihrem Schreibtisch, feilt Ute versonnen an ihren Nägeln, die beim Tippen gelitten haben. Sie überlegt, wie sie sich an Herrn Schneider rächen kann.
Am nächsten Morgen wählt Ute ihre Kleidung besonders sorgfältig aus. Ein giftgrünes T-Shirt, ein enger Rock im Stil der fünfziger Jahre, ein schwarzer Lackgürtel zur Betonung der Taille. Zufrieden betrachtet sich Ute im Spiegel. Das wird reichen.
Als Schneider gegen acht zur Tür hereinkommt, macht sich Ute am untersten Regal des Rollschranks zu schaffen. Ihre Beine sind gestreckt, und ihr Hinterteil ragt in die Bürolandschaft wie die Popos der Pin-up-Girls auf Schneiders Kalender.
»Guten Mor...« Vor Staunen bleibt ihm die Sprache weg. An diesem Vormittag ruft Herr Schneider Ute mehrmals zu sich zum Diktat. Sein Blick klebt an den Spitzen ihres Busens, dem Ute mit einer Wattefüllung etwas mehr Kontur verliehen hat.
Nach der Mittagspause lädt Herr Schneider sie in sein Büro zum Kaffee ein. Es gibt Quarktörtchen. So etwas hat es nur die ersten Tage nach ihrem Dienstantritt gegeben. Danach nie mehr.
»Fräulein Wenke«, sagt er, sobald sie schräg gegenüber von ihm Platz genommen hat. »Fräulein Wenke«, wiederholt er und sieht dabei nicht auf sie, sondern auf die Spitzen ihres Busens, »Sie wissen gar nicht, was für eine gutaussehende Frau Sie sind.«
Er nimmt seine Brille ab, legt sie neben den Teller mit dem Quarkteilchen, das er nicht angerührt hat, und reckt ihr seinen Hals über die Kaffeetassen entgegen.
»Fräulein Wenke, was sag ich, Ute, ich bin verrückt nach Ihnen.«

»Siegfried, ich habe Sie während der letzten Monate schätzen und achten gelernt.«
Das nimmt Siegfried Schneider als Aufforderung, ihr einen nassen Kuß auf den Teil der Schulter zu geben, den das T-Shirt freigibt. Um nicht auf das braune Mal im Nacken ihres Chefs zu blicken, aus dessen Mitte sich ein widerborstiges Haar über den Ansatz seines weißen Hemdkragens reckt, sieht Ute auf den Kalender über seinem Schreibtisch. Mittwoch, der achte Oktober. Bis Ende des Monats mußte etwas passieren.
Ute braucht keine Stullen mehr fürs Büro zu schmieren. Schneider verwöhnt sie täglich mit neuen Leckereien: Cremetörtchen, Obstschnitten mit Sahne, Linzertorte, Apfelstrudel, Köstlichkeiten, die die umliegenden Bäckereien, Cafés und Konditoreien anzubieten haben. Nachts träumt Ute von Sauerkraut und Salzheringen.
Siegfried Schneider ißt kaum noch etwas. Mit großen hungrigen Augen folgt er der Kuchengabel, die in Utes roten Mund fährt. Als er sie bittet, gemeinsam mit ihm Überstunden zu machen, willigt Ute ein. Entgegen seinen sonstigen Gepflogenheiten will er die nächste Ausstellung höchstpersönlich zusammenstellen und gestalten. Mit ihrer Hilfe. Siegfried Schneider ist in einer Position, in der sich die dienstlichen Belange mit den privaten auf das Erfreulichste verknüpfen lassen. Die Überstunden sind vom Hauptamt genehmigt.
Nachmittags, Punkt sechzehn Uhr ist das Amt wie leergefegt. Die Eingangstür ist hinter dem letzten Mitarbeiter ins Schloß gefallen, die Büros sind verlassen, die Korridore leer. Nur das sanfte Brummen der Bohnergeräte dringt von unten aus der Kassenhalle in die Chefetage.
Siegfried Schneider hängt ein Schild an die Türklinke: ›Arbeitssitzung. Bitte nicht stören.‹ Für alle Fälle.
Auf dem Konferenztisch in Schneiders Büro stapeln sich Dutzende von Fotografien, die die Spitzen der Stadt beim Einweihen neuer Schulen, Schwimmbäder, Straßen und ähnlichem zeigen. Das Motto der Ausstellung lautet: ›Wie wir wurden, was wir sind: Aus Schutt und Asche zu Wohlstand und sozialer Gerechtigkeit.‹ Vor der nächsten Kommunalwahl, die schon in sechs Wochen ins Haus steht, ist es den Parteifreunden von Siegfried Schneider ein Anliegen, die Er-

folge ihrer Regierung ins rechte Licht zu rücken. Entsprechend großzügig haben sie geeignetes Fotomaterial zur Verfügung gestellt. Diese Berge von Fotos gilt es, in eine zeitliche Reihenfolge zu bringen und aus den Fotos eines Jahrgangs die Auswahl zu treffen.

»Ute«, unterbricht Siegfried Schneider sie alle fünf Minuten beim Sortieren. »Kennst du den hier? Den mußt du doch kennen!«

Ute lernt alle Ratsmitglieder und Ausschußvorsitzenden der letzten dreißig Jahre kennen. Siegfried Schneider lernt die Geschicklichkeit kennen, mit der sich Ute seinen Zugriffen entzieht.

»Du verdammte kleine Katze. Wart nur, dich krieg ich noch.«

An der Schreibmaschine entkommt sie ihm nicht. Wenn sie die Begleittexte für die Ausstellung tippt, steht er hinter ihr und streichelt ihren Nacken.

»Siegfried, die Putzfrauen.« Das hilft für eine Weile.

Nachdem die Rahmen gefüllt sind, geht es ans Aufhängen in der Kassenhalle.

Schneider hat es am liebsten, wenn Ute auf die Leiter steigt und er die Bilder mit den dünnen Nylonseilen anreicht. Während sie die Seile in den dafür vorgesehenen Haken einhängt, fährt er ihr mit dem Blick die Beine hoch.

»Chef arbeiten. So spät«, ungläubig schütteln die jugoslawischen Putzfrauen den Kopf.

Ute macht gemeinsam mit den Putzfrauen Feierabend. Sie hat ihm etwas von einer kranken Mutter vorgeflunkert. »Aber Freitag wird gefeiert, vergiß das nicht«, ruft er ihr nach, ehe sie mit den Putzfrauen durch die Eingangstür ins Freie eilt.

Und dann ist es soweit. Der Freitag vor der Ausstellungseröffnung. Der Freitag, an dem die Ausstellung hängt. Siegfried Schneider und Ute können stolz auf ihre Arbeit sein. Es liegt in der Luft, daß er an diesem Abend gewisse Ansprüche stellt.

Auf dem Konferenztisch im Büro des Herrn Schneider liegt eine weiße Tischdecke. Das Licht von zwei brennenden Kerzen bricht sich im Glas der Sektschalen. Schneider läßt den Korken knallen und gießt ein. Ute trinkt den Sekt und schließt die Augen. Sie will diese nackten Augen mit den geröteten Augendeckeln nicht sehen. An ihrem Ohr spürt sie ein Paar gierige Lippen. Schneider öffnet die zweite Flasche. Er scheint es darauf angelegt zu haben, sie betrunken zu machen. Ute entwindet sich ihm. Sie geht zur Toilette. Von dem Büro in der ersten Etage führt eine breite Freitreppe in die Eingangshalle hinunter. Es ist dunkel. Utes Augen gewöhnen sich nach und nach an die Dunkelheit.

In der Halle brennt die Notbeleuchtung. Alles ist gespenstisch leer. Als Ute von der Toilette zurückkehrt, muß sie aufpassen, in der gebohnerten Halle nicht das Gleichgewicht zu verlieren. Die halbe Flasche Sekt macht sich bemerkbar. Sie hält sich am Geländer fest, steigt Treppe für Treppe nach oben. Am Ende der Treppe verharrt sie ein paar Minuten, ehe sie weitergeht.

In ihrer Abwesenheit hat Schneider ein weiteres Mal die Gläser vollgeschenkt. »Auf euch Weiber«, begrüßt er sie mit schwerer Zunge und hält ihr ein volles Glas entgegen. Er grapscht ihre Schulter und zieht sie an sich. Die Hälfte des Sekts landet auf seiner Weste. Er hat die Jacke ausgezogen, während sie auf der Toilette war. »Du machst mich ganz wild, seit Tagen schon machst du mich ganz wild«, flüstert er in ihr Ohr. Er leert das Glas in einem Zug, stellt es auf den Tisch und krempelt sich die Ärmel seines Hemdes hoch. Mit geöffneten Augen steuert er auf sie zu. Sie schließt die Augen, streichelt ihm leicht über den Rücken und spürt, wie er sich am Verschluß ihres Rockes zu schaffen macht. »Ute«, stöhnt er. Sie stößt ihn von sich, beginnt sich auszuziehen. Lautlos fallen die Kleidungsstücke auf den Boden, bis sie nur noch mit einer Unterhose, Strumpfgürtel und Strümpfen bekleidet ist. Bevor er sich von seinem Staunen erholt, legt sie ihre Arme um seinen Hals und schmiegt sich an ihn.

»Du auch. Zieh dich aus. Jetzt gleich. Ich warte unten auf dich.«

Sie läßt ihn los, geht zur Tür und tritt in den dunklen Flur hinaus. Vorsichtig steigt sie die Treppenstufen nach unten. In der Halle ist es totenstill und dunkel bis auf das rote Licht der Notbeleuchtung. Ihr ist kalt. Am Fuß der Treppe bleibt sie stehen und wartet. Sie braucht nicht lange zu warten. Ein lautes Poltern und Ute sieht im fahlen Schein der Notbeleuchtung den nackten Körper ihres Chefs die Treppe bis zum Absatz auf der Mitte hinunterpoltern. Immer weiter poltert der nackte Körper die Treppe hinunter, Stufe für Stufe. In Utes Kopf ist nichts als das Poltern und der Ekel vor Sahnetörtchen. Dann ist es vorbei.

Ruhig und seltsam gekrümmt liegt der Körper von Schneider auf dem Treppenabsatz. Als Ute über ihn wegsteigt, sieht sie, daß sein Rücken mit dicken Flecken von pelzigem Haar übersät ist und daß er völlig nackt ist.

Sie geht in sein Büro, sammelt ihre Kleidungsstücke vom Teppichboden auf und zieht sich an. Dann rückt sie die Bürostühle wieder an ihren Platz, spült die Sektgläser und stellt sie zurück in den Schrank. Die drei leeren Sektflaschen, die Tischdecke und die Kerzenständer mit abgebrannten Kerzen legt sie in eine Plastiktüte. Neben den Papierkorb ihres Chefs stellt sie eine Flasche Klaren, die zu drei Vierteln geleert ist. Prüfend gleitet ihr Blick ein letztes Mal über die Möbelstücke des Chefbüros. Nichts deutet mehr darauf hin, daß hier eine intime Feier stattgefunden hat. Sie zieht ihren Mantel an, greift Handtasche und Plastiktüte und schließt die Tür ihres Büros.

Im halbdunklen Flur, dort, wo die Treppe beginnt, hält sie kurz an. Sie stellt die Taschen ab, kniet nieder und zerschneidet mit ihrer Nagelschere, die sie in der Manteltasche bereitgehalten hat, das dünne Nylonseil, das in Kniehöhe von einer Metallstrebe des Geländers zur anderen gespannt ist. Anschließend zerschneidet sie an jeder Seite die dicken Knoten, mit denen das Seil festgespannt war. Sorgfältig sammelt sie die Plastikschnipsel vom Boden auf und wirft die Reste in die Tüte zu den leeren Sektflaschen. Als letztes greift sie die Rolle mit den Nylonfäden, die ganz am Ende der ersten Treppenstufe liegt.

Vorsichtig steigt sie über den nackten Körper hinweg, der noch genauso merkwürdig verdreht daliegt wie vorher.

An den darauffolgenden Tagen sucht Ute in den Tageszeitungen vergeblich nach einer einschlägigen Schlagzeile wie ›Skandal in der Stadtverwaltung‹ oder ›Nackter Amtsleiter tot aufgefunden‹. Alles, was sie findet, ist eine unscheinbare kleine Anzeige im hinteren Teil der Zeitung. ›Plötzlich und unerwartet für uns alle verschied unser geliebter Ehemann, Bruder, Vater, Großvater. Die Beisetzung erfolgt im engsten Familienkreis.‹

Zwei Wochen arbeitet Ute ohne Chef. Was es zu regeln gibt, regelt sie. Was es zu entscheiden gibt, entscheidet sie in direkter Absprache mit dem Oberstadtdirektor. So macht die Arbeit Spaß.
Dann kommt der Neue. Der aus dem Presseamt. Der, der die Angelegenheit so diskret gemanagt hat, daß nichts an die Öffentlichkeit gedrungen ist.
Ute versetzt es einen Schlag in die Magengrube. Dieser graue Anzug mit dem makellos weißen Hemd, dieser abschätzende Blick, der über ihre Figur gleitet, dieses Lächeln in den Mundwinkeln...
»Fräulein Wenke«, sagt der Neue mit Blick auf ihre Taille, »ich bin sicher, daß wir uns ausgezeichnet verstehen werden.«

Vielleicht hat ihm ja nur ein Pferd gefehlt

Am liebsten würde ich mit dem Pferd zur Arbeit reiten. Mittenrein in die Halle mit den Keksen.
Wär das nichts? Wie im Wilden Westen, ehrliche Erde unter den Hufen. Staub, der bei jedem Hufschlag aufwirbelt, deinen Weg markiert.
Denk dir nur mal den Asphalt weg aus der Straße, in der du wohnst. Streiche diese Dreckhaufen von gepanzerten Blechkisten total aus deinem Hirn. Stell dir vor: Es ist morgens um sieben. Du schlürfst deinen Morgenkaffee und wirfst ein müdes Auge nach draußen. Und was siehst du da? Keine Autoschlangen, übereinandergeschobene Kotflügel. Nichts als brave Hottemaxe, die Leute wie dich und mich zur Arbeit tragen. Brav trottende Hottemaxe und in der Luft ein Geruch von Natur und kein verdammter Benzingestank, der dir die Nasenlöcher verklebt.
Und die cleveren kleinen Jungs, die sonst an nichts anderes denken als an das Silberne in Mamas Portemonnaie, sammeln die Pferdeäpfel auf und experimentieren mit natürlichen Energiequellen in Papas Garage. Und die Pferde striegeln sie ganz umsonst mit runden Augen, und die Frau Minister für Jugend und Familie spart Millionen für Sonderprogramme für schwererziehbare Jugendliche. Da kommt man richtig ins Träumen. Und auf dem Hinterhof keine Garagen, und Frau Mayer braucht keine Pillen zum Einschlafen mehr. Pferdeställe anstelle von Garagen und freundliches Wiehern für das häßliche Aufheulen von überzüchteten Motoren.
Also ich könnte gut auf den ganzen Asphalt verzichten. Die im Wilden Westen haben auch alles mit Pferden geregelt. Die Geldtransporte, die Reisen zu den Verwandten und überhaupt alles. Da haben sich die Leute noch für ihre Pferde verantwortlich gefühlt und sie wie Menschen behandelt. Heute behandeln die niemanden mehr so wie die Pferde früher, noch nicht einmal ihre Hunde oder ihre Frauen oder sich selbst, am ehesten noch ihre Autos.

Als ob so ein metallenes Ding eine Seele hätte oder auch nur Augen oder ein Fell. Von dem Blick aus den Pferdeaugen ganz zu schweigen. Was so richtig lebendig ist, das ist heute einfach nicht mehr in. Am ersten Feiertag setzen sie die Hunde und Katzen aus, die sie Heiligabend unter dem Tannenbaum noch mit Lebkuchen gefüttert haben. Und die Kinder schicken sie auch einfach so los nach draußen und lassen sie von den Autos plattfahren. Einfach so. Jedes Jahr mehr.

In den alten Wochenschauen siehst du noch, wie das früher war. ›Fox tönende Wochenschau‹ kommt manchmal als Vorfilm in den Programmkinos. Riesige Warntafeln standen da auf den großen Kreuzungen. Weiß, gelb, schwarz: Das Verkehrsgespenst geht um. Ein echt furchterregendes Gespenst war da gemalt neben ordentlichen schwarzen Zahlen. ›Der Verkehrstod hat im vergangenen Jahr wieder... x... hundert... und so weiter... unschuldige Opfer dahingerafft.‹

›Unschuldige Opfer‹, so was kannst du heute nur noch in Szenezeitungen schreiben, wenn überhaupt. Dabei sind aus den Zighunderten längst Zigtausende geworden.

Das waren die fünfziger. Da hatten die Leute noch Herz. Sind bestimmt schon seit Jahrzehnten aus dem Verkehr gezogen, die Warntafeln mit dem Verkehrsgespenst. Ist ja nicht schön, so was...

Ihre Kinder lassen sie weiter plattmachen auf den Straßen. Wie viele das so sind bei dir in der Stadt, liest du einmal im Jahr im Kleingedruckten auf der Lokalseite. Das ist dann weniger politisch. Und verärgert nicht die Autoindustrie. Weil die sonst ganz nach Brasilien auswandern würde, und das willst du doch auch nicht, oder? Die Industrie läßt nicht mit sich spaßen. Und ich allein kann denen auch nicht die Hammelbeine langziehen, schon allein, wo der Mann von Tante Gertrud Betriebsrat bei Opel in Bochum ist.

Also, Pferde sind schon seit langem kein Thema mehr bei uns. Jedenfalls für Leute wie dich und mich.

Nur die Brauereien lassen noch ab und zu mal eine Kutsche mit Vierspännern durch die Stadt traben. Und in Bürenbruch findest du am Wochenende die Blagen von denen aus den Vorstandsetagen auf den wenigen Gäulen, die es noch so gibt. Aber Pferde für jeden Tag, die gibt es nicht.

Da habe ich als eingefleischte Autohasserin nur eine Alternative: den guten alten Esel aus Draht, versteht sich. Ich schwinge mich auf mein Fahrrad und versuche, die Blechkisten mit Nichtachtung zu strafen. Besonders toll komme ich mir nicht dabei vor. Menschenhaut gegen Stahlsicherheitsknautschzone. Wer da gewinnt, ist kein Geheimnis. Aber ein Erlebnis, dieser tägliche Kampf ums Überleben. Wenn du das noch nie gemacht hast, ist es unbedingt zu empfehlen. Das totale Abenteuer. Am besten am langen Samstag mittenrein in die Autoschlangen aus der Provinz, geführt vom Parkleitsystem. Absolut empfehlenswert für Lebensmüde und Liebeskranke und Leute, die sich danach sehnen, ein aktives Erwerbsleben gegen das geruhsame Dahinschaukeln im Rollstuhl einzutauschen. Genauso gut ist es, sich auf einer Ausfallstraße bescheiden am Straßenrand zu halten, weil die Quittung für solche Bescheidenheit selten auf sich warten läßt: Du wirst noch unbarmherziger an den Rand gequetscht.
Fahrradwege? Die sind ein Kapitel für sich. Schlechter als die Straße. Huckelig, voller Löcher und vor allem vollgeparkt mit diesen allgegenwärtigen Blechkisten. Und kein Bulle weit und breit, der denen mal ein Zettelchen unter den Scheibenwischer klemmt. Da kannst du als einzelner Fahrradfahrer nur symbolisch Zeichen setzen. Hier und da mal einen Reifen durchstechen, wenn grad niemand guckt. Oder so 'nen dummen Stern abknicken und ähnliche Mätzchen. Kinderkram, bei dem du immer noch höllisch aufpassen mußt, nicht erwischt zu werden.
Ich hab die sowieso in Verdacht, daß sie unter der Hand Prämien zahlen für Radfahrer. Hat sich doch längst rumgesprochen, daß die Pedalos nur die Partei der grünen Radwege wählen, wenn überhaupt.
Und jeder, der kein Auto hat, macht sich verdächtig. Weil wir in einem freiheitlichen, freizügigen Land leben, wo ein Auto mehr ist als ein Blechhaufen.
Die freiesten Bürger überhaupt sind die Fahrer von BMWs.
Neulich radle ich gemütlich mit meinem Drahtesel auf einer astreinen Vorfahrtsstraße ruhig vor mich hin, da prescht so ein Idiot von BMW-Fahrer aus einer Seitenstraße direkt auf mich los. Als bekäme er die Prämie für mich am nächsten

Büdchen bar ausgezahlt. Ich rette mich nur durch einen Todessalto in einen – der Göttin sei's gedankt – noch nicht asphaltierten Vorgarten, lande weich und kann meine Knochen ohne Verluste sortieren. Und geistesgegenwärtig, wie ich bin, speichere ich die Nummer dieser Mörderkarre in meinem Hirn: DO–NA 517. Ein Nummernschild, das ich nie vergessen werde in diesem Leben. Stratosphärensilber die Karre, und am Steuer so ein geschniegelter neumoderner Typ. Soviel konnte ich noch sehen vor meiner Notlandung.
Hat mich natürlich irre interessiert, wer der Könner am Steuer war, von wegen dem Dankeschön für die freundliche Behandlung und so weiter.
Ist aber gar nicht so einfach, so was in Erfahrung zu bringen, wenn kein Onkel von dir im Straßenverkehrsamt arbeitet.
Also schmeiße ich mich am nächsten Tag, wie ich von der Arbeit komme, in meinen Tigerrock und die langen grellen Socken und lege meinen freundlichsten Augenaufschlag an, als ich mein Fahrrad vor der Bullenstation ankette. Weil, so 'n kurzes Röckchen und ein freundlicher Augenaufschlag bringen's bei jeder Sorte von Typen, hab ich festgestellt.
Der Grüne mit den silbernen Sternchen auf den Schultern macht da keine Ausnahme. Als er meine quittengelben Strampelchen sieht unter dem Tigermini, hebt er unverzüglich seinen dunkelgrünen Bürohintern vom Stuhl und steuert mir so zielsicher entgegen wie ein Stichlingsmännchen auf der Balz. Dabei hat er auf seinem Schreibtisch auch was fürs Auge, ein ordentlich großes Bildchen in Farbe, auf dem ich selbst auf die Entfernung eine Frau mit zwei kleinen Schreihälsen ausmache. Lässig mit seinem Uniformärmel auf die blankgescheuerte Holztheke gelehnt, wird aus dem Stichlingsmännchen jetzt wieder mein Freund und Helfer, der mir Vertrauen heischend in die Augen schaut.
Ich plauder also los, was mir da Kriminelles passiert ist und daß ich das 'ne üble Schweinerei finde, wie diese Typen so durch die Gegend rasen, und daß ich dabei hätte hopsgehen können, wenn ich nicht so schnell gewesen wär, und daß man alle einbuchten sollte und ihnen das graue Scheinchen für immer wegnehmen – oder auf ein Fahrrad setzen und sie auf der B 1 nach Bochum strampeln lassen und wieder zurück.
Er hört sich das an und verzieht keine Miene. Dann murmelt

er was von ›Zeugen‹ und ›Beweisen‹ und »auch Autofahrer sind Menschen‹ und Fahrradfahrer wären schon manchmal etwas ›unvorsichtig‹ und ein ›Hindernis‹ für den zügigen Verkehrsfluß und die anderen Verkehrsteilnehmer, sprich: Blechkistenfürsten.
Kommt mir alles ziemlich bekannt vor, was er da von sich gibt, wie die Ansprache unseres Bundeskanzlers zu Neujahr. Ich schwenke also langsam ein auf seine Linie und lasse durchblicken, daß ich zu der vernünftigen Sorte gehöre, die ihm keine unnötige Arbeit machen will. Und vielleicht hätte er ja recht, und dieser Typ wäre auch nur ein Mensch und man könnte mit ihm über eine gütliche Einigung reden.
Ob er mir die Nummer abgenommen hat, weiß ich nicht. Auf jeden Fall hat er sich im Nebenzimmer an die Strippe gehängt und mir einen kleinen weißen Zettel über die Theke geschoben. Ich mußte hoch und heilig versprechen, ihn nicht zu verpfeifen, weil das ihn seinen Job kosten könnte, von wegen Datenschutz und so.
An der Stelle hat er zum ersten Mal sorgenvoll das Foto auf seinem Schreibtisch mit dem Blick gestreift.
Ich nichts wie das Papierchen in der Hintertasche von meinem Tiger verschwinden lassen, ihn noch mal dankbar schräg anlächeln und raus aus der Bude.
Ich muß mich loben. Die Nummer habe ich astrein abgespult.
Ich kette meinen Drahtesel los und überlege, wo es hingehen soll zur Feier des Tages. Maria im Garten ist genau das richtige für so einen lauen Septemberabend. Wenn ich Glück habe, stehen die Tische noch draußen.
Tun sie auch, aber übereinander. Ich muß also erst noch ein paar Tische und Stühle stemmen, bis es so ist, wie ich mir das vorgestellt habe: Die letzten Sonnenstrahlen auf meinem Tiger, die Strampelchen auf dem gegenüberliegenden Plastiksessel abgelegt, vor mir eine Speisekarte, bei der mein Bauch vor Lust zu knurren anfängt.
An solchen Abenden würde ich den Ruhrpott mit keinem Ort der Welt tauschen. Nicht mit Kreta und nicht mit der Toscana und mit gar nichts. Blumen und Landschaft ist ja gut und schön, aber auf die Dauer… Da lob ich mir die Kontraste, wie im Westfalenpark zum Beispiel: Blick auf die Wasserorgel

und die Seilbahn für die Kleinen und all die schönen sauberen Blumen und dahinter, rums: PHÖNIX, ein riesiges, völlig vergammeltes, stinkendes, dreckiges Werksgelände. Mit Fertigungshallen, deren Eisenträger vor sich hin rosten, Kilometern von Eisenbahnschienen, die das Gelände durchfurchen, und endlosen Güterzügen, die nirgendwo mehr anzukommen scheinen. Da wird mir warm ums Herz.
Bei Maria ist die Aussicht etwas beschränkter. Hier von der Terrasse aus siehst du nichts als die geraden Wege mit den Lauben, ein paar Obstbäume und die Anschlagtafel mit dem Protokoll der letzten Sitzung vom Schrebergartenverein.
Aber das ist auch in Ordnung, und die Calamares hier sind einsame Spitze.
Nach dem Essen hole ich den zerknitterten Zettel aus meiner Tigertasche. Bügel ihn mit der Faust und lese: DO–NA 517, Halter: Armin Degen, Adresse: Mallinckrothstr. 234. Du grüne Neune. Vor Überraschung falle ich fast von meinem roten Plastikstuhl. BMW fahren und dann so 'ne Adresse. Eigentlich ist das 'ne astreine Adresse. Ist überhaupt nichts dran auszusetzen. Ich wohne auch da im Norden, gar nicht so weit weg von der Mallinckroth. Aber es ist nicht gerade das, was du bei so einem BMW-Fahrer erwarten würdest – als Adresse. Bei so einem würdest du eher tippen, daß er im Süden wohnt, wo es schön grün ist und der Golfplatz um die Ecke. Wo eher so Einfamilienhäuser stehen mit Rasen davor und dahinter und nicht so alte Klötze von um 1900 mit Kohleheizung und Klo auf der halben Treppe.
Ich döse noch ein bißchen rum bei einem Glas Roten und freue mich, daß die Autobahn hier noch 'ne Weile auf sich warten läßt. Weil, dann wär's garantiert um einiges weniger lauschig.
Das ist genau das, was ich hier und heute so beschissen finde, nirgendwo kannst du mal ruhig sitzen und abhängen, ohne gleich wieder Horrorbilder von Autobahnen oder Waldsterben in deine Birne zu kriegen.
Mir wird kalt, und ich geh rein zum Zahlen.
Maria spendiert mir 'nen Ouzo, und ich spüle den Dreck die Kehle runter. Ich hab schließlich noch was vor heute. Und morgen um sechs pfeift mir mein Wecker wieder die Morgenmelodie um die Ohren.

Nichts wie aufs Fahrrad und auf die Hannöversche. Eine üble Straße, die reinste Rennpiste, schnurgerade. Nicht das beste Pflaster um diese Uhrzeit. Mein Licht ist zwar in Ordnung, aber wenn ich so an die Raser denke, die sich ihre Körnchen und Bierchen genehmigt haben und jetzt auf der Fahrt nach Hause die Zeit wieder einholen wollen, die sie an der Theke abgestanden haben, dann wird mir ganz anders... Mit einem ordentlichen Zahn düse ich an VEW und Thyssen vorbei. In der Dunkelheit seh ich kaum was. Die Straßen werden immer breiter. So üppig haben die sich das mal vorgestellt mit den Wachstumsraten in der Stahlindustrie. Die Autostrada del Sol ist nichts dagegen.
Endlich. Borsigplatz. Und die Raser sind auch ganz manierlich heute abend. Machen einen schönen Bogen um mich rum. Wollen wohl mit ihren Körnchen im System nichts riskieren. Im Kreisverkehr riskiere ich einen Blick auf das Drumherum. Ist ein echt guter Platz. So wie man sich 'nen ordentlichen großen Platz vorstellt. Mit 'ner Menge alter Häuser und lauter Bäumen und 'ner Pommesbude mit Straßenbahnhaltestelle in der Mitte und 'ner Menge klitzekleiner Läden. Das ist das Schöne am Norden. Das Investieren lohnt nicht.
Ich biege in die Borsigstraße ein, die hier am dunkelsten ist, und düse weiter geradeaus. An der nächsten Ampel beginnt die Mallinckroth. Hier an der Ecke war das alte Frauenzentrum. Hinter den schmuddeligen Gardinen tagt jetzt ein türkischer Arbeiterverein. Ich gucke auf die Hausnummern. 96. Muß noch hinter dem Nordmarkt sein. Fast am Hafen, wo der Typ wohnt. 228, 230, 232. Hier ist es.
Kein BMW weit und breit. Aber er muß hier wohnen, der Typ.
Ich stelle mein Fahrrad ein paar Häuser weiter vor der Bäckerei an der nächsten Querstraße ab und erkunde ein bißchen die Gegend.
Keine üble Straße, die Mallinckroth. Auf beiden Seiten Bäume. Immerhin. Aber ein Verkehr. Selbst um diese Uhrzeit. Hier kommst du über den Hafen auf die Autobahn. Vor allem Laster donnern hier lang. Erinnert mich an 'ne üble Ecke, in der ich selbst mal gewohnt habe. Da konnte ich nie die Fenster aufmachen wegen dem Lärm.

Was macht ein Typ mit 'nem BMW in so einer Straße?
In der Mitte sind Straßenbahnschienen. Die letzte Bahn fährt um 23.45 Uhr, lese ich auf der Tafel an der Haltestelle. Wer weiß, wozu das gut ist, daß ich das weiß. Auf den Bürgersteigen ist nicht viel los. Ist ja auch nicht gerade das, was man als lauschige Spaziergegend bezeichnen würde. Nur ein paar einzelne schräge Typen. Niemand, den ich kenne. Weit und breit kein BMW. Wo der Typ den wohl jetzt spazierenfährt?
Halb elf. Ich hab fürs erste genug gesehen. Irgendwann wird der Typ seine Nobelkarosse ja wohl wieder nach Hause fahren, wenn er nicht grad heute nacht auswärts nächtigt.
Am besten dreh ich noch 'ne Runde. Kurz an der Fina-Tankstelle vorbei und dann mal sehen, ob ich noch wen treffe. In der Tankstelle hängen die ganzen Typen rum, die mit Taxifahren ihr Geld verdienen. Vielleicht ist einer dabei, den ich kenne. Nach der letzten Straßenbahn werf ich noch ein Auge auf die Mallinckroth, und dann wird's auch langsam Zeit, daß ich in die Falle komme.
Fast zwölf. Nichts wie los zur Mallinckroth. Und siehe da, was sehen meine übermüdeten Augen? Einen stratosphärensilbernen BMW mit dem Nummernschild DO–NA 517. Direkt vor der Haustür von Nr. 234. Und Arminlein liegt sicher schon in den Federn und träumt von der Rallye Monte Carlo.
Die Autos sind merklich weniger geworden um diese Uhrzeit. Wie schön könnte die Welt sein ohne stratosphärensilberne Edelschlitten mit kriminellen Superknautschzonen. Und ohne die dazugehörigen kriminellen Superraser.
Denen gehörte das Handwerk gelegt. Für immer. Wenn Arminlein in Lücklemberg wohnen würde, würd ich das bringen. So 'nen Typ in 'nem Nobelvorort könnte ich eiskalt über die Klinge springen lassen. Aber nicht so 'nen armen Schlucker aus dem Norden.
So ein weiches Herz ist ein echt weibliches Handikap. Mit so 'nem Herzen siehst du die Dinge gleich im Zusammenhang. Nicht nur diesen blöden Typen, sondern auch noch seine alte Oma und die Mama und den Opa, wie sie sich alle den Nobelschlitten für Arminlein vom Mund abgespart haben. Aber wenn's ums Prinzip geht, mußt du dein weiches

Herz vergessen. Gefühl und Härte. Jetzt ist weniger das Gefühl als Härte angesagt.
So ein Typ gehört aus dem Verkehr gezogen.
Na ja, vielleicht nicht dieser hier, wegen der Oma und weil ich auch hier im Norden wohne und meine besten Freundinnen auch. Also vielleicht in diesem Fall ausnahmsweise nicht der Typ selbst, aber wenigstens sein besseres Ich, die Nobelkarosse.
Um zwölf schalten sie hier die Straßenbeleuchtung auf Sparflamme. Was das soll, wo die Stadt eh pleite ist, weiß ich auch nicht, aber heute nacht ist's mir recht. Jetzt gibt's nur noch eins. Gewartet, bis die Straße frei ist, den Kanister Sprit gepackt und über der Mördermühle ausgekippt.
Und dann ein kleines Streichholz und nichts wie weg.
Schade, daß ich mich so hastig verabschieden muß. Die Einfahrt bei der Bäckerei ist der reinste Logenplatz. Und das Stück spannender als die flammenden Herzen von André Heller. Sollte frau öfter machen. Ist ein irres Gefühl, so ein Blechding plattzumachen.
Ich fahre auf der anderen Straßenseite an einer riesigen Fackel vorbei. In meinem Rücken tut es plötzlich einen Riesenknall, und mir ist, als würde ich mit doppelter Geschwindigkeit vorwärtsgeschoben. Ich biege in die nächste Querstraße ein und bin nur noch einen kurzen, dunklen Schleichweg von zu Hause entfernt.
Die viereckigen Augen von Arminlein, wie er von der Tarantel gestochen im Schlafanzug zu seinem Superschlitten eilt und fassungslos vor den Resten seines besseren Ichs steht und hemmungslos seinen Tränen ihren Lauf läßt, die krieg ich leider nicht mit. Kann sie mir nur in etwa ausmalen.
Aber die Stichflamme, die ist real. Die wird mir morgen noch leuchten, wenn ich wieder prüfe, ob die Nußplätzchen vor mir auf dem Band auch schön brav sind.
Arminlein kann sich bei seiner Oma bedanken, daß ich ihn nicht in die Luft gejagt habe, denn das hätte ich auch noch hingekriegt.
Dieses verdammte Gefühl. Wenn ich nicht aufpasse, tut er mir jetzt noch leid, der kleine Stinker.
Vielleicht hat ihm ja nur ein Pferd gefehlt, um sich zu einem anständigen Menschen entwickeln zu können.

Annas Sammlung

Anna sammelte Briefmarken.
Es fing damit an, daß Anna von Klaus, einem Studienfreund, eine Ansichtskarte aus Australien bekam.
Sie bekam selten Post. Fast nie. Den Kontakt zu ihren Freunden hatte sie durch die Ehe und die häufigen Umzüge verloren. Ihre Eltern lebten nicht mehr. Die wenigen Briefe, die an sie gerichtet waren, kamen von Behörden. Um die kümmerte sich Ernst. Ernst ist Annas Mann. Und dann diese Karte. Jetzt.
Als Anna die Karte aus Australien in der Hand hält, ist Ernst in seinem Büro und diktiert gerade Frau Wolters, seiner Sekretärin, ein Angebot. Anna ist zu Hause. Sie hält die Karte aus Australien in der Hand, und nichts ist mehr so wie vorher.
Die Karte an sich ist keine besondere Karte. Sie zeigt ein Stück Meer, ein Stück Strand und ein Hotel, das genauso aussieht wie die Hotels, in denen sie mit Ernst absteigt, wenn sie ihn auf einer Dienstreise begleitet. Aber etwas an der Karte ist anders. Es ist die Briefmarke: Ein Känguruh in einem sanften Braun mit einem Jungen im Beutel hüpft auf hellblauem Grund ins Weite. Annas Herz macht einen Sprung. Ihr ist, als sei das sanfte Braun aus ihrem tiefsten Inneren gehüpft und begegne ihr hier zum allerersten Mal.
Tränen steigen ihr in die Augen. Hinter dem feuchten Schleier schwimmt das Känguruh und verwandelt sich langsam in eine freundlich graue Katze. Die Katze, die sie immer haben wollte. Die Katze, die sie nie bekommen hat. Nicht von ihren Eltern und auch nicht von Ernst. Jetzt hat Anna die Katze und ein Känguruh dazu. Sie geht in die Küche, nimmt eine Schere und schneidet das Quadrat mit dem Känguruh aus, auf dessen Rückseite sich das Meer befindet. Anna interessiert sich nicht für das Meer. Nur für das Känguruh. Sie läßt eine Glasschüssel mit Wasser vollaufen und legt das Känguruh hinein. Ruhig treibt es in den Wellen. Anna treibt mit.

In der Glasschale trennen sich nach einer Weile langsam und ohne Einfluß von außen Känguruh und Meer. Das Känguruh mit seinem Jungen treibt nahe der Oberfläche, das Meer sinkt auf den Boden. Vorsichtig mit Daumen und Zeigefinger nimmt Anna das Känguruh aus den Wellen und drückt es zum ersten Abtrocknen an die Kante des Unterschranks ihrer Einbauküche. Dann holt sie den dicksten Band des philosophischen Wörterbuchs aus dem Bücherschrank. Das wird eine von Annas Trockenpressen werden, ohne daß Ernst etwas bemerkt. Ernst liest Fachbücher über Wirtschaftsfragen.

Von jetzt an sammelt Anna Briefmarken. Sie weiß, daß dies der wichtigste Tag in ihrem Leben ist. Von nun an wird alles anders. Anna hat etwas, für das es sich zu leben lohnt.

Als Ernst an diesem Abend nach Hause kommt, sagt sie ihm nichts. Ernst und Anna erzählen sich schon lange nicht mehr, was wichtig ist. Sie reden über das, was Anna eingekauft hat, und über das, was Ernst zu Mittag gegessen hat. Sie reden und hängen ihren Gedanken nach. Manchmal sehen sie sich an. Wenn sie das nicht mehr ertragen können, schalten sie den Fernseher ein.

Ab sofort sind Annas Tage ausgefüllt. Anna hat Pläne. Sie fährt in die Stadt, sucht eine Briefmarken-Handlung und findet sechs Briefmarken-Fachgeschäfte mit Hilfe der gelben Seiten im Telefonbuch. Anna entscheidet sich für den kleinen Laden in der Seitenstraße. Der Besitzer hat viel gesehen und redet wenig. Nach und nach kauft Anna bei ihm: eine Pinzette, deren Schenkel nicht angerauht sind, zur schonenden Behandlung der Marken; einen Zähnungsschlüssel, eine Lupe und mehrere ›Einsteckbücher‹, wie die Briefmarkenalben in der Fachsprache genannt werden. Anna hat eine Benutzerkarte der Stadtbücherei und liest die einschlägige Fachliteratur von der ›Welt der Briefmarke‹ bis zur ›Geschichte der Nachrichtenübermittlung‹. Sie liest, daß es achteckige und trapezförmige Briefmarken gibt und daß Briefmarken die Form von Salmiakpastillen haben können. Sie erfährt, daß die deutschen Metzger im Mittelalter ihren eigenen Postdienst unterhielten und daß die Alliierten 1940, zu Hitlers Geburtstag, eine Briefmarke herausbrachten, auf der ein Kind dem Führer ins Gesicht spuckt. Anna staunt und lernt jeden Tag dazu.

Immer häufiger fährt Anna in die Stadt, um neue Marken zu

kaufen. Sie kauft die billigen Marken, die nach Gewicht berechnet werden. Die hat sie am liebsten. Unsortiert, in matten Zellophantüten, durch deren Papier die Farben geheimnisvoll schimmern. Sie kann es kaum erwarten, die Tüten zu öffnen und die Farben ans Licht zu bringen.
Sobald die Wohnungstür hinter ihr ins Schloß fällt, eilt Anna in die Küche zur Spüle, setzt den Gummipfropfen in den Abfluß und dreht den Warmwasserhahn auf. Mit dem Fingernagel löst sie vorsichtig die Klappe des Zellophanumschlags und schüttet die Marken, die noch fest auf ihrer Unterlage kleben, ins Wasser. Im Strudel des Wasserstrahls wirbeln sie um sich selbst; ein buntes Kaleidoskop, das in rasendem Tempo sein Muster ändert. Anna stellt das Wasser ab. Die Marken drehen sich langsamer, immer langsamer, bis sie ruhig nebeneinander und untereinander der Oberfläche entgegentreiben. Noch ein, zwei Minuten und Anna kann die Papierausschnitte abschöpfen und in den Abfallkorb werfen. Die meisten Marken haben sich auf den Boden gesenkt. Eine nach der anderen fischt Anna sie aus dem Wasser und drückt sie gegen die Stahlkanten der Einbauschränke. Wenn sie trocken werden, fangen die Farben an zu leuchten. Die Küche wird zu einem Boot mit bunten Wimpeln, das aufs Meer ausläuft. Das Verfahren ist nicht fachmännisch, aber Anna pfeift darauf, was fachmännisch ist.
Anna pfeift, und immer häufiger lacht Anna.
Sie lacht die Leute auf den Marken an und redet mit ihnen in allen Sprachen. Über Dinge, die wichtig sind: über kleine Katzen und das Zittern des Schilfes im Wind.
Das Unwichtige verliert Anna aus dem Blick. Sie hebt das Bein und steigt über den Korb mit der ungebügelten Wäsche. Anna freut sich, daß sie gelenkig wird. Ernst sieht sie immer seltener. Anna lebt mit ihren Marken. Anna schläft mit ihren Marken. Aus dem gemeinsamen Schlafzimmer ist sie ins Gästezimmer umgezogen. Hier hat sie alles, was sie zum Leben braucht: Dutzende von Briefmarkenalben, ihre Pinzetten, ihre Lupe und ihre neue Quarzlampe.
Sie lebt mit Blumen und Pflanzen, Schiffen und Autos, Fesselballons, Dampfloks und Komponisten und Erfindern. Sie ist nicht allein. Sie ist in guter Gesellschaft. Anna erfindet Welten auf den Seiten von Briefmarkenalben. Und jeden

Morgen freut Anna sich neu auf ihr Leben. Das Känguruh hat einen Ehrenplatz bekommen. Eine Seite ganz für sich allein in dem Album aus rotem Leinen.
Manchmal steht Anna auf, nimmt das Känguruh aus dem Album, legt es auf den Teller ihrer Hand und betrachtet es. Dabei wird ihr warm wie beim ersten Mal. Und Anna ist glücklich, glücklicher als je zuvor in ihrem Leben.
Auch Ernst wird anders. Immer öfter steht er einfach so herum, zwischen Annas Briefmarken. Und er redet immer lauter. Er redet so laut, daß Anna sich Mühe gibt, ihn zu verstehen. Und er redet von so unwichtigen Dingen. Er redet von Frau Wolters. Das versteht Anna, und er redet von einem Kind. Das versteht Anna nicht. Ernst redet von Frau Wolters und von einem Kind. Und Ernst redet von sich. Das kennt Anna. Aber den Rest kann sie nicht verstehen. Auch wenn Ernst laut redet, versteht Anna ihn deshalb nicht besser.
Dann redet er nicht mehr. Er packt seine Sachen. Als der Rasierpinsel aus dem Bad verschwindet, beginnt Anna zu verstehen. Sie nimmt sich vor, mit Ernst zu reden. Richtig zu reden. Sie hat nichts dagegen, daß er geht. Sie will bleiben. Bei ihren Marken. Dann kommt Ernst ein letztes Mal zu Anna. Er setzt sich auf die Couch unter das Regal mit den Alben und tut so, als wolle er mit Anna reden. Er sagt »Auszug« und Anna sagt »bleiben«. Sie wird laut. Er wird lauter. Sie weint. Er sagt, daß sie ausziehen muß. Sie versteht und sie weint. Er weint nicht. Er sieht an ihr vorbei auf die weiße Tapete an der Wand. Sie weint weiter. Sämtliche Tränen, die sie über die Jahre erstickt hat, brechen aus ihr hervor.
Er steht auf, um zu gehen, und kehrt ihr den Rücken zu. Halbblind greift sie nach dem dicken Buch, in dem sie geblättert hat, bevor er kam. Es ist Band vierzehn von Meyers Konversationslexikon aus dem Jahre 1878 in der dritten Auflage. Anna hat darin alte Schmetterlingsstiche betrachtet und sie mit den Schmetterlingen auf ihren Briefmarken verglichen. Die Schmetterlinge waren wunderschön. Jetzt sind sie weit weg. Da ist nichts als dieser Rücken vor ihr. Annas Tränen versiegen. Das Buch liegt wie ein Stein in ihrer Hand. Mit beiden Händen stemmt sie es hoch und schlägt es gegen den Hinterkopf, der am Ende des Rückens sitzt. Ernst zuckt erschreckt zusammen, und Anna schlägt erneut zu, immer wie-

der auf diesen Körper, der unter ihren Schlägen torkelnd zusammenbricht, immer kleiner wird, auf den Boden fällt. Anna kniet neben ihm und haut weiter keuchend vor Anstrengung auf ihn ein mit einer Kraft, die sie nie in sich vermutet hätte. Dann ist es vorbei. Anna ist müde. Ernst röchelt leise. Anna streckt sich lang aus auf dem Boden, rollt sich neben Ernst, schmiegt sich an seinen warmen Körper. Sie lauscht seinem Atem, der weiterhin nur schwer entweicht, und ist zufrieden. So nah war sie Ernst schon lange nicht mehr. Sie schläft ein und schwimmt mit dem Känguruh in warmen Wellen.

Alles wird gut werden.

Musik sprengt alle Grenzen

Durch die geschlossene Tür drang das Schreien einer Männerstimme: »Ich hasse dich.«
Darauf folgte ein lautes Geräusch, als wenn auf jemanden mit einer Peitsche fest eingeschlagen würde.
»Ich hasse dich«, schrie die Stimme wieder, gefolgt von dem gleichen peitschenartigen Knall.
»Ich hasse dich. Ich hasse dich ja so sehr«, vernahm Beate und kurz darauf ein hemmungsloses Schluchzen.
Sie öffnete die Tür und sah sich um: In der Mitte des weißen leeren Raumes stand eine Fußbank, auf der sie eines der Sofakissen wiedererkannte, die von ihrer Schwiegermutter bestickt worden waren. Auf dem Kissen lag ein Ledergürtel und neben dem Kissen lag Karl, ihr Mann, nur mit einer Unterhose bekleidet, schweißüberströmt auf dem Boden. Er lag zusammengerollt auf der Seite und preßte schluchzend die Knie an sein Kinn. Er bot einen jämmerlichen Anblick, und wie schon so oft stand Beate hilflos vor ihm und wußte nicht, was sie tun sollte.
In sich versunken nahm Karl sie gar nicht wahr. Beate kniete sich an seine Seite und griff mit ihrer kräftigen Hand nach seiner mageren Schulter.
»Karl«, rief sie sanft, und dann noch einmal: »Karl.« Er sah sie an mit seinen ausdruckslos verdrehten Augen. »Karl«, versuchte sie es noch einmal, und langsam schwand die Leere aus seinem Blick. Die Augen schienen Beate zu registrieren.
»Karl.«
»Ach, du, Beate«, entgegnete er müde.
»Karl«, sagte Beate eindringlich, »wir haben Gäste heute abend. Du hast sie selbst eingeladen. Die Leute aus deiner Gruppe.«
Mit einem Ruck war er aus der Embryoposition hochgefahren: »Na, das ist doch toll, Bea, einfach toll«, strahlte er sie an.

»Ja, aber, da müssen wir doch...«
»Nichts müssen wir, Bea. Gar nichts. Damit ist es vorbei. Wir müssen überhaupt nichts mehr«, sagte er freudig wie ein Kind.
»Na dann nicht. Es sind schließlich deine Gäste.«
Beate sah auf ihre Uhr. Es war halb eins.
»Ich muß«, sagte sie bestimmt zu Karl, der inzwischen Zehengymnastik machte und seinen Kopf im Kreis um die Schultern rollen ließ.
Beate stand auf, zog eine Strickjacke an und packte ihre Handtasche. Sie schaute nach, ob sie auch nichts vergessen hatte, schlug die Wohnungstür zu und ging zu ihrem Auto, für das sie direkt vor der Tür einen Parkplatz gefunden hatte. Sie betätigte den Anlasser und atmete tief durch. Ein strammes Programm stand ihr bevor. Als erstes mußte sie ihre Tochter Elke von der Schule abholen, dann in den Kinderhort bringen und sich beeilen, um pünktlich um halb zwei ihren Dienst bei der Firma Kühne anzutreten. Vormittags arbeitete sie als Kontoristin bei Grauhack und Söhne. Den Nachmittagsjob mußte sie noch dazu nehmen, als Karl vor einem halben Jahr seine Stelle als Bankkaufmann von einem Tag auf den anderen an den Nagel gehängt hatte. Jetzt mußte er nicht mehr, dafür mußte sie doppelt: Nach der Arbeit einkaufen und Elke wieder im Hort abholen... und... und... und... Alles hatte schnell zu gehen, wenn der sorgfältig ausgetüftelte Zeitplan nicht durcheinandergeraten sollte.
Unterdessen arbeitete Karl daran, seine Entspannungstechniken zu verbessern. Er hatte es sich auf einer Decke am Boden bequem gemacht und spürte schon die Schwere in den Beinen. Er konzentrierte sich auf das Grün der Yucca-Palme neben dem Fenster und rollte gerade mit einer blonden Frau in den Armen über grüne Wiesen, als das Telefon schellte.
»Karl«, dröhnte ihm eine nur allzu vertraute Stimme aus dem Hörer entgegen. »Ich brauche deine Hilfe.« Es war seine Mutter. »Du mußt mir helfen, Junge. Den Keller aufräumen. Nächste Woche kommen die Kohlen. Warum antwortest du nicht? Hast du nicht gehört, Karl?«
»Aber ja doch, Mutter. Natürlich komme ich. Muß ja nicht sofort sein. Übermorgen vielleicht? Na, ja morgen geht auch. Wenn's sein muß. Ist in Ordnung, Mutter.«

Sie lebte in Kiel. Fünfhundert Kilometer entfernt.
»Verflucht«, schimpfte er laut, sobald sie den Hörer aufgelegt hatte.
Als Beate um halb sieben mit Elke und den vollen Einkaufstaschen zu Hause ankam, war alles ruhig. Sie packte die Taschen aus und bereitete das Abendessen für sich und ihre Tochter zu: Spinat mit Spiegeleiern. Karl konnte sie seit einem halben Jahr mit ihren Kochkünsten nicht mehr begeistern. Er aß nur noch Körner in den abenteuerlichsten Variationen, und das auch nur zwischen seinen Fastenzeiten.
»Was macht Papi?« fragte Elke neugierig.
Karl hatte ihr verboten, ihn zu stören, wenn sie abends nach Hause kamen. Beate lauschte und hörte klassische Musik aus Karls Zimmer, das einmal ihr gemeinsames Wohnzimmer gewesen war. Albinoni, um genau zu sein.
»Papi medi..., Papi schläft«, antwortete Beate, »und du schläfst auch gleich.«
»Oooohhhhhhh«, machte Elke enttäuscht und schmierte sich den Spinat über die Oberlippe.
Beate hatte die Wahrheit gesagt. Mit Albinoni entspannte sich Karl schon nach den ersten Takten so vollkommen, daß er sofort in einen Tiefschlaf verfiel, der in der Regel eine halbe Stunde dauerte. Während er schlief, hätte ihm Elke auf dem Bauch herumhopsen können, ohne daß er es bemerkt hätte. Karl war stolz darauf, daß er sich diese Technik so perfekt angeeignet hatte. Und manchmal beneidete ihn Beate darum. Wie jetzt zum Beispiel. Nach einem Arbeitstag wie diesem würde ihr Albinoni auch guttun.
Eine Stunde später, Beate wollte Elke gerade ins Bett bringen, kam Karl zur Tür herein. Er war ganz in Weiß gekleidet und sah blendend ausgeruht aus. Beate musterte ihn kühl. Wenn sie ihn nicht mehr mitfinanzieren müßte und eine kleinere Wohnung nehmen könnte, würde ihr vielleicht eine Halbtagsstelle reichen – und sie sähe auch wieder etwas erholter aus. Sobald Elke im Bett war, kam Karl zu ihr und fragte:
»Beachen, leihst du mir den Wagen, morgen? Bitte.«
Sie sah ihn ungläubig an:
»Den Wagen? Geht es dir nicht gut?«

Seit er aus seinem Beruf ausgestiegen war, hatte er den Wagen nicht mehr angerührt und nur noch über die ›Energieverschwendung‹ geschimpft.

»Ja, den Wagen«, sagte er kleinlaut. »Mutter will, daß ich ihr den Keller aufräume.«

Beate mußte laut auflachen. Sie dachte, wenigstens das mußte er noch, versuchen: ein braver Junge zu sein.

»Wann willst du los?«

»So früh wie möglich.«

»Gut, dann kannst du Elke zur Schule bringen und mich anschließend bei Grauhack absetzen. Das liegt ja direkt auf dem Weg.«

»Alles, Beamaus, alles, ich tue alles für euch«, sagte er erleichtert und setzte Teewasser auf.

Es schellte, und Beate sah durch den Spalt der Küchentür, wie Karl einem Pärchen überschwenglich um den Hals fiel; erst ihm, dann ihr. Er führte sie in sein Zimmer. Während es mehrmals an der Haustür klingelte, ging Beate ins Bad, um sich frisch zu machen.

Bei Karl im Zimmer war die Party voll im Gange. Zwei Kannen Jasmintee standen auf den Stövchen, und in den Ecken des Zimmers brannten Räucherstäbchen. In den Schalen auf dem Boden lagen Nüsse und Sesamplätzchen. Alternative Gastlichkeit, dachte Beate, und alles von meinem Geld. Die Leute schienen sich gut zu amüsieren. Jedenfalls hatten die meisten ein entrücktes Lächeln auf den Lippen. Für die gesunde Ernährung sahen sie allerdings etwas bleich aus. In einer Ecke massierte ein blonder Jüngling einer Frau mit kurzgeschnittenen grauen Haaren den Rücken. Karl hatte sich eine jüngere Partnerin ausgesucht, der er die Hände um die Taille legte und tief in die Augen blickte. Beate gähnte und ging aus dem Zimmer. Niemand bemerkte es. Im Flur zwischen den achtlos auf dem Boden verstreuten Mänteln und Taschen von Karls Besuchern beschloß Beate, noch eine Runde zu drehen. Sie steckte Autopapiere und Schlüssel ein. Vielleicht würde sie bei ihrer Freundin Irene vorbeifahren.

Sie startete den Golf und legte eine Kassette ein: Reggae. Ihr war nach etwas Handfesterem als der indischen Meditationsmusik. Ihr war nach einem anderen Leben. Versonnen

blickte sie auf den Kassettenrecorder, dessen rotes Lämpchen vor ihr am Armaturenbrett blinkte.
Am nächsten Morgen saßen sie pünktlich um halb acht zu dritt im Auto. Beate hatte sich automatisch ans Steuer gesetzt. Zuerst fuhr sie zu Elkes Schule.
»Tschüs, Mami, tschüs, Papi«, rief sie und weg war sie.
Als Beate auf dem Parkplatz vor der Firma Kühne anhielt, stieg Karl aus, um das Steuer zu übernehmen. Beate griff in ihre Handtasche, nahm einen flachen Gegenstand heraus und ließ ihn zu den Kassetten gleiten, die in einer Schachtel neben der Handbremse lagen. Karl öffnete die Tür an ihrer Seite, und Beate stieg aus. Sie gab ihm einen Kuß auf die Wange. »Grüß Maria von mir. Und von Elke«, fügte sie hinzu.
»Aber klar doch, Beamaus«, erwiderte Karl ein wenig zerstreut, während er sich am Außenspiegel zu schaffen machte. Seit einem halben Jahr saß er das erste Mal wieder am Steuer. Natürlich war er nervös. Er winkte ihr noch einmal kurz aus dem offenen Fenster zu und war schon im vorbeifließenden Verkehr verschwunden.
Kurz nachdem Beate wie jeden Abend mit vollen Einkaufstaschen und mit Elke nach Hause gekommen war, klingelte es an der Tür. »Polizei?«
»Es tut uns leid, aber wir haben eine schlechte Nachricht für Sie«, sagte der eine von zwei Männern mittleren Alters, die vor ihrer Tür standen. »Ihr Mann ist in der Nähe von Hamburg verunglückt. Er muß am Steuer eingeschlafen sein. Er hat die Kontrolle über den Wagen verloren und ist gegen einen Brückenpfeiler geschleudert.«
»O Gott, ist er...?«
»Er war sofort tot«, versicherten ihr die beiden Polizisten. »Können Sie uns wohl noch ein paar Fragen beantworten?«
Beate ließ sie herein.
Nachdem die beiden Polizisten die Wohnung wieder verlassen hatten, gratulierte Beate sich selbst. Zur Feier des Tages würde sie mit Elke fernsehen. Das hatten sie schon lange nicht mehr gedurft. Und gleich morgen würde sie ihren Nachmittagsjob bei Kühne kündigen. Und anschließend würde sie mit Elke zusammen einkaufen gehen und alle Platten von Albi-

noni kaufen, die sie kriegen konnte. Karls Albinoni-Kassette lag in einem zertrümmerten Auto irgendwo in der Nähe von Hamburg, vielleicht auf einem Schrottplatz. Und wer würde sich jetzt noch dafür interessieren, ob auf der Kassette mit der Aufschrift BAP auch wirklich Rockmusik war...

Prachtkerle

Die Frau im wattierten Morgenrock mit den bunten Blumen kämpft sich den Abhang der Waldlichtung hinauf. Unter ihren Filzpantoffeln kleben feuchte Blätter. Bei jedem Schritt sinkt sie bis zum Knöchel in den schlammigen Boden. Aus der Ferne ertönt Hundegebell. Die Frau atmet schneller. Noch dieses letzte Stück. Da bleibt sie mit beiden Pantoffeln im Schlamm stecken, rutscht auf den Wollsocken den Abhang wieder hinunter, verliert das Gleichgewicht, fällt auf die Knie. Dicke Schlammflecken saugen sich an ihrem Morgenrock fest. Brauner Brei sickert durch die Socken, rinnt ihr vom Handgelenk die Arme hinauf. Das Hundegebell wird lauter. Sie keucht, reißt die Beine hoch. Das Hecheln der Hunde kommt unaufhaltsam näher. Jetzt kriecht sie auf allen vieren vorwärts, den Abhang hinauf, das Heulen der Hunde im Ohr. Noch zwei Meter, noch ein Meter. Sie spürt den warmen Atem der Wolfsschnauzen an ihrem Hals, die spitzen Zähne in ihrem Nacken. Ihre rechte Hand faßt den kräftigen Zweig eines Busches, an dem zieht sie sich hoch. Geschafft. Sie hat es noch einmal geschafft.

Schweißgebadet wacht Hilde auf. Viertel vor fünf. Wieder war sie eine Stunde zu früh aufgewacht. Eine Stunde vor der Zeit aufwachen, damit könnte sie leben. Wenn nur diese Träume nicht wären. Diese verfluchten Träume. Sie blickte auf das Bett neben sich. Ihr Mann Anton hatte einen gesunden Schlaf. In gleichförmigem Rhythmus entwich sein Atem dem halboffenen Mund. Wovon Anton wohl träumte? Ihr sagte er immer, er träume nicht. Hilde wußte, daß das nicht stimmte. Jeder Mensch träumte, hatte sie gelesen. Also träumte auch Anton. Nur manche erinnerten sich nicht mehr daran. Anton träumte sicher von seinen Hunden. So wie sie. Aber seine Träume waren bestimmt ganz anders.

Seine Hunde. Hilde schlug die Bettdecke zurück. Angst vor ihnen hatte sie nur im Traum. Obwohl Anton sie richtig scharf gemacht hatte. Zwei Jahre lang war er mit ihnen auf

den Hundeplatz gegangen. Im Licht des anbrechenden Tages, das durch die dunkelrot gemusterten Schlafzimmergardinen fiel, empfand sie vor allem Wut. Kalte Wut, die mit jedem ihrer Alpträume stärker wurde. Zu nichts waren sie gut, diese Viecher. Einbrecher würden sich nicht gerade ihr Haus aussuchen, direkt neben dem Schrottplatz. Es gab ja auch nichts zu holen. Ein Wunder, daß sie überhaupt Möbel hatten. Von einer Waschmaschine konnte sie nur träumen, und am Haus war auch schon seit drei Jahren nichts mehr gemacht worden. Ganz zu schweigen vom Einbau einer Heizung. Davon redete Anton schon lange nicht mehr. Mit dem Ofen und der Asche durfte sie sich abquälen. Aber die Hunde. An denen sparte Anton nicht. Der letzte Pfennig ging drauf für seine Hunde. Zweimal in der Woche wurde das Fleisch frisch angeliefert. Und Schäferhunde fraßen was weg. Das rohe Fleisch stand im Keller herum, und der faulige Geruch zog in die Wäsche, die Hilde in der Waschküche nebenan zum Trocknen aufhing. Sie schüttelte sich. Am liebsten würde sie denen Arsen ins Futter mischen. Aber dann könnte sie das Arsen genausogut Anton ins Essen tun. Ohne seine Hunde konnte der nicht leben. Für die Hunde gab es nur das Beste. Für die legte sich Anton ins Zeug. Jeder Zwinger war ausgekachelt, und die Wände waren mit Glasfiber gegen die Kälte isoliert. Auf dem Boden lagen in jedem Zwinger Holzbretter, seitdem Ajax sich auf dem Beton die Gelenke wundgelegen hatte. Das Neueste war eine automatische Anlage zum Öffnen der Käfiggitter. Anton brauchte nur auf ein Knöpfchen zu drücken, und die Gitter fuhren automatisch in die Höhe – und alle fünf Hunde sprangen ihm gleichzeitig entgegen.
Der Wecker klingelte schrill. Hilde stellte ihn mit gewohntem Griff ab und fuhr in die Pantoffeln, die neben dem Bett auf dem Bettvorleger standen. Einen Augenblick lang glaubte sie, ihre Füße wieder in den glibberigen Schlamm zu stecken. Doch die Pantoffeln waren trocken. Sie griff nach dem großblumigen wattierten Morgenmantel. Auch hier keine Schlammflecken. Hilde ging in die Küche.
Als Anton das Schellen des Weckers hörte, blieb er unter der Decke liegen und döste weiter vor sich hin. Wenn Hilde aufstand, blieben ihm noch ein paar Minuten für sich. Er malte sich aus, wie die anderen wohl gucken würden auf seiner Ar-

beitsstelle, wenn er dort mit den Hunden aufkreuzte. Die würden Augen machen. Und Angst kriegen. Keinen Schritt mehr würden die wagen, wenn sie seine Hunde sähen. Vor allem der Chef. Der würde sich hinter seinem Mercedes verkriechen und Todesängste ausstehen vor den fletschenden Mäulern seiner Hunde. Und der Mercedes würde ihm gar nichts nützen, wenn er die Hunde auf ihn losließ. »Anton«, würde Kleinschmitt winseln, »ich tue alles für Sie. Pfeifen Sie bloß Ihre Hunde zurück.« Voller Verachtung würde er auf dieses Häufchen Elend, das einmal sein Chef war, hinunterblicken und sagen: »Zu spät, Herr Direktor. Das hätten Sie sich früher überlegen müssen.« Und er würde sie nacheinander auf ihn hetzen. Erst Ajax, dann Harro und Rolf, und wenn das noch nicht reichte, könnten Prinz und Jacko den Rest besorgen. Von dem dunkelblauen Anzug mit Weste und dem weißen Hemd mit der Seidenkrawatte bliebe da nicht mehr viel übrig. Anton streckte sich ein letztes Mal genüßlich unter der Bettdecke. Jetzt mußte er raus, die Hunde füttern.
Die Tür zum Hof ging auf mit dem kreischenden Lärm von Eisen, das über Beton schabt. Anton stemmte sie mit den Schultern weiter auf und setzte die schweren Eimer mit den Fleischstücken dagegen. Scheppernd fielen die Henkel gegen die Seiten. Er öffnete den Metallkasten neben dem Lichtschalter und preßte mit der Handkante fünf kleine graue Hebel nach unten. Im gleichen Augenblick hallte ein Rasseln von Metallstäben und das laute Kläffen von Hunden über den Hof. Anton griff die Eimer und ging in den Hof hinaus. Die Kellertür fiel zu. Und schon waren sie da. Seine Hunde. Um die beneidete ihn so mancher. Sie sprangen wild um ihn herum und schlugen freudig mit ihren Ruten auf den Boden. »Platz.« Sofort bauten sie sich in einer Reihe vor ihm auf und legten sich hin, die Vorderpfoten gerade auf dem Boden ausgestreckt. »Brav. Brave Hunde.« Einem nach dem anderen tätschelte Anton ihnen das Fell. »So, jetzt haut ab. Los ab mit euch und wehe, ihr kriegt euch wieder in die Haare.« Anton schleppte die Eimer hinüber zu dem Waschbecken bei den Zwingern. Er konnte das Fleisch getrost hier stehen lassen. Obwohl sie den Geruch in der Nase hatten, gingen sie da nicht dran. Sie gehorchten ihm aufs Wort. Fressen gab es spä-

ter. Während die Hunde sich im Auslauf austobten, holte Anton die Fleischnäpfe aus den Zwingern und weichte sie im Waschbecken ein. Die Hunde ließ er dabei keinen Augenblick aus den Augen. »Ajax, Harro, werdet ihr euch wohl benehmen.« Die beiden waren aufeinander losgegangen und hatten sich ineinander verbissen. Ja, seine Hunde waren keine Schoßhündchen. Die würde er gern mal auf einen Einbrecher ansetzen oder besser noch auf einen von diesen langmähnigen Nichtstuern, die von seinen Steuergeldern lebten und nichts anderes im Kopf hatten, als zu faulenzen und auf Demonstrationen mit Steinen zu werfen. »Aufhören, Harro, Ajax, laß los.« Die Hunde knurrten sich an, und die Nackenhaare waren aufgestellt. Sie ließen voneinander ab. Er spritze mit dem Schlauch die Zwinger aus, die herumtollenden Hunde im Blick. Sicher war sicher. Dann füllte er die Wasserschalen und stellte die sauberen Freßnäpfe an ihren alten Platz. Ein Hund nach dem anderen kam in seinen Käfig zurück. Sie wußten, daß es jetzt bald zu fressen gab. Wie Anton es ihnen beigebracht hatte, lagen sie vor dem leeren Freßnapf und warteten darauf, daß ihr Herr ihnen das Fressen brachte. »Kriegst ja schon was. Heute bist du der erste.« Anton füllte Rolf den Napf randvoll. Befriedigt blickte er auf ihn hinunter. Der Seiber lief ihm schon aus dem Maul, doch er wartete auf das Kommando seines Herrn. »Friß, Rolf.«
Gierig stürzte sich Rolf auf den Trog und schlang ein riesiges Stück Fleisch in sich hinein. Hungrig wie die Löwen waren sie. Es waren gesunde, schöne Tiere. Harro hatte von seinem Kampf mit Ajax eine Wunde im Nackenfell, die blutete. Anton überzeugte sich, daß es nichts Ernstes war. Ehe er mit den leeren Eimern zum Haus zurück ging, warf er einen letzten Blick auf die Hunde. Alles in Ordnung. Die grauen Knöpfe stellte er mit einem Griff wieder nach oben. Er hörte, wie die schweren Eisengitter nach unten fuhren und auf den Boden stießen.
»Morgen«, sagte Anton zu Hilde, die den Kaffeetisch gedeckt hatte und ihm sofort eine Tasse Kaffee einschenkte.
»Morgen«, erwiderte Hilde.
»Guten Hunger hatten sie.«
»Kannst du von nichts anderem reden als von deinen Hunden?«

Anton packte die Tasche für die Arbeit, in die ihm Hilde die Dose mit den geschmierten Broten und die Thermosflasche gelegt hatte. Seine Hunde kläfften ihm zu, als er das Fahrrad aus dem Schuppen holte. »Ist ja gut. Ist ja bald wieder zurück, euer Herrchen.«

Hilde entsteinte Sauerkirschen aus dem Garten, als das laute Bellen der Hunde einen Besuch ankündigte. Sie hörte, wie ein Wagen vor dem Haus hielt.

»Herr Warnke?« Vor ihr stand in seiner dunkelgrauen Uniform Egon Warnke, der Chauffeur von Antons Chef.

»Ziehen Sie sich schnell was über. Anton ist auf dem Weg zur Arbeit von einem Motorradfahrer angefahren worden und liegt im Krankenhaus.« Da sie kein Telefon hatten, war zuerst die Firma verständigt worden.

Hilde schaltete das Gas unter dem Einmachkessel aus, legte die Kittelschürze ab und wusch sich die roten Kirschenhände. Hastig suchte sie ein paar Sachen zusammen, die Anton im Krankenhaus brauchen konnte.

Zitternd vor Aufregung saß sie in den Polstern des Mercedes. Langsam wurden die Gedanken klarer. Anton war verletzt. Vielleicht lebensgefährlich verletzt. Zu ihrem Erstaunen spürte sie weder Trauer noch Mitleid bei dem Gedanken. Sie dachte nur an die Hunde. Wenn er nicht mehr wäre, würde sie die Hunde weggeben.

In der Unfallstation wurde Hilde von einem Arzt in Empfang genommen.

»Sie brauchen sich keine Gedanken zu machen, Frau Schweitzer«, beruhigte er sie. »Ihr Mann hat Glück gehabt. Gebrochen ist nichts. Schwere Prellungen und Quetschungen und natürlich der Schock.«

Anton lag bleich in seinem Bett. Unter dem Kittel, den man ihm im Krankenhaus angezogen hatte, sah Hilde an allen Enden weiße Verbände hervorlugen.

»Was ist mit mir?«

Hilde setzte sich auf den Stuhl zu ihm ans Bett.

»Du hast Glück gehabt. Es ist nichts gebrochen. – Tut's weh?«

»Natürlich tut's weh. Blöde Frage. Dieser junge Schnösel von Motorradfahrer soll dafür bezahlen. Ich will nach Hause«, setzte er hinzu.

»Aber das geht doch nicht, so schnell. Du bist ja noch gar nicht transportfähig.«
»Wenn ich nichts gebrochen habe, brauche ich auch keine Ärzte. Dann kann ich auch zu Hause liegen.«
»Aber Anton...«
»Ich will nach Hause. Heute noch. Sag das gefälligst den Herren Ärzten.«
Vor der Tür traf Hilde auf den behandelnden Arzt.
»Wir können ihn nicht gegen seinen Willen hierbehalten. Aber er muß uns unterschreiben, daß er auf eigene Verantwortung geht – und mindestens eine Woche strenge Bettruhe halten.«
Hilde fuhr im Krankenwagen mit Anton nach Hause. Sie kochte eine kräftige Fleischbrühe und brachte sie ihm ans Bett.
»Was ist mit den Hunden?«
»Was soll schon sein, sie werden es überleben, wenn sie ein paar Tage ohne Auslauf sind.«
»Gibst du ihnen zu fressen morgen früh? Und frisches Wasser?«
»Ich werde ihnen die Brocken schon in den Käfig werfen. Keine Sorge. Oder hast du Angst, ich lasse sie verhungern?«
Beruhigt drehte sich Anton zur Seite und schlief ein.
Als Hilde am Morgen aufstand, schlief Anton noch. Sie zog sich Hausschuhe und Kittel an und stieg in den Keller. Den Fleischgestank fand sie heute besonders übel. Sie belud die beiden Eimer mit Fleischstücken und ging auf den Hof. Anstatt zu den Zwingern mit den Hunden, schleppte sie die Eimer noch etwa zweihundert Meter weiter zu den großen Müllcontainern am Schrottplatz. Die wurden täglich geleert, und um diese Uhrzeit war dort noch keine Menschenseele. Sie schüttete den Inhalt der Eimer in die großen Eisenlöcher. Von ihr sollten diese Biester nichts mehr kriegen. Die Hunde streiften unruhig am Gitter der Zwinger entlang, als Hilde mit den leeren Fleischeimern ins Haus zurückging.
»Was ist mit den Hunden?« fragte Anton, sobald Hilde mit dem Frühstückstablett zur Tür hereinkam.
»Was soll schon sein? Gierig waren sie wie die Löwen.«
Beruhigt drehte sich Anton zur Seite und schlief weiter.

Am folgenden Tag wachte Anton gegen zehn Uhr auf. Er hatte die Nacht über tief und fest geschlafen. Jetzt, wo er wach war, schmerzte ihn der ganze Körper, als wäre er zusammengeschlagen worden. Als Hilde ihm das Frühstück ans Bett brachte, fragte er: »Die Hunde?«
»Die Hunde, die Hunde, die Hunde, gibt es denn nichts auf der Welt außer deinen verfluchten Hunden?«
»Davon verstehst du nichts«, meinte Anton.
»Was ist mit den Tieren?« fragte Anton mittags erneut. Die Hunde hatten den ganzen Vormittag laut gekläfft und waren unruhig am Gitter der Zwinger hochgesprungen. Der Lärm war bis in sein Zimmer gedrungen.
»Was weiß ich. Vielleicht fehlst du ihnen. Gefressen haben sie jedenfalls mehr als genug.«
Anton war gerührt. Er fehlte ihnen, und sie riefen nach ihm. Ihm wurde warm ums Herz. Sofort versuchte er, sich im Bett aufzurichten, doch ein stechender Schmerz warf ihn in die Kissen zurück. Es war noch zu früh. Seine Hunde würden sich noch eine Weile gedulden müssen.
Hilde wunderte sich, wie leicht es ihr fiel, Anton zu belügen. Seine Tiere, dachte sie ironisch, er würde sie schon noch kennenlernen...
Jeder weitere Tag ohne Futter machte die Hunde unruhiger. Hilde beobachtete, wie sie immer wilder gegen das Gitter sprangen. Mit schäumenden Lefzen bellten sie dem Schrottplatz entgegen. Wie die Wölfe, dachte Hilde, wenn sie durch die Nacht heulten.
Im Morgengrauen des vierten Tages hielt Anton es nicht mehr im Bett aus. Gestern war er schon bis zur Küche gekommen. Er biß die Zähne zusammen, als er sich mit schmerzenden Gliedern auf den Weg machte. Es ging langsam, aber es ging. Unter Schmerzen lud er die beiden Eimer mit frischen Fleischbrocken voll, die tags zuvor angeliefert worden waren. Er suchte die besten Stücke heraus. Heute sollten seine Hunde nur das Beste kriegen. Heute gab es keine Knochen.
Er schleppte sich mit den schweren Eimern zur Kellertür und stemmte sie auf. Ein herzzerreißendes Jaulen tönte ihm quer über den Hof von den Zwingern entgegen. Sie freuen sich, daß sie mich wiedersehen. Sie sind ganz wild vor Freude und Aufregung.

Anton öffnete den grauen Kasten und preßte die fünf Hebel mit der Kante seiner rechten Hand nach unten. Dann stellte er die Eimer draußen vor der Tür ab und wartete.

Er brauchte nicht lange zu warten. In weiten Sprüngen kamen sie herangeprescht und sprangen an ihm hoch.

»Ist ja gut. Ist ja alles wieder gut.«

Seine Schmerzen waren wie weggeblasen.

»Platz, macht Platz.«

Ajax und Prinz gingen sofort in die Hocke, Harro, Rolf und Jacko befolgten seinen Befehl nicht, stellten die Nackenhaare hoch und knurrten leise.

»Platz, Harro, Jacko und Rolf, Platz.«

Endlich legten sie sich ebenfalls auf den Boden, streckten die Vorderpfoten vor sich hin.

»Na, also, brav. Warum nicht gleich so.«

Er tätschelte jedem einzelnen das Fell.

Unruhig waren sie und knurrig. Kein Wunder nach der langen Zeit ohne Auslauf.

»Ist ja gut, euer Herrchen ist wieder da. Und jetzt ab mit euch, los.« Anton griff die Eimer. »Ab mit euch. Ab in den Auslauf, worauf wartet ihr noch?« Anton wurde ärgerlich.

Die Hunde hatten sich vom Boden erhoben, standen vor ihm, bewegten sich nicht von der Stelle. Mit einemmal war es totenstill auf dem Hof. Im grauen Licht des anbrechenden Morgens leuchteten Anton gelbe Wolfsaugen entgegen. Die Tiere beobachteten ihn. Sie hatten die Schnauzen weit geöffnet, und er sah deutlich ihre weißen Zähne.

Anton machte zwei Schritte nach rückwärts und fühlte das Eisen der Kellertür in seinem Rücken. Die fünf gelben Augenpaare ließen ihn nicht los.

Mit dem Ellbogen drückte er die Eisenklinke runter und stemmte sich gegen das Eisen. Die Tür ging langsam auf.

»Ab mit euch, weg. Warum geht ihr denn nicht«, heulte Anton ohnmächtig, während sich die Hunde langsam auf ihn zubewegten.

»Ihr verdammten Köter. Ihr sollt mich kennenlernen. Nichts kriegt ihr. Gar nichts.«

Anton versuchte die beiden Eimer durch die offene Tür vor sich her in den Eingang zu schieben. Sobald der erste Eimer dem Gesichtsfeld der Hunde entzogen war, stürzten sich

zwei von ihnen auf den verbleibenden Eimer mit den Fleischstücken, den Anton ebenfalls in den Kellereingang ziehen wollte.
»Aus dem Weg«, schrie Anton und trat Prinz mit dem Fuß in die Flanke. Währenddessen gelang es Harro und Rolf ein paar dicke Brocken aus dem Eimer zu schnappen. Anton zog den Eimer in den Kellereingang und stürzte sich mit zum Schlag erhobener Hand auf Rolf, der schon die ersten Bissen kaute. Die Kellertür fiel schwer ins Schloß.
»Aaaaauuuhhhh«, schrie Anton auf. Rolf hatte sich mit seinen Zähnen in der Hand vergraben, die ihn geschlagen hatte, und ließ nicht mehr los. Anton stiegen Tränen des Schmerzes in die Augen.
»Ihr Sauhunde«, keuchte er.
Als hätten die anderen Hunde nur auf dieses Zeichen gewartet, stürzten sie sich knurrend auf Anton. Aus den Augenwinkeln konnte Anton sehen, wie Jacko zum Sprung ansetzte. Der Aufprall des Hundekörpers warf Anton zu Boden. Er fühlte gerade noch, wie sich die spitzen Zähne von Jacko in seinen Nacken bohrten. Dann verlor er das Bewußtsein.
Als Hilde aufstand, war das Bett an ihrer Seite leer. Die Hunde waren das erste Mal seit Tagen ruhig.
Vom Küchenfenster aus sah sie, daß die Hunde wieder in den Käfigen waren. Bis auf ein paar Stoffetzen war der Hof wie leergefegt. Die Hunde hatten einige fette Beutestücke zu sich in die Zwinger geschafft. Eine schmierige dunkle Spur markierte den Weg zu den Käfigen.
Hilde ging zu dem Schaltkasten neben der Kellertür. Einen nach dem anderen drückte sie die fünf Hebel wieder nach oben. Sie hörte, wie die Eisenstäbe auf den Beton stießen.
Es waren Bestien, das hatte sie immer gewußt.

Eine schöne Geschichte

Die Gestalt am Ende des Bahnsteigs war ein heller Fleck unter dem grau verhangenen Großstadthimmel.
Es war eine Frau, die dort am äußersten Ende des Bahnsteigs stand und einem Zug nachstarrte, der längst zu einem nur noch mit Mühe erkennbaren Punkt zwischen einem Gewirr von blinkenden Schienensträngen geworden war.
Der Wind blähte die Seiten ihres Mantels auf, preßte sie gegen ihren Körper, trieb sie nach oben, trieb mit ihnen sein Spiel. Genau wie mit dem leichten Stück Stoff, das sie in der Hand hielt und das er wild umherwirbelte und wieder zusammenfallen ließ, um kurz darauf seine Zipfel in auseinanderstrebende Richtungen zu pusten.
Die Frau stand einfach so da. Unempfindlich gegenüber dem Wind, der immer frecher an ihr zupfte und Wolken von Schmutzpartikeln zusammen mit Zigarettenstummeln und zerknüllten Papierchen in ihre Richtung blies.
Dann drehte die Frau sich um und kam langsam den Bahnsteig zurückgeschlendert. Ihr Mantel war offen. Der Wind, der den Bahnsteigdreck aufwirbelte und an ihr zerrte, schien sie nicht zu stören. Das Tuch war jetzt um ihren Hals verknotet.
Sie blieb eine Weile vor der Tafel mit den Abfahrtszeiten der Züge stehen, ehe sie über die rußgeschwärzten Treppen in die Bahnhofspassage hinunterstieg. Das Hallen von eiligen Schritten, das beständige Gemurmel menschlicher Stimmen und das Quietschen der Gummiräder, mit dem vollgepackte Metallkarren über den Boden rutschten, verbanden sich zu einem dichten Rauschen, das unerwartet über Vera Gärtner hereinbrach.
In Gedanken war sie noch auf dem Bahnsteig, durchlebte noch einmal die Minuten, bevor die Durchsage BITTE DIE TÜREN SCHLIESSEN. DER ZUG FÄHRT IN WENIGEN MINUTEN AB über den Bahnsteig gehallt war. Seltsam schüchtern war sie Werner über die Knöchel der Hand gefahren,

die den Koffergriff umspannte. ACHTUNG AUF GLEIS NEUN. BITTE VON DER BAHNSTEIGKANTE ZURÜCKTRETEN. DER ZUG FÄHRT SOFORT AB. Wie ein verliebter Backfisch hatte sie dagestanden. Mit dem gleichen eigenartigen Ziehen im Bauch, das sie gespürt hatte, als sie ihn zum ersten Mal sah. Und als der Schaffner mit der roten Binde die Kelle hob und zur Abfahrt pfiff, hatte sich ihr Herz in einem Anfall von jäher Angst zusammengekrampft. Angst, daß sie diesen hochgewachsenen Mann, der ihr hinter der Glasscheibe der Zugtür fremd und begehrenswert zugleich vorkam, nie wiedersehen würde.

Der Zug hatte sich mit einem behäbigen Schnauben schwerfällig in Gang gesetzt, und sie war neben ihm hergelaufen, um Werner noch ein paar Sekunden länger nah zu sein. Erst das Ende des Bahnsteigs hatte sie abrupt zum Halten gebracht.

Jeder Abschied von ihm schnürte ihr die Kehle zu. Dabei trennten sie sich nur einmal im Jahr, wenn er zum Ärztetag nach Baden-Baden fuhr. Und jedesmal diese Angst, daß ihm etwas zustoßen könnte und sie ihn vielleicht nicht lebend wiedersähe.

In der lauten grellen Neonwelt der Bahnhofskioske, Geschäfte und Cafés schienen solche Gefühle seltsam fehl am Platz. Vera Gärtner blieb vor einem Zeitungsstand stehen. Die Wände aus Spiegelglas verdoppelten die Anzahl der Menschen, die zwischen riesigen Stapeln von Zeitschriften umherliefen. Vera trat ein und drängte sich mit den anderen Kunden an den Bergen gestapelter Illustrierten vorbei. Kräftige klare Farben sprangen sie von den Titelseiten an. Sie nahm eine Zeitschrift in die Hand, blätterte ein wenig darin herum und legte sie auf den Stapel zurück. Dabei begegnete sie ihrem Bild im Spiegel: sandfarbener Regenmantel, rosa Seidenbluse, pastellfarbige Rhomben auf dem Seidentuch um ihren Hals. Eine gepflegte Erscheinung, die im Neonlicht matt und abgespannt wirkte.

Auf einmal schmerzte sie die Stelle, an der ihr Rockbund in die Taille schnitt. Auch der weite Mantel konnte nicht darüber hinwegtäuschen, daß es ihr in diesem Frühjahr an der Selbstdisziplin gemangelt hatte, die Pfunde, die sich den Winter über angesammelt hatten, wieder loszuwerden. Sie litt darunter, daß ihr das trotz der langen Spaziergänge mit Hasso

und dem Hanteltraining im Sportverein diesmal nicht gelungen war. Hier in diesem harten Kunstlicht gestand sie sich zum ersten Mal ein, daß Werner sie in den letzten Wochen häufig kritisch gemustert hatte, wenn sie unter der Dusche stand.
Vera beschloß spontan, die Zeit von Werners Abwesenheit für eine Abmagerungskur zu nutzen. Sie würde wenig essen, viel schlafen, Sport treiben und ausgiebig mit Hasso spazierengehen. Eine richtige Schönheitswoche würde sie sich gönnen. Und einmal darauf verzichten, Teile des Hauses zu renovieren und andere nützliche Dinge zu erledigen.
Anscheinend war sie nicht die einzige, die in den Wintermonaten ein paar Kilo zugelegt hatte. Auf der Titelseite jeder Frauenzeitschrift fanden sich Hinweise auf die spezielle Diät, über die man im Inneren des Heftes mehr erfahren konnte: ›die Apfel-Grapefruit-Diät‹, ›die 7-Tage-Körner-Kur‹, ›Schlankwerden durch Gemüse‹ und etliches mehr. Die seitenlangen Einkaufslisten und Verhaltensregeln bestätigten sie darin, ihre Abmagerungskur nach dem bewährten eigenen Programm durchzuführen: literweise Mineralwasser und zum Stillen des größten Hungers Obst- und Gemüsesäfte. Das war unaufwendig und wirkungsvoll.
Sie kaufte trotzdem vier Frauenzeitschriften: zur moralischen Unterstützung. Die bunten Bilder von schlanken jungen Frauen versetzten sie in eine fröhliche Stimmung und würden ihr helfen, nicht vorzeitig aufzuhören.
Nachdem sie gezahlt hatte und nun mit den Zeitschriften unter dem Arm dem Ausgang entgegensteuerte, merkte sie, wie stickig die Luft in der Bahnhofshalle war. Auch draußen brachte der Wind keine Erfrischung. Er verteilte den Benzingestank und wirbelte den Dreck auf, der auf den Straßen lag.
Vera hatte es eilig, aus der Stadt nach Hause zu kommen. Wo sie wohnte, war die Luft so, daß man getrost tief durchatmen konnte.
In einem Einkaufszentrum am Stadtrand hielt sie kurz an, um zu tanken und sich mit einem Kasten Mineralwasser und einem Sortiment unterschiedlicher Obst- und Gemüsesäfte zu versorgen. Sie war froh, als sie von weitem unter einem smogfreien Abendhimmel die Kirchtürme von Friedrichsau ausmachen konnte. Von dort waren es nur noch ein paar Ki-

lometer bis nach Hause. Sie hatten draußen auf dem Land gebaut, direkt am Wald. Das war zwar etwas einsam, aber ihr war das lieber als das Leben in Friedrichsau, einer katholischen Kleinstadt, in der jeder Nachbar und jede Nachbarin argwöhnisch beobachteten, was die Frau von dem Herrn Doktor so trieb. Das war nichts für sie. Die Kontakte über den Turnverein reichten ihr vollauf.

Sobald Vera mit dem Wagen in den Kiesweg einbog, tönte ihr das aufgeregte Kläffen von Hasso entgegen. Sie stellte das Auto in der Garage ab und ging zu ihm, um ihn zu begrüßen. Er zerrte an seiner Kette und sprang ihr freudig entgegen. Vera nahm die Kette ab und tobte mit ihm über den Rasen. Sie mußte sein Stöckchen werfen, das er ihr unermüdlich wieder mit der feuchten Schnauze in die Hand legte, und ihm zur Belohnung die Flanken tätscheln und die Ohren kraulen.

Vera hatte Hasso von Werner geschenkt bekommen, damit sie sich nicht einsam fühlte, wenn er nachts zu Hausbesuchen gerufen wurde und sie allein zurückblieb. Hasso war ein guter Wachhund. Niemand konnte sich dem Grundstück nähern, ohne daß Hasso ein kräftiges Gebell veranstaltete.

Vera legte ihn wieder an die Kette. Auch jetzt brauchte sie keine Angst zu haben, allein in dem großen Haus. Sie hatte ja Hasso.

Nacheinander trug Vera ihre Einkäufe hinauf in die Küche. Hasso würde als erster von ihrer Schlankheitskur profitieren. Sie nahm die Reste des Gulaschs, das sie heute mittag mit Werner gegessen hatte, und brachte sie raus zu Hasso. Er stürzte sich voller Begeisterung mit aufgeregt wedelndem Schwanz auf diesen Leckerbissen.

Vera lief ins Haus zurück, legte sich zum Entspannen in die Badewanne und packte sich anschließend in den Bademantel und in dicke Wolldecken eingewickelt auf die Couch im Wohnzimmer. Zufrieden nippte sie an ihrem Mineralwasser und vertiefte sich in die bunten Seiten der Zeitschriften. Heute abend würde sie beizeiten ins Bett gehen, um ihren ersten Gesundheitstag ausgeruht zu beginnen.

Um halb acht am darauffolgenden Morgen lief Vera mit federnden Schritten die Treppe zum Garten hinunter. Es war frisch. Die Morgenluft roch nach nassem Gras und etwas Würzigem, das aus dem Wald herüberzog. Am Fuß der

Treppe blieb Vera stehen und begann nervös mit der Hundeleine an die Beine ihres Trainingsanzugs zu schlagen. Irgend etwas stimmte nicht, war anders als sonst.
Ihr Blick glitt suchend über das schmiedeeiserne Eingangstor, die hellen Kieselsteine der Einfahrt und die Vorderfront des Hauses, dessen ebenerdige Fenster durch Gitter gegen Einbrecher gesichert waren. Sie konnte nichts Verdächtiges entdecken. Außerdem hätte Hasso doch sofort...
Im selben Moment, in dem Vera an Hasso dachte, wußte sie, was anders war als sonst: Hasso blieb stumm. Das war es. Sonst bellte er ihr immer schon von weitem entgegen, sobald die Haustür aufging, weil er wußte, daß er dann zu seinem Morgenspaziergang abgeholt wurde.
Wieso rührte er sich nicht? Vera rief laut »Hasso« und wieder »Hasso«, als sie über den Rasen in die Ecke des Gartens lief, wo seine Hütte stand. Hasso antwortete nicht. Er mußte krank sein. Aber würde er dann nicht wenigstens ein Winseln von sich geben? Vera ließ sich vor der Hundehütte auf die Knie fallen und tastete über Hassos Pfoten, die ausgestreckt aus dem Eingang der Hütte hervorragten. Behutsam fuhr sie mit den Fingern darüber. Sie waren kalt. Eiskalt.
Entschlossen zog sie das Tier an den Pfoten aus der Hütte. Mit einem Blick in die starren, glasigen Augen stellte sie fest, daß es tot war.
Ihr Hasso tot. Sie wollte es nicht glauben. Immer wieder streichelte sie über das kalte Fell, als könnten ihre warmen Hände den Hundekörper wieder zum Leben erwecken. Veras Blick streifte zu Hassos Freßnapf. War vielleicht mit dem Gulasch irgend etwas nicht in Ordnung gewesen? Sie verscheuchte den Gedanken wieder. Das war unmöglich. Werner und sie hatten schließlich beide davon gegessen, und es war ihnen gut bekommen.
Aber was war mit Hasso passiert? Kein Fremder wäre in seine Nähe gelangt, ohne daß er laut angeschlagen hätte.
Vera sah auf die goldene Armbanduhr, die ihr Werner zum fünfzehnten Hochzeitstag geschenkt hatte. Halb neun. Mit etwas Glück würde sie ihn noch im Hotel erreichen, bevor er zu den ersten Vorträgen losgegangen war. Werner wußte bestimmt einen Rat, auf ihn konnte man sich in schwierigen Situationen immer verlassen. In der Gewißheit, bald seine be-

ruhigende Stimme durchs Telefon zu hören, wählte sie die Nummer des Hotels, die ihr Werner für Notfälle unter das Telefon geklemmt hatte.
»Guten Tag. Ich hätte gern Herrn Doktor Gärtner gesprochen. Ist er wohl noch im Hause?«
»Einen Augenblick bitte, gnädige Frau. Bleiben Sie bitte am Apparat.«
Wenig später meldete sich dieselbe höfliche Stimme: »Hören Sie? Der Herr Doktor ist soeben mit der Frau Gemahlin ins Frühstückszimmer gegangen. Wir können ihn selbstverständlich ans Telefon rufen, wenn Sie es wünschen. Aber das dauert etwas.« Und nach einer Pause, in der Vera stumm blieb: »Gnädige Frau, wünschen Sie, daß wir den Herrn Doktor ausrufen lassen?«
»Es muß sich um eine Verwechslung handeln«, stammelte Vera ins Telefon. »Ich hätte gern Herrn Doktor Gärtner aus Friedrichsau gesprochen. Friedrichsau im Main-Taunuskreis«, setzte sie nach.
»Gnädige Frau, eine Verwechslung ist völlig ausgeschlossen«, tönte ihr die Stimme höflich und bestimmt aus dem Hörer entgegen. »Sollen wir den Herrn Doktor ausrufen lassen?«
»Nein. Danke. Das ist nicht nötig. Bestellen Sie ihm bitte nur, er möchte zu Hause anrufen. Es ist dringend.«
Vera legte den Hörer auf, ohne eine Antwort abzuwarten. In ihrem Kopf dröhnte der immer gleiche Satz: ›Der Herr Doktor ist mit der Frau Gemahlin ins Frühstückszimmer gegangen.‹ Wie eine Schallplatte mit einem Sprung, die niemand abstellen konnte. ›Der Herr Doktor ist mit der Frau Gemahlin ins Frühstückszimmer gegangen.‹ Zu dem Dröhnen in ihrem Kopf gesellte sich ein flaues Gefühl im Magen. Vera ging in die Küche und öffnete den Kühlschrank. Sie goß sich ein Glas mit Tomatensaft voll und stürzte es hinunter. Das flaue Gefühl im Magen ließ nach, aber in ihrem Kopf dröhnte es weiter.
Das Telefon schellte. Vera goß sich schnell noch ein Glas Mineralwasser ein und nahm es mit zum Telefon.
»Vera, du hast versucht, mich zu erreichen.«
Es war Werners Stimme. Vera trank einen Schluck Wasser gegen das Kratzen in ihrem Hals.

»Vera, Liebstes, was ist denn? Ich war gerade mit Frau Doktor Kirchner im Frühstücksraum, als du angerufen hast. Aber sag doch, was ist denn los?«
»Frau Doktor Kirchner?« wiederholte Vera.
»Frau Doktor Kirchner«, wiederholte Werner. »Du kennst sie doch, Vera. Sie ist doch immer hier dabei. Das weißt du doch.«
»Und ich dachte schon...«
»Du Dummerchen, was dachtest du denn schon wieder? Aber das ist doch nicht der Grund deines Anrufs. Oder? Willst du mir nicht endlich sagen, was los ist? Es muß doch etwas passiert sein. Sonst rufst du nicht an.«
»Werner, Hasso...«
»Was ist mit Hasso?«
»Werner, Hasso ist tot«, es schmerzte, das auszusprechen.
»Tot? Wie ist das denn passiert?«
»Das weiß ich nicht. Das ist es ja. Man sieht ihm nichts an. Es ist wie bei der Mieze. Genauso lag er da. Es war furchtbar. Genau wie damals, als die Mieze das Rattengift gefressen hat. Vielleicht hat ihn ja jemand vergiftet.«
»Aber, Vera. Wer sollte das denn tun? Und wie? Hasso hat doch immer nur gefressen, was wir ihm gegeben haben. Und einen Fremden hätte Hasso doch nie an sich rankommen lassen. Das weißt du doch.«
»Ich weiß ja auch nicht... Das ist es ja, was mir Angst macht. Ich verstehe das nicht.«
»Du brauchst keine Angst zu haben, Vera. Ich komme, sobald ich kann, nach Hause. Spätestens heute abend bin ich zurück. Sei ganz ruhig.«
»Soll ich nicht den Tierarzt rufen, Werner, damit er...«
»Nein, Vera. Auf keinen Fall. Unternimm bitte nichts, bis ich da bin. Hast du gehört?«
»Natürlich nicht, wenn du das nicht willst, Werner«, nachdenklich legte sie den Hörer auf.
Vera kannte Frau Doktor Kirchner aus dem Kreiskrankenhaus. Sie war eine Kollegin ihres Mannes, die unmittelbar vor der Pensionierung stand. Wenn Werner mit ihr gefrühstückt hatte, brauchte sie sich keine Sorgen zu machen. Seit dem Tod ihres Mannes lebte sie nur noch für ihren Beruf und für ihre Enkelkinder.

Andererseits... würde man Frau Doktor Kirchner nicht eher für Wernes Mutter als für seine Ehefrau halten?
Und wieso waren die beiden nicht gemeinsam nach Baden-Baden gefahren? Frau Kirchner war diesmal nicht auf dem Bahnsteig gewesen, als Werner in den Zug gestiegen war.
Wenn sie die Wahrheit erfahren wollte, gab es nur einen Weg.
Vera schlug im Telefonbuch die Nummer des Kreiskrankenhauses nach und wählte.
»Frau Doktor Kirchner, bitte, Gynäkologie«, hörte sie sich sagen.
Es machte Klick in der Leitung, und eine ihr nur allzu vertraute Stimme meldete sich mit einem knappen:
»Doktor Kirchner.«
»Hier ist Vera Gärtner.«
»Das ist aber eine Überraschung. Wir haben uns so lange nicht mehr gesehen. Das letzte Mal, glaube ich, auf einem Bahnsteig. Im vorigen Jahr, als ich mit ihrem Mann zum Ärztetag nach Baden-Baden gereist bin.«
»Und in diesem Jahr sind sie nicht in Baden-Baden?« fragte Vera.
»Nein, diesmal nicht. Das erste Mal seit wer weiß wie vielen Jahren. Wissen Sie, im Grunde ist es doch immer das gleiche«, sagte sie vertraulich. »Ich glaube, ich werde zu alt für diese ganze Wichtigtuerei. Ich fahre lieber zu meinen Enkelkindern nach Basel. Das ist lustiger. Aber was kann ich für sie tun, Frau Gärtner? Sie haben bestimmt nicht angerufen, um sich nach meinen Ferien in Basel zu erkundigen.«
»Das ist sehr freundlich. Aber Sie können nichts für mich tun. Sie haben schon etwas für mich getan. Wieso? Das erkläre ich Ihnen später. Ich will Sie nicht länger aufhalten. Und schöne Tage in Basel wünsche ich Ihnen.«
»Die werde ich mit Sicherheit haben. Danke. Und verraten Sie Ihrem Gatten bitte nichts von meiner Tagungsmüdigkeit. Das ist so ein eifriger Kollege.«
»Sie können sich auf mich verlassen«, versicherte ihr Vera.
Die Wahrheit. Auf einmal war sich Vera nicht mehr sicher, ob sie die Wahrheit erfahren wollte. Vielleicht war die Wahrheit noch schmerzhafter als das, was sie in diesem Moment fühlte: den Ring um ihre Brust, der ihr die Rippen zusammendrückte und die Luft abschnürte. Und ein Herz, das einfach zwi-

schendurch mit dem Schlagen aussetzte. Einfach so. Bisher hatte sie den Ausdruck: ›Es brach ihr das Herz‹ für eine rein sprachliche Verdichtung und Übertreibung gehalten. Jetzt wußte sie es besser.

Sie lief nach draußen, quer über den Rasen zu ihrer Lieblingsbank und konzentrierte sich darauf, gleichmäßig und tief ein- und auszuatmen. Die Luft war frisch und klar. Ihr Herz begann wieder in gleichmäßigem Rhythmus zu schlagen, und der Ring über ihrer Brust löste sich langsam.

Von der Bank aus konnte sie die Einfahrt und Hassos Hütte mit dem leblosen Hundekörper sehen. Ihr Blick strich über das Fell des Hundes, über seine Pfoten, die seitlich ausgestreckt neben dem Körper lagen.

Ein Vormittag hatte gereicht, um das feste Fundament ihrer Ehe, ihres Lebens ins Wanken zu bringen. Hasso war tot, und sie verdächtigte Werner des Ehebruchs. Wie banal und häßlich das war. Und wie das schmerzte. Hasso tot und Werner, der sie vielleicht mit einer anderen Frau betrog. Gab es da einen Zusammenhang? War Hasso an dem Gulasch gestorben, das in Wirklichkeit für sie bestimmt gewesen war? Ein beunruhigender Gedanke. Ein ungeheuerlicher Gedanke.

Vera ging ins Haus zurück. Heute abend würde sie mehr wissen.

Um Viertel vor neun schellte es an der Tür. Sie hatte die Taxe nicht kommen hören. Werner stand auf der Schwelle. Wortlos nahm er sie in die Arme und gab ihr einen Kuß auf die Nasenspitze. Für einen Moment gab Vera sich der Wärme in seinen Armen hin. Dann machte sie sich frei.

»Schön, daß du gekommen bist«, sagte sie.

»Du weißt doch, daß du dich auf mich verlassen kannst«, entgegnete er.

Werner zog seinen Mantel aus, stellte den Koffer in der Diele ab und setzte sich in seinen Lieblingssessel ans Fenster. Vera goß ihm und sich ein Glas Wein ein und rückte ihren Sessel an seinen heran.

»Ist Hasso noch…?« fragte Werner.

Vera nickte: »Er liegt noch draußen neben der Hütte.«

»Wir könnten ihn ja dann morgen gemeinsam…«, schlug er vor.

»Sollten wir ihn nicht vorher untersuchen lassen, damit wir Gewißheit haben, woran er gestorben ist?«
»Davon wird er nicht wieder lebendig. Ich wüßte nicht, wozu das gut sein sollte.« Werner rückte sein Weinglas unruhig auf dem Untersetzer hin und her.
»Wir können in ein paar Minuten essen. Ich habe schon alles vorbereitet.« Vera stand auf und ging in die Küche.
Sie zündete zwei Kerzen an, die links und rechts von den Essensschüsseln standen. Werner stellte die Gläser und die beiden Weinflaschen auf den Eßtisch. Er trank am liebsten Rosé, Vera bevorzugte trockene Weißweine. Werner füllte ihre Gläser neu.
»Guten Appetit, Werner«, wünschte Vera. »Du mußt doch einen Riesenhunger haben nach der langen Fahrt. Kann ich dir auffüllen?«
»Gerne.« Werner reichte ihr den leeren Teller über den Tisch.
»Es ist dein Lieblingsessen. Gulasch. Es ist noch genausogut wie gestern. Gulasch schmeckt erst richtig gut, wenn es durchgezogen ist.«
Ungläubig blickte er auf die Fleischstücke, die vor ihm auf dem Teller in der braunen Sauce neben den Kartoffeln schwammen. Er sah ihr prüfend in die Augen. Vera hielt dem Blick stand.
»Greif nur zu«, forderte sie ihn auf, »es ist ja wirklich nicht mehr viel da, wo Hasso auch schon seinen Teil abbekommen hat.«
Werner starrte wie hypnotisiert auf den Teller vor sich. In seinen Augenwinkeln zuckte es. Dann preßte er zwischen den Lippen hervor: »Du hast es also gemerkt. Na, wenn schon. Beweisen kannst du mir nichts.« Blitzschnell kippte er den Inhalt seines Tellers in die Gulaschschüssel zurück, griff die Schüssel und stürzte damit zur Gästetoilette.
Vera hörte drinnen Wasser rauschen, als sie draußen den Schlüssel im Schloß der Gästetoilette umdrehte. Es konnte nicht mehr lange dauern, bis das Betäubungsmittel, das sie ihm in den Wein gegeben hatte, seine Wirkung tat.
Vera ging an den Eßtisch zurück, goß sich ihr Glas mit Weißwein voll und beobachtete, wie die Kerzen unendlich langsam Millimeter um Millimeter kürzer wurden, während sie das

Weinglas leerte. Sie seufzte. Werner hatte sich haargenau so verhalten, wie sie befürchtet hatte. Die Gästetoilette war der nächstgelegene Ort, um das Gulasch verschwinden zu lassen. Aber sie hatte nur geblufft. Das Fleisch war einwandfrei. Hasso hatte die ganze Portion mit dem vergifteten Fleisch verspeist und keinen einzigen Bissen übriggelassen. Der arme Hasso. Er hatte ihr das Leben gerettet.
Vera ging in die Küche und stülpte sich die rosa Gummihandschuhe über, die sie sonst nur zum Reinigen der Töpfe und Pfannen gebrauchte. Jetzt brauchte sie sie, um das wieder ins reine zu bringen, was Werner in den Schmutz gezogen hatte.
Die Tür zur Gästetoilette ließ sich nur mit Mühe öffnen. Werners lange Beine versperrten den Eingang. Er mußte auf den Fliesen zusammengebrochen sein, nachdem er die Fleischschüssel ins Klobecken geleert und unter dem Wasserhahn ausgespült hatte. Die weiße Porzellanschüssel mit dem Goldrand stand sauber und unversehrt auf dem Fensterbrett. Wasser floß in einem kräftigen Strahl aus dem Wasserhahn in das kleine Handwaschbecken. Er hatte nicht mehr die Zeit gehabt, es abzustellen. Vera drehte den Wasserhahn zu.
Es gelang ihr, den Körper in dem engen Raum zu wenden. Der weiche Wollstoff des Anzugs glitt leicht über die glatten Keramikfliesen. Vera faßte den sperrigen Körper unter den Achseln und zog ihn aus dem engen Raum heraus.
Draußen, am Fuß der Treppe, mußte sie den Körper für einen Moment an die Hauswand lehnen. Beim Schleifen der Beine über die Treppenstufen hatte sich ein Schuh gelöst und stand verloren am Ende einer Stufe. Vera sammelte ihn wieder ein und stülpte ihn über den großen knochigen Fuß. Die Schnürbänder band sie mit aller Kraft zu. Auch am anderen Fuß band sie die Schnürbänder neu.
Der Himmel war klar und der Mond fast voll.
Vera faßte sich den Körper erneut und zog ihn quer über den Rasen in die Ecke des Gartens, wo der tote Hundekörper neben der Hütte lag. Sie ließ den leblosen Körper neben Hasso ins Gras fallen. Dann schüttelte sie die Arme und Beine aus, wie sie es im Turnverein gelernt hatte. Das Ganze war anstrengender, als sie es sich vorgestellt hatte. Sie lief hinüber zum Geräteschuppen. Gleich neben dem Schuppen war im

Zaun, der das Grundstück vom Wald abtrennte, ein Loch. Groß genug, daß ein kräftiger Männerkörper hindurchpaßte. Vera hatte dieses Loch am Nachmittag mit einer Drahtschere in den Maschendraht geschnitten.

Sie rollte den rostigen alten Rasenmäher, der neben dem Schuppen stand, zu den beiden langgestreckten Körpern neben der Hundehütte hinüber. Niemand würde einer Frau so ohne weiteres zutrauen, dieses Ding vom Boden zu heben. Vera keuchte vor Anstrengung, als sie den Eisenzylinder mit den stumpfen Schneidemessern anhob, ihn zur Hüfte brachte und in einem einzigen Riß hochstemmte. Ihre Arme schmerzten. Tränen liefen ihr über das Gesicht. Tränen der Anspannung. Tränen der Wut. Tränen der Enttäuschung. Sie warf das schwere Teil mit ihrer ganzen Kraft nach unten. Dorthin, wo sie seinen Kopf und den Brustkorb mit dem Herzen vermutete.

Sie hörte einen dumpfen Knall, und ihr war, als würde der Boden unter ihren Füßen von der Erschütterung beben. Sie hatte getroffen. Der Schatten des Eisenzylinders lag schwer über dem, was der Kopf und der Rumpf des Männerkörpers sein mußten.

Vera strich über Hassos Körper. Sie fühlte nichts. Die Gummihandschuhe machten den direkten Kontakt zu seinem Fell unmöglich. Sie stand auf und tat das, was noch zu tun übrigblieb.

Sie holte einen Rechen aus dem Geräteschuppen und fuhr mit ihm den Weg nach, den sie über den Rasen gegangen war. Anschließend brachte sie den Kies vor dem Haus in Ordnung. Als sie fertig war, zogen Wolkenberge am Mond vorbei. Der Himmel verdunkelte sich, und ein kurzer kräftiger Schauer mit kleinen Hagelkörnern stürzte aus den Wolken. Mit soviel Glück hatte sie nicht gerechnet. Sie brachte den Rechen zurück in den Schuppen. Dann ging sie ins Haus. Sie wusch den Rost von den rosa Gummihandschuhen und legte sie zurück in den Kasten mit dem Spülzeug. In der Gästetoilette stand die Gulaschschüssel noch genauso verloren und unversehrt auf der Fensterbank wie vorher. Vera trug sie in die Küche.

Die Kerzen auf dem Eßzimmertisch waren bis auf kurze Stummel niedergebrannt. Vera blies sie aus und räumte das

Geschirr in die Spülmaschine. Die Reste von Werners Wein kippte sie in den Ausguß und spülte sorgfältig nach. Dann schaltete sie die Spülmaschine ein. Viel blieb nicht mehr zu tun.

Der Regenguß hatte die Luft erfrischt. Wie am Morgen roch es intensiv nach nassem Gras. Vera sah in den Himmel, der jetzt tiefblau und voller Sterne war. So viel war passiert seit heute morgen. War der Himmel noch der gleiche?

Aus der Einfassung der Rosenbeete nahm sie mit einem Kastanienblatt einen Backstein auf und warf ihn gegen das Fenster der Waschküche. Augenblicklich heulten schrille Sirenen los, die kurz zwischendurch anhielten, um gleich darauf erneut wieder loszuheulen. Vera setzte sich auf die Treppenstufen vor das Haus und wartete auf das Eintreffen der Polizei. Niemand konnte ihr verdenken, daß sie nicht hinaus in den Garten rannte.

Die Geschichte, die sie sich zurechtgelegt hatte, fand sie immer einleuchtender: Der Einbrecher, der Hasso mit dem vergifteten Fressen aus dem Weg geräumt hatte. Hasso, der in der Nacht laut angeschlagen hatte, weil er den Unbekannten hatte kommen hören. Und sie, die die ganze Zeit vor Angst bebend im Bett gelegen hatte – trotz Hassos Bellen nicht nach draußen gegangen war. Welche Frau, allein in diesem großen Haus, hätte anders gehandelt?

Und ihr Mann, der sie über alles liebte. Der vor kurzem noch aus Sorge um sie eine neue Alarmanlage hatte einbauen lassen. Und als sie ihm am Telefon erzählte, was in der Nacht passiert war, ist er sofort von der Tagung nach Hause geeilt, um sie zu beschützen. Noch nach fünfzehn Jahre Ehe liebte er sie so sehr, daß er heute abend bei dem kleinsten verdächtigen Geräusch aus dem Haus gelaufen ist. Den Schurken, der Hasso getötet hatte und der seine Frau bedrohte, wollte er persönlich stellen. Und so ist es dann passiert.

Eine schöne Geschichte. Soviel schöner als das, was wirklich passiert war. Aber das brauchte niemand zu erfahren. Vera würde sich diese schöne Geschichte von niemandem mehr wegnehmen lassen. Sie würde sie sich von nun an so lange immer wieder erzählen, bis da nichts mehr in ihrer Erinnerung war als diese eine Geschichte.

Und ihre Trauer um Werner würde echt sein.

Tür an Tür

Wissen Sie, im nachhinein mache ich mir richtig Vorwürfe. Da lebt man jahrelang Tür an Tür auf dem gleichen Treppenabsatz. Grüßt sich jedesmal, wenn man sich sieht auf der Treppe. Und ahnt nichts von dem, was sich hinter der Tür abspielt, gleich nebenan. Man fragt sich, ob man nicht doch hätte helfen können. Das Schlimmste verhindern. Aber jetzt ist es eh zu spät...
Die Kleine hat ja oft geschellt, wenn sie aus der Schule kam und den Schlüssel vergessen hatte. Dann hab ich ihr einen Kakao gekocht, und sie hat hier bei mir am Tisch gesessen und ihre Schulaufgaben gemacht und mit dem Hansi gespielt, bis ihre Mutter von der Arbeit kam. Eine süße Kleine, die schon viel zu früh erwachsen werden mußte. Mir hat sie immer leid getan, wie sie mit dem Schlüssel um den Hals und dem viel zu großen Tornister morgens losgezogen ist. Höchstens sieben oder acht war sie da. Und schon so vernünftig, viel zu vernünftig für das Alter. Daß die Mutter und der Stiefvater sich nicht verstanden haben, war ja kein Geheimnis. Das wußte jeder im Haus. Aber daß das mal so enden würde... Mir hat immer nur die Kleine leid getan.

*

Mich hat das eigentlich nicht überrascht. Hab selber fünf Kinder und fahre nachts Taxi. Da sieht man so allerhand. Und wundert sich selten. Und die Kleine, das war 'ne ganz pfiffige, rotzfrech. Meine fünf, die hatte sie voll unter Kontrolle. Die hat sie um den Finger gewickelt. Auch die Großen. Und immer hatte sie die Knie aufgeschlagen, war 'ne große Rollschuhfahrerin. Na ja, bei dem Zirkus, der da bei ihr zu Hause war, tat sie gut dran, schnell abzuhaun. Der Stiefvater war so ein aalglatter Vertretertyp, immer 'ne Spur zu freundlich, und die Mutter hatte mehr als einmal 'ne Fahne, wenn ich ihr auf der Treppe begegnet bin. Kann man ja verstehn bei dem Mann. War sonst eigentlich 'ne nette Frau und arbeitete hart, das sah man ihr an. Aber die Kleine hat da mehr mitgekriegt, als gut war für ihr Alter. Vor mir hatte sie Angst. Wieso, weiß ich nicht. Als ich ihr einmal mit der Hand über die Haare gestrichen habe, ist sie richtig zusammengezuckt. Ich hab sie dann nie mehr angefaßt.

*

Die Biene war meine Freundin in der Grundschule. Wir waren viel zusammen. Sie ist oft gleich von der Schule mit zu mir nach Hause gekommen, weil ihre Mutter ja arbeiten ging, und meine war immer da. Manchmal hat sie auch bei mir geschlafen. Ich hab nie bei der Biene geschlafen. Die Biene war in Ordnung. Sie hat mir viel geholfen mit den Schulaufgaben und mir die Sachen erklärt, die ich nicht verstanden habe. Die Biene hat schnell kapiert. Von sich zu Hause hat sie nur ganz selten was erzählt. Das wußte ich gar nicht, daß das ihr Stiefvater war. Das habe ich alles erst später erfahren. Die Biene hat mir das nicht gesagt. Aber ich hab ihn gesehen. Ein paarmal, wenn er die Biene im Auto von der Schule abgeholt hat. Dann hat er so komisch gepfiffen wie für einen Hund, und die Biene mußte springen. Wenn er wütend war, hat er mit den Backenzähnen geknirscht. Das haben wir vor dem Spiegel geübt, die Biene und ich. Wenn er das machte, hatte sie Angst. Das ist das einzige, was sie mir erzählt hat. Ob sie ihn gemocht hat, weiß ich nicht. Ich weiß nur, daß sie Angst vor ihm gehabt hat.

*

Ich wußte überhaupt nicht, wer alles hier wohnt in dem Haus. Vierundzwanzig Klingelknöpfe. Das hat mir gereicht. Auf jeder Etage drei. Da sprangen so viele Leute rum im Treppenhaus. Wenn ich die alle hätte kennen wollen. Ich kannte ja noch nicht mal die anderen Studenten, die mit mir da unter dem Dach wohnten. Na ja, die Gesichter, mehr nicht. Und die Kleine ist mir per Zufall über den Weg gelaufen. Als ich ein paar Hemden auf dem Speicher aufhängen wollte. Mein Zimmer war nämlich nur eine Art vergrößerter Schrank. Und wie ich auf dem Trockenspeicher rumturne, höre ich auf einmal so ein Wimmern aus einer Ecke, wie von einem kranken Tier. Völlig verstört war die Kleine, heulte vor sich hin und ließ sich nicht von mir anfassen. Da ist mir eingefallen, daß ich noch so 'n Ding für Seifenblasen in meinem Zimmer hatte von der letzten Fete. Das hab ich ihr dann gegeben. Und sie hat aufgehört zu heulen und Seifenblasen gemacht. Ich mußte ihr versprechen, die Tür zum Speicher zu bewachen und niemanden reinzulassen. Im Haus war schwer was los, das Gekreische hallte bis nach oben. Türenschlagen, Polizeisirenen und volles Pipapo. Der Kleinen hab ich meinen Schlafsack geholt, und ich hab mir mein Physiologiebuch mitgebracht und neben der Speichertür gehockt und gelernt. Da bin ich dann irgendwann eingeschlafen. Und die Kleine war weg aus dem Schlafsack, als ich morgens aufgewacht bin.

*

Für die Kinder im Haus bin ich die ›gute Tante‹. So nennen sie mich. Ich habe immer ein paar Bonbons für sie und viel Zeit. Mehr Zeit als die Eltern. Das wissen sie, und deshalb kommen sie zu mir. Und ich freue mich. Das bringt ein bißchen Leben in meine Wohnung. Vielleicht ist das auch nur, weil ich selber keine Kinder habe. Vielleicht hole ich sie mir deshalb von der Straße. Das Mädel aus dem vierten Stock war auch oft bei mir. Eine ganz besonders Aufgeweckte war das. Kommandierte selbst die älteren Jungen von der Straße herum. Aber es gab auch Zeiten, da war sie richtig scheu. Drückte sich an meiner Tür vorbei mit den klappernden leeren Flaschen, für die sie volle holen mußte, und sagte kein Wort, wenn ich die Tür einen Spalt öffnete. Das wußte doch jeder im Haus, daß der Stiefvater tagsüber, wenn die Mutter arbeitete, seine Geliebte mit hoch in die Wohnung nahm und das Mädel dann auf die Straße schickte. Die hatte es nicht leicht, die Kleine. Eine Mutter, die trinkt, und ein Stiefvater, der mit anderen Frauen im Bett liegt. Wie soll das denn so ein kleines Mädchen verkraften?

*

Ich hätte nie geglaubt, daß das nicht seine leibliche Tochter ist. So stolz hat er sie überall rumgezeigt. ›Das wird mal ein Klasseweib‹, hat er immer gesagt. ›Guck sie dir genau an, Friedrich. Ein Klasseweib wird das.‹ Und dann hat er ihr immer gesagt, sie soll mal vor uns auf und ab gehen. Und ich mußte immer sagen, daß ich das auch fände, daß sie mal ein Klasseweib wird. Und ob sie ihren Papi auch liebhat, hat er sie immer gefragt. Und wenn sie nicht gleich geantwortet hat, die Kleine, dann hat er mit den Zähnen geknirscht, so lange, bis sie gesagt hat, was er hören wollte. Der war vielleicht stolz auf sie. Richtig verliebt war der in die Kleine. Das hätte ich nie gedacht, daß das nicht seine leibliche Tochter war.

*

Sie können ruhig alles wissen. Jetzt, wo es vorbei ist. Ich steh zu dem, was ich getan habe. Hundertprozentig. Das hab ich doch für die Kleine getan. Was blieb mir anderes übrig? Hätte ich zusehen sollen, wie er nach mir auch noch die Kleine kaputtmacht? Ich hab doch alles versucht, um von ihm wegzukommen. Zweimal hab ich die Kleine zu Verwandten geschickt, und jedesmal hat er ihr wieder aufgelauert und sie nach Hause zurückgebracht. Und ich hab wieder gekuscht vor ihm, um es nicht alles noch schlimmer zu machen für die Kleine. Natürlich habe ich getrunken. Auch harte Sachen. Ich war doch am Ende. Ich wußte mir keinen Rat. Aber die Kleine wollte ich doch beschützen vor ihm. Und die anderen haben mir das alle nicht geglaubt. Keiner wollte das glauben. Meine eigene Schwester hat gedacht, ich wär verrückt, als ich ihr gesagt habe, daß ich Angst habe um die Kleine. Angst, daß er sich an ihr vergreift. Das war doch längst nicht mehr normal, wie der sie immer angeguckt hat. Sie mußte mit ihm zusammen baden. Und sie hat geweint und ist zu mir gelaufen. Sie wollte nicht mehr mit ihm in die Badewanne. Das hat er dann eingesehen, daß sie nicht mehr wollte. Aber von da ab mußte sie ihm den Rücken schrubben. Da half nichts. Und als sie auch das nicht mehr wollte, kam sie heulend zu mir in die Küche. Da bin ich dann rein zu ihm ins Badezimmer. Und da lag der Rasierer auf dem Waschtisch gleich neben der Badewanne. Ich brauchte ihn nur einzustöpseln und in das Wasser zu werfen. Ich mußte das einfach tun. Ich konnte nicht anders. Das war dann das Ende. Leid tut mir das nicht. Kein bißchen. Das hätte ich schon viel eher tun sollen, dann wär der Kleinen einiges erspart geblieben.

Warme, weiche Frauen

Wie immer war er der letzte im Labor.
Allein in dem quadratischen Raum, der von zwei Neonleuchten, die parallel zur Fensterfront in der Decke festgedübelt waren, taghell ausgeleuchtet wurde. Um diese Uhrzeit brauchte er ihn mit niemandem mehr zu teilen. Jetzt gehörte alles ihm. Die beruhigend weißen Wände, das glatte Metall der Schränke und Aufbauten, die chromblitzenden Geräte. Sein leerer Schreibtisch. Er genoß die Ruhe und Ordnung um sich. Das war seine Welt. Jedes Ding in diesem Raum hatte seinen Platz, den ihm entsprechenden einzig möglichen Platz, und niemand konnte diese Ordnung stören. Der Stahlschrank beherbergte alles, was ihm wichtig war. Die Anfragen nach den Sonderdrucken seiner wissenschaftlichen Arbeiten, seine Korrespondenz und die Zeitschriften mit den bunten Frauenleibern, die amerikanische Kollegen an ihn weitergaben, wenn sie sie gelesen hatten.
Er machte eine halbe Drehung auf dem Rollstuhl, öffnete den Schrank und nahm das oberste Magazin von einem hohen Stapel. Das hatte er noch nicht durchgesehen. Ohne Erregung, mit fast wissenschaftlich zu bezeichnendem Interesse blickte er auf die Frauen, die ihre makellosen Körper, makellos drapierten Körper, verbesserte er sich sofort in Gedanken, dem Auge der Kamera und jetzt ihm darboten. Volle, pralle Brüste, wie sie Amerikaner liebten, das hatten die Kollegen ihm bestätigt, und runde, feste Hintern, die zu mehr als nur Streicheln einluden. Offene, samtig blinkende Schenkel, die den Blick auf verschiedenfarbige Schambehaarungen freigaben. Er schloß das Heft. Heute war er nicht in Stimmung. Die Bilder reichten immer seltener aus, um ihn in Erregung zu versetzen. So grell, so bunt. Frauen. Mit zunehmender Lebenserfahrung wurden sie ihm immer rätselhafter. Immer gefährlicher kamen sie ihm vor. Spinnen, die ihr Männchen umgarnten, um es schließlich mit Haut und Haaren aufzufressen.

Früher war die Welt einfacher gewesen. Da gab es böse, aber auch gute Frauen. Böse wie seine Mutter, die ihn schlug, wenn sie die winzigen gelben Flecken in der frischgewaschenen Unterhose entdeckte. Die ihn verprügelte, weil sie den Vater nicht verprügeln konnte für ihre geplatzten Träume und die einsamen Nächte, in denen er mit den Kumpeln Karten spielte. Und es gab gute Frauen, so wie das Hausmädchen, das ihn tröstete, wenn die Mutter ihn wieder verhauen hatte. Und das ihn bei sich im Bett schlafen ließ. An deren Brüsten er sich festhalten konnte, festkrallen, wenn er dicht an ihren Rücken gepreßt hinter ihr lag. Zu solchen Frauen hatte es ihn getrieben. Schon als junger Bursche war er ihnen auf jedem Fest nachgestiegen, hatte sich mit ihnen hinter das Festzelt geschlichen und sich in sie fallen lassen. So als wäre ihr warmes, festes Fleisch alles, was zählte zum Leben, zum Überleben. Und es war kein Zufall, daß er genauso eine Frau geheiratet hatte. Ein Jahr lang sahen sie sich täglich, liebten sich jedesmal, wenn sie sich trafen. Dann reichte ihr das nicht mehr. Sie wollte mehr von ihm, immer mehr, viel zuviel. Und er gab nach, süchtig nach ihrem warmen, weichen Fleisch.
Sie wurde nie zu der Frau, die er sich erträumte, der guten Frau, die sich ihm nicht nur im Bett hingab, sondern ganz. Ohne zu wissen, wie das war, wenn eine Frau sich ganz hingab. Wie sollte er auch. Er wollte nichts anderes als dieses Fleisch, diese Wärme, uneingeschränkt, immer, Tag und Nacht. Ein schrankenloses Aufgehobensein und eine Ruhe, die ihn nicht in Frage stellte.
Anstelle dessen gab es für ihn Szenen, Anschuldigungen, Verweigerungen. Beleidigungen, wie sie ihm selbst seine Mutter nicht hatte zufügen können. Die ganze Kindheit hindurch nicht. Denn vor ihr war er auf der Hut gewesen. Jetzt kam ihm manchmal der Gedanke, daß seine Einteilung der Frauen in gut und böse Unsinn war, kompletter Unsinn. Und wenn sie doch stimmen sollte, dann hatten sich für ihn inzwischen die Vorzeichen umgekehrt. Seine Mutter war für ihn nicht mehr böse. Er sah sie als Frau wie alle anderen auch, mit Schenkeln und Brüsten. Als Kind hatte er das nicht gesehen. Aber obwohl sie den Vater einen Versager geschimpft hatte, bekam er doch das größte Stück Fleisch, auch heute noch, und sie hatten fünf Kinder zusammen gezeugt.

An so eine Frau wie seine Mutter hätte er sich halten sollen. So ein Typ Frau war ihm vertraut. Der Gedanke schlich sich immer häufiger ein in seine Überlegungen. Und er hatte eine Frau gewählt, die ihm fremd war, völlig fremd, und die ihm Angst machte.

Er wußte, daß er nicht mehr lange die Kraft aufbringen würde, sich dagegen zu wehren, von ihr aufgezehrt zu werden. Noch setzte er sich ihr mit der ganzen ihm verbliebenen Kraft zur Wehr. Er hatte Grund, sich zu verteidigen. Sie liebte die Stärke an ihm, die sie hinter seiner Beherrschtheit vermutete. Die Distanz, um die er sich im täglichen Umgang mit ihr bemühte und die ihn so viel Kraft kostete, regte sie auf und trotzte ihr zugleich Anerkennung ab. Manchmal stellte er sich vor, er würde seinen Kopf in ihren Schoß legen und sich ihr vorbehaltlos anvertrauen mit seinen Ängsten, seiner Liebe. Dann sah er ihr fassungsloses Gesicht, ihr Staunen und ein triumphierendes Lachen. Das könnte er nicht ertragen. Es reichte, wenn er sich selbst an manchen Tagen dafür verachtete, daß für ihn dieses Leben nicht vorstellbar war ohne das warme, weiche Fleisch von Frauen.

Und sie ließ ihn immer seltener an sich heran, gab ihm täglich weniger von ihrer Wärme, nach der ihn dürstete wie nach einem Glas Wasser. Immer häufiger mußte er sich das heimlich von anderen Frauen holen. Er hatte sogar schon gezahlt für diese Wärme. Soweit war es schon gekommen, daß er ins Bordell ging, wenn es ihn nach ihrer Wärme dürstete.

Er legte die Zeitschrift auf den Stapel zurück, schloß die Stahltür, starrte in das schwarze Loch draußen vor der hell erleuchteten Fensterfront und sah nach einer Weile schwache, kleine Lichter aus dem gegenüberliegenden Institutsgebäude zu ihm durchschimmern. Er vertiefte sich in das lautlose Spiel glänzender Metallkugeln in dem Glaskasten auf der Fensterbank. Wieder wurde eine silberne Kugel von dem schwarzen Arm in die Höhe gehoben. Bis hinauf zu dem Scheitelpunkt, an dem der Arm sich zur Seite neigte, die Kugel übersprang und in einer engen abschüssigen Rinne weiterrollte, bis sie auf die nächste Metallkugel traf und zum Halten gebracht wurde. Die Erschütterung ging durch die Kugel hindurch zur nächsten und wieder zur nächsten und wieder weiter, bis die letzte Kugel in der Reihe aus der Rinne gedrängt wurde, ins Leere fiel, um am Boden des Kastens genau in der für sie bestimmten Vertiefung des schwarzen Hebearms zu landen. Minute auf Minute das gleiche Spiel. Kugel auf Kugel, die ins Leere fällt, aufgefangen wird, nach oben getragen, die Rinne durchläuft, um ein weiteres Mal ins Leere zu fallen. Immer so weiter. Minute um Minute. Stunde um Stunde.

Es wurde Zeit. Länger konnte er das Nachhausefahren nicht mehr aufschieben. Er zog den schwarzen Vorhang vor den Versuchskäfig, in dem er tagsüber winzige Einzeller elektrisch reizte, um ihnen das Geheimnis, nach dem sie funktionierten, zu entlocken. Am liebsten würde er jetzt noch einen Versuch machen. Im Labor übernachten. Wie der Kollege nebenan. Er verscheuchte diesen verlockenden Gedanken und löschte das Neonlicht. Seine Schritte hallten gespenstisch über den langen leeren Gang, als er sich den Fahrstühlen näherte. Er versuchte, nicht daran zu denken, was ihn erwartete, und konzentrierte sich auf das orangefarbene Leuchtdreieck, das anzeigte, daß ein Fahrstuhl auf dem Weg nach oben war. Mit einem sterilen Klingeln öffneten sich die knallrot gestrichenen Gleittüren. Überdimensionale rote Lippen, die sich auftaten, um ihn zu verschlingen. Er kniff die Augen zusammen, als er den Metallkäfig betrat.

Auf dem Weg zur Tiefgarage hatte er mit aufsteigender Übelkeit zu kämpfen. Das war neu. Er war an Magendrücken gewöhnt, an Beklemmungsgefühle und unerwartete Schweißausbrüche. Übelkeit war neu. Er fragte sich, ob er einen Bissen herunterbekommen würde beim Abendessen. Die Straße führte ihn durch eine unwirkliche Kulisse von Betontunneln, die von den Studenten mit bunter Farbe besprüht waren. MACHT KAPUTT WAS EUCH KAPUTTMACHT. BLEIB FIT, RAUCH SHIT. ICH HAB ANGST VOR ATOMKRAFTWERKEN. ICH AUCH.

Die lärmschluckenden Wände der Schnellstraße, die ihn in das gutbürgerliche Wohnviertel brachte, wo sie lebten, blieben ebenfalls nicht verschont. WIR HABEN KEINE CHANCE, UND WIR NUTZEN SIE TOTAL. Er fand Gefallen an der Widersinnigkeit der Aussage. Unaufhaltsam näherte er sich dem Terrassenhaus für Universitätsbedienstete. Jedes Fenster der Wohnung war hell erleuchtet. Sie wußte, wie er es haßte, wenn sie überall aus Nachlässigkeit das Licht brennen ließ.

Sie ließ das Licht brennen und wählte Grün. Eine der Ungereimtheiten, die er nie verstehen würde. Sie tat von allem, was er für gut befand, das genaue Gegenteil. Das war das einzige Muster, das er in ihrem Verhalten ausmachen konnte. Er war entschlossen, sich von dieser Kleinigkeit nicht den Abend verderben zu lassen. Mit ein bißchen Glück könnte er sich nach dem Abendessen in sein Arbeitszimmer zurückziehen und noch etwas lesen. Er stellte den Wagen auf den Platz in der Tiefgarage. Er wollte nicht mehr wegfahren. Heute nicht. Heute würde es ihr nicht gelingen, ihn dazu zu bringen, mit ihr auszugehen. Er verdiente einen geruhsamen Abend mit Buch oder allerhöchstens einen ruhigen Fernsehabend zu zweit. Er schloß die Wohnungstür auf. Das Schellen hatte sie ihm abgewöhnt. Obwohl sie das Türschlagen gehört haben mußte, nahm sie keine Notiz von ihm. Es machte ihn immer noch traurig. Seine Mutter hatte den Vater mit einem Kuß auf die Stirn empfangen. Jeden Abend, wenn er von der Arbeit nach Hause kam. Wenn er noch einen Rest von Gemeinsamkeit aufrechterhalten wollte, eine Spur von Gemeinschaft, dann mußte er jeden Abend auf der Suche nach ihr durch die gesamte Wohnung traben. Er fühlte sich lächerlich dabei. Und wo er sie nicht überall fand: in der Badewanne oder an der Schreibmaschine bei ihren Übersetzungen oder lesend unter der Bettdecke oder auf dem Balkon, die Liegestühle in irgendeiner grotesken Farbe streichend. Sie brachte es auch fertig, mitten im Wohnzimmer Möbel abzubeizen, und er war tagelang irgendeinem ätzenden Geruch ausgesetzt. Ihn störten diese Überraschungen, auf die er sich Abend für Abend einzurichten hatte. Er verabscheute nichts so sehr wie Überraschungen in seinem Leben.
Es entbehrte nicht der Komik, gestand er sich in stillen Momenten ein, daß er sie geheiratet hatte, um Ruhe zu finden. Er fragte sich, ob sie überhaupt wußte, was das war: Ruhe. Ohne ihn zu fragen, räumte sie zu jeder Tages- und Nachtzeit Möbel um, verteilte die einzelnen Teile der Tageszeitung über die gesamte Wohnung und legte die Post jeden Tag an einen anderen Ort. Wenn er sie deshalb zur Rede stellte, beschimpfte sie ihn als Spießer und Kleinbürger, so daß er es mit der Zeit aufgab, seinen Ärger offen auszuleben. Diese Genugtuung gönnte er ihr nicht.

Er wünschte sich, sie möge eines Tages gehen. Einfach so. Mit ihren Lippenstiften, den engen Pullovern und den Taschentüchern mit Kaffeeflecken. Aber sie blieb. Von Zeit zu Zeit warf sie sich ihm tränenüberströmt in die Arme, schluchzte, daß sie nur ihn lieben könne, ihn ganz allein. Er hatte es aufgegeben, sie verstehen zu wollen.
Am liebsten wäre er sie ganz los. Ganz einfach los. Und die Wohnung wäre wieder ruhig und klar. Wie das vonstatten gehen könnte, wagte er sich nicht auszumalen. An eine Scheidung dachte er nie. Es müßte ein klarer, endgültiger Einschnitt in seinem Leben sein. Radikal und unwiderrufbar. Ohne monatelanges Hin und Her mit Terminen bei Anwälten und dem kleinlichen Aufteilen der Möbel und Haushaltsgeräte. Er wollte sie endgültig und ein für allemal aus seinem Leben streichen können. Nicht an jedem Ersten auf den Bankauszug starren und sich fragen, was sie mit zwei Fünfteln seines Gehalts anstellen würde. Er wollte nie wieder etwas von ihr hören. Keinen Gruß oder Glückwunsch zu seinem Geburtstag und keine Ansichtskarte aus den Ferien. Er wollte kein Magendrücken, wenn er so eine Karte in der Hand hielt und sich vorstellte, wie sie mit einem glutäugigen Papagallo in einem Café an der Strandpromenade Cappuccino schlürfte. Dieses Bild von ihr mitsamt dem verschmierten Lippenstift und der Sahne auf der Oberlippe wollte er nicht.
Es müßte anders gehen. Ganz anders. Wie, das würde sich noch zeigen. Heute hatte er Glück. Verhältnismäßig. Mehr als an anderen Abenden. Die Möbel standen allesamt an ihrem gewohnten Platz, und sie stand in der Küche vor dem Herd und spielte das Hausmütterchen. Als ob sie etwas geahnt hätte von seinen Magenschmerzen und der Übelkeit.
»Wie war's im Labor?« rief sie ihm zu und erwartete keine Antwort. Sie verstand nichts von dem, was er machte, und sie wollte nichts davon verstehen. Es interessierte sie nicht. Er nahm es als das, was es war, ein versöhnlicher Abendgruß, und gab ihr einen Kuß auf die Wange. Bisher war sie noch nicht auf die Idee gekommen, sich auch die Wangen rot anzumalen. Dafür war er ihr dankbar.
Wie gewohnt ging er als erstes zum Bad. Aus der Küche hallte ihm ein lautes »Essen« hinterher. Das Zur-Toilette-Gehen

würde er sich bis nach dem Essen verkneifen müssen. Ihm blieb gerade noch Zeit, die Hände zu waschen und eilig abzutrocknen. Er hatte jetzt so schnell wie möglich am Eßtisch zu erscheinen, oder sie würde für Wochen das Kochen einstellen. Das hatte er alles schon erlebt. Es gab Schnitzel mit Salzkartoffeln und Kopfsalat. Er hoffte inständig, die Kartoffeln würden dieses Mal weich sein.

Sie aßen schweigend. Er bemühte sich, trotz des Magendrükkens seinen Teller leer zu essen, um keine unnötigen Diskussionen heraufzubeschwören. Verstohlen blickte er sie von der Seite an und sah, wie ihre langen dunklen Haare auf eine Seite des panierten Schnitzels fielen. Schnell sah er wieder weg.

Als sie vor dem Fernseher saßen, schweiften seine Gedanken ab. Er versuchte, sich auszumalen, auf welche Art und Weise er diese Frau, die neben ihm auf dem Sofa saß, aus seinem Leben entfernen könnte. Ein Gedanke, der ihn noch weiter beschäftigte, als er sich neben ihr ins Bett legte.

Sie lag wie immer auf der Seite, in irgendein Taschenbuch vertieft, und kehrte ihm den Rücken zu. So konnte sie die ganze Nacht verbringen ohne Rücksicht darauf, ob das Licht ihrer Lampe ihn am Einschlafen hinderte oder nicht. Er wollte nicht mehr diesen Rücken, diese Ablehnung. Er wollte diese Frau nicht mehr in seinem Bett. Er wollte sie ein für allemal aus seinem Bett, aus seiner Wohnung, aus seinem Leben entfernen.

Der Gedanke überfiel ihn erneut, als er am Morgen wach wurde. Und ließ ihn nicht mehr los: Auf dem Weg zur Arbeit, in der Mittagspause, beim Abendessen, er dachte an nichts anderes mit gleicher Intensität. Er wollte diese Frau aus seinem Leben entfernen. Das Wort ›entfernen‹ faszinierte ihn. Er gebrauchte es immer wieder in seinen Gedanken. Fast zwanghaft. ›Entfernen‹, das klang professionell, effizient, klinisch, rational. Es klang so, als ginge es um einen kleinen, unbedeutenden chirurgischen Eingriff. Wie eine Blinddarmoperation oder die ›Entfernung‹ der Mandeln. Ein kleiner Eingriff in sein Leben, in ihr Leben, der bei sachgemäßer Durchführung Heilung versprach. Was immer das auch bedeuten mochte: Heilung.

Inzwischen hatte er ein absolut klares Bild davon, wie es gehen würde. Es hatte auf der Straße zu geschehen. Ein altmodisches Duell in Schwarzweiß, wie in einem alten Gangsterfilm. Ein Duell im erbarmungslosen Tageslicht. Mann gegen Frau. Auge in Auge. Er sah sich in einem strengen Trenchcoat, den Kragen hochgeschlagen, seine Hand in der Tasche. Und er würde kühl den Revolver aus der Manteltasche ziehen und auf sie zielen. Genau in die Mitte zwischen ihre dunklen Augenbrauen. Und sie würde stumm bleiben. Ein einziges Mal würden ihr die Worte fehlen. Gebändigt und stumm vor der Waffe. Vor der kalten Entschlossenheit in seinen Augen, an die sie nie geglaubt hatte. Es würde ›plopp‹ machen, das kreisrunde Loch in ihrer Stirn würde sich so rot färben wie ihre Lippen, und sie würde auf das harte Pflaster der Straße stürzen.

Er saß an seinem Schreibtisch im Labor und starrte in das schwarze Loch hinter den Fensterscheiben. Kein Lichtschein vom Institut gegenüber konnte zu ihm durchdringen. Eine glänzende Silberkugel nach der anderen fiel ins Leere, wurde von dem schwarzen Plastikarm mit dem Synchronmotorantrieb aufgenommen, stieg mit ihm nach oben, kippte in die schmale Laufrinne, prallte auf die nächste Silberkugel, und eine neue runde Kugel fiel ins Leere. Das ewige Spiel.

Die Waffe lag kälter in seiner Hand, als er sich das vorgestellt hatte. Selbst wenn er sie minutenlang mit beiden Händen umschlossen hielt, wurde sie nicht warm. Lag es an dem kalten Stahl oder daran, daß er nicht genügend Wärme übertragen konnte?

Er legte die Waffe vor sich auf den leeren Schreibtisch. Seit er sie besaß, interessierten ihn die nackten Frauen aus den Zeitungen nicht mehr. Jetzt saß er abends an seinem Schreibtisch und machte sich mit der Waffe vertraut, die er von einer Tagung aus Amsterdam mitgebracht hatte. Ein Junkie hatte sie ihm für ein paar Scheine mitsamt einer Schachtel Munition verkauft.

Er polierte den Revolver mit seinem weißen Taschentuch, füllte ihn mit Munition, entsicherte ihn, sicherte ihn wieder, leerte die Munition auf den Schreibtisch, füllte ihn erneut, entsicherte ihn und strich sich mit dem Lauf über die Stirn.

Er würde ihr mit der Kanone eine kleine, kalte Kugel mitten zwischen die Augen verpassen. Und sie würde zu Boden sinken. Auf das schmutzige, kalte Pflaster der Straße. Und er

würde einfach über sie hinwegsteigen. Würde die Waffe im nächsten Gulli verschwinden lassen – und er würde über das rauhe Pflaster in einen neuen Tag aufbrechen.
Heute sah er es ganz deutlich. Eine lange Straße, die sich mit zunehmender Entfernung verjüngte, schmaler wurde, bis sie zu einem kleinen schwarzen Punkt hinten am Horizont geworden war. Und zu beiden Seiten der Straße waren Frauen. Unmengen von Frauen. Frauen jeder Größe, jeden Alters, jeder Haarfarbe. Nichts als Frauen entlang der gesamten gottverdammten Straße. Frauen, die er zu kennen glaubte, in den unglaublichsten Verdoppelungen, Verdreifachungen. Überall Brüste, an denen er sich schon festgekrallt hatte, Schenkelpaare, zwischen die er sich hatte fallen lassen. Warme, weiche Frauen. Bunte, grelle Frauen. Gefährliche Frauen. Mit blutroten Mündern und spitzen Zähnen. Frauen, die immer näher kamen. Bedrohlich nah. Ihn einkesselten. Gleich würden sie ihn sich krallen, über ihn herfallen.
Er sah alles wie in Cinemascope.
Es gab keinen Fluchtweg.
Er legte den kalten Lauf der Waffe an seine Schläfe und drückte ab.

Auch brave Mädchen tun's

Ein harter Job

Es gibt wenige Männer, die mich anmachen. Und ich kenn' keinen, der das morgens um sieben schafft, wenn ich meinen Kaffee noch nicht gekriegt habe. Der Typ, der sich da vor mir langmachte, war keine Ausnahme: Ich steh' nicht auf Typen mit spitzen Cowboystiefeln und dicken Gürtelschnallen über dem, was sie für ihren wertvollsten Körperteil halten. Die so aussehen, als hätten sie sich ein Kilo Weintrauben zwischen die Beine gesteckt, wenn sie breitbeinig an einem vorbei zum Männerklo walzen.

Es ist ein harter Job, als Freie durchs Leben zu tingeln. Für sechsundachtzig Pfennig pro Zeile und zwei magere Scheinchen für jedes Bild, das sie in ihrem Schmierblatt abdrucken. Preise wie vor vierzig Jahren, als es für 'nen Groschen noch'n Salzhering gab oder 'ne Tüte gemischte Bonbons. Dafür bist du immer im Einsatz. Rund um die Uhr. Kamera über der Schulter, Griffel hinterm Ohr, Ersatzfilme in der Jackentasche. Die Freiheit der Freien, daß ich nicht lache. Du bist frei, zu Zeiten zu arbeiten, wo alle Festen was Besseres vorhaben. Das, was alle vernünftigen Leute morgens um sieben vorhaben. Erst recht am Sonntag. Sie drehen sich noch mal in ihrem Kuschelbett um und setzen zum zweiten Nickerchen an. Nur das Leben hält sich an keinen vernünftigen Zeitplan und spult die spannendsten Sachen zu den unvernünftigsten Zeiten ab. Da müssen dann wir Freie ran. Wie ich jetzt zum Beispiel. Weshalb stand ich denn verdammt noch mal am heiligen Sonntag früh um sieben hier auf diesem Scheißcontainer und fror mir den Arsch ab? Weil Kreimeier, mein Freund und Gönner, festangestellter Redakteur in der Lokalredaktion der ›Morgenpost‹, es vorzog, das warme Bettchen zu hüten und

die Decke über die Ohren zu ziehen. Deshalb stand ich jetzt hier mit meiner Kamera in der gottverdammten Kälte und durfte ackern. Und weil es auf meinem Konto genauso deprimierend aussah wie auf diesem Müllhaufen, hatte ich darauf verzichtet, das einzig Vernünftige zu tun, als mir Kreimeiers Stimme zu nachtschlafender Zeit durchs Telefon entgegenkroch. Ich hatte darauf verzichtet, den Hörer sofort wieder auf die Gabel zu knallen und ihm zu verraten, was ich von seinen schlechtbezahlten Scheißjobs wirklich hielt. Die Freiheit, das zu tun, hatte mir mein Kontostand schon seit Jahren nicht mehr erlaubt.
Immerhin war ich nicht umsonst aus dem Bett gekrochen. Der Tip, den Kreimeier von wer weiß wem gekriegt hatte, war echt. Mein Kreislauf kam auf Touren. Mir dämmerte, daß das hier 'ne Nummer größer war als die Silberhochzeiten und Kaninchenzüchtervereine, zu denen mich Kreimeier sonst so gern schickte. Und kein Kollege weit und breit, der mir die Story klauen konnte. Wow. Meine Stimmung stieg.
Ich sah mich um. Die Straße lag da wie tot. Ein paar aparte Flachbauten, Drahtzäune, geparkte LKWs. Noch nicht mal ein Schäferhund, der kläffte. Nur ein paar einsame Plastikfetzen und Bierdosen, die der Wind über die Straße fegte. Die reinste Idylle. Keine Konkurrenz in Sicht. Charlotte Lehmann als erste am Ort des Geschehens. Wenn das keine geilen Bilder gab, wollte ich freiwillig in Kreimeiers Gesellschaft eine Thunfischpizza verschlingen. Das wollte was heißen. Wenn Kreimeier mich großmütig zu 'ner Pizza einlud, mußte ich mir jedesmal sein Gesülze über Vor- und Nachteile der freien Marktwirtschaft reintun. Das tat echt weh. Ich brauchte keine Vorträge von diesem Langweiler, um zu schnallen, daß er die Vor- und ich die Nachteile bei unseren geschäftlichen Deals hatte. Aber das mußte ja nicht so bleiben. Die Schlagzeilen begannen bereits durch mein Hirn zu tickern. Das würde die heißeste Story meiner Laufbahn wer-

den. Charlotte Lehmann exklusiv in der ›Morgenpost‹. Ich brachte die Kamera in Anschlag.
Das Klettern auf diesen Blechhaufen hatte sich echt gelohnt. Das sah aus wie gemalt. Ein Container voll mit ausrangierten Kühlschränken. Und mittendrin der Macho. Mit der protzigen Gürtelschnalle über seinem Allerfeinsten. Mausetot mit einem Messer in der Brust. Mir wurde warm ums Herz. So eine schöne Leiche. Ganz für mich allein. Klick. Fast friedlich lag der Cowboy da zwischen den Kühlschränken. Klick. So entspannt wie in der Hängematte. Klick. Klick. Den Rücken von einem Uraltmodell mit runden Türen sanft gestützt. Klick. Die Beine über die Arbeitsplatten von zwei Teilchen gelegt, die ich mit Kennerblick auf Mitte der Sechziger datierte. Klick. Klick. Der rechte Arm über der offenen Tür eines neueren Modells hängend, das noch ganz passabel aussah. Klick. Ein total friedliches Bild. Als ob er sich kurz vorm Einschlafen noch ein gutgekühltes Bier aus dem Kühlschrank angeln wollte. Das gab was her. Klick. Klick. Klick. Der erste Film war voll.
Mit diesen Fotos würde ich groß rauskommen. Da gab's kein Vertun. MORD IM GEWERBEGEBIET. TOTER AUF MÜLLCONTAINER. Das würde die Auflage in die Höhe treiben. EISKALT GEMORDET, UND WIR WAREN DABEI. Angebot und Nachfrage. Kreimeier hatte mir in seinen Vorträgen die Grundpfeiler des Journalismus nahegebracht. Jetzt war ich am Drücker. Während sich dieser Weichling in seinem Bett in der Wärme aalte, turnte ich topfit auf einem Müllcontainer in der Kälte herum. Im Zentrum des Orkans, da, wo Zeitungsgeschichte gemacht wird.
Mit klammen Fingern legte ich den nächsten Film ein. Der Ehrgeiz hatte mich am Wickel. Beim ersten war ich auf Nummer Sicher gegangen. Biedere Gebrauchsware. Bloß nichts verreißen. Jetzt wollte ich mehr. Auf der Kante des Containers hangelte ich mich rittlings vorwärts, sprang todesmutig in den Blechhaufen, kroch in den Spalten zwischen den Kühl-

schränken herum, schlug mir die Knie an irgendwelchen harten Griffen auf und robbte über Gefriertruhen, die bedrohlich unter mir schwankten. Das war Einsatz. Ich war total von mir begeistert. Wozu ich fähig war! Auf der Suche nach fetzigen Bildern. Ausschnitten, die was hermachten. Das kantige Kinn mit den Bartstoppeln und den auslaufenden Koteletten. Von unten angeschnitten. Klick. Die Spitze des Cowboystiefels vor einem Heer von Kühlschränken. Klick. Der Griff des Messers, steil aus der Brust ragend. Klick. Klick.

Nach dem zweiten Film hegte ich fast freundschaftliche Gefühle gegenüber dem toten Cowboy. War es denn ein Wunder? Immerhin versprach ich mir von diesem Macho, daß er meinem Leben den entscheidenden Kick geben würde. Nie mehr Miese auf dem Konto. Nie mehr malochen für die mageren Tarife der ›Morgenpost‹. Höchstens ein, zwei Reportagen pro Jahr, die ich meistbietend an ›Spiegel‹, ›stern‹ oder ›Geo‹ verhökern würde. Den Rest der Zeit würde ich mich dem süßen Leben ergeben. Jeden verdammten Tag der Woche so lange schlafen, wie ich wollte, und mir den Kaffee kannenweise ans Bett karren lassen. Ich war total gut drauf. Erstaunlich, was für positive Gefühle dieser Cowboy freisetzen konnte. Jedenfalls in seiner aktuellen Form. Als fotogene Leiche, die mir vor die Linse geflutscht war.

Echt liebevoll widmete ich mich jetzt der Ablichtung meines Cowboys. Klar, er war der letzte Macho. Daran gab es nichts zu rütteln. Aber ich wollte fair sein. Er hatte die gleichen schmalen Hüften und breiten Schultern, die ich durchaus geneigt war, bei anderen Männern sexy zu finden. Vermutlich gab es jede Menge Frauen, die meinen Cowboy unwiderstehlich fänden. Es gibt ja Frauen, die finden selbst Koteletten auf Kinnbacken sexy. Ganz zu schweigen von Brusthaaren, die aus offenen Hemden hervorquellen, und goldenen Kettchen mit frommen Anhängern. Männer sind nun mal Geschmackssache. Im allgemeinen und ganz speziell.

Meine Freundin Hella zum Beispiel. Die steht seit neuestem auch auf solche Typen. Und von der hätte ich das nie gedacht. Ich kenne sie schon seit der Grundschule. Einträchtig Seite an Seite hat sie mit mir Spazierstöcke gemalt. Aber in ihrem Männergeschmack kann ich ihr nicht mehr folgen. Bei unserem letzten Zug durch die Szene hat sie mich einfach abgehängt. Für so ein Schmuckstück, dem die Männlichkeit aus allen Poren triefte. Und das nicht zum erstenmal. Schon seit 'ner ganzen Weile war sie so komisch drauf. Kriegte auf einmal diesen starren Blick und sah nichts mehr außer IHM. Irgend so 'nen saublöden Macho von der gleichen Sorte wie mein toter Cowboy. Und dann war's um sie geschehen. Danach hatte sie nichts anderes mehr im Visier als IHN: fuhr ihr Fahrgestell aus und stolperte ihm mit einem kalten Zigarettchen entgegen. Und er nichts wie das Feuer springen und nichts anbrennen lassen. Die Nummer war immer die gleiche. Die Typen wechselten. Das war's dann für gewöhnlich. Hella düste mit der neuen Flamme von dannen, und ich kam mir vor wie 'ne alte, gebeutelte Handtasche, die auf 'nem Stuhl vergessen wird. Das war jetzt schon ein paarmal passiert, und ich war zur Zeit nicht besonders auf Hella zu sprechen. Seit sie ihren neuen Job in dem Frauenprojekt hatte, war sie echt komisch, drehte voll auf. Malte sich an wie Madonna, trug immer kürzere Röcke und fuhr auf ganz neue Typen ab, die früher bei ihr nie 'ne Schnitte gekriegt hätten. Da stand sie eher auf so lange Dünne mit Nickelbrille, die so schön geschwollen daherredeten. Das hatte sie jetzt vermutlich den lieben langen Tag bei den Arbeitssitzungen mit ihren Frauen im Projekt und stand deshalb in der Freizeit auf Kontrastprogramm. Konnte ich ja irgendwie verstehen. Aber daß es ausgerechnet diese Machos mit ihren abgestandenen Klosprüchen sein mußten... Ich betete, daß die trübe Phase bald vorüberginge. Lange ließ ich mir das nicht mehr gefallen. In aller Freundschaft.

Ich flieg' eher auf so schüchterne Typen mit Dackelblick.

Aber daß die nur Freude verbreiten, wäre glatt gelogen. Wenn der erste süße Wahn vorbei ist und ich ihnen beibiege, daß sie gefälligst ihre Barthaare im Waschbecken selbst entsorgen, oder anrege, daß sie mal 'nen Kasten Sprudel organisieren, sind sie weg. Auf Nimmerwiedersehen. Dabei traue ich mich gar nicht erst, sie mit anspruchsvolleren Aktivitäten zu fordern. Mit Umzügen zum Beispiel. Die besorge ich, seit ich denken kann, im trauten Kreis meiner Freundinnen. Ohne männlichen Beistand. Na ja, Männer sind bekanntlich Geschmackssache. Im besonderen und ganz speziell.

Auf einmal kam mir die Idee, was ich Hella zu ihrem nächsten Geburtstag schenken könnte. Fotos von meinem toten Cowboy. In seine saftigsten Einzelteile zerlegt. Die konnte sie sich meinetwegen übers Bett hängen, solange die Machowelle bei ihr anhielt. Und wenn sie vorbei war, würden sie doppelt wertvoll. Als Abschreckungsmaterial.

Wenn ich bloß 'nen Farbfilm dabeigehabt hätte. Der Cowboy konnte sich sehen lassen in Bunt. Der rote Griff des Messers auf dem verwaschenen Blau der Jeansjacke. Die Blutflecken, die von der Brust nach unten kleckerten. Und wenn ich das Ganze mit etwas Ketchup aufpeppen würde... Ich durfte gar nicht daran denken. Eine Orgie in Rot, Weiß, Blau. Irre. Aber was nicht ist, das ist nicht. Die Bilder waren auch in Schwarzweiß ein Knaller.

Als der dritte Film voll war, stieg ich vom Container.

Meine Knie zitterten, als ob ich das Matterhorn bestiegen hätte. Ich hatte Hunger, spürte es derb im Rücken und fühlte mich wie fünfundneunzig. Mich haut es immer von einem Moment auf den anderen um. Rambam. Da half nur 'ne kleine Pause. Ich packte mich auf den Boden neben den Container. An die Seite, die der Wind verschonte. So halbwegs jedenfalls. Mit vor Hunger und Kälte zittrigen Fingern begann ich die Taschen meiner Jacke nach einer Notration zu filzen. In der Brusttasche wurde ich fündig. Eine halbe Tafel Schokolade. Nicht mehr ganz die handelsübliche Form. Mit ein paar Streifen Silberpapier darum, die an einigen Stellen eine innige Verbindung mit der Schokolade eingegangen waren. Ich zupfte das Silber herunter, so gut es ging, und stopfte mir das Stück in seiner vollen Größe in den Mund. An dem bißchen Silberpapier würde ich nicht krepieren. Die Wirkung war überwältigend. Die Füllungen meiner Backenzähne zuckten, und dann spürte ich die Energie in die entlegeneren Körperteile wandern. Energie würde ich heute noch jede Menge brauchen. Meine Zunge machte sich auf die Suche nach dem Silberpapier, das an meinen Zähnen und dem Gaumen klebte. Ein paar Stunden Maloche in meinem Fotolabor und an der Maschine waren mit Sicherheit nötig, ehe ich die Früchte meiner Arbeit in der freien Wildbahn ernten konnte. Ich spuckte das Silberpapier auf den Boden und ging auf die Suche nach einem Nachtisch. In solchen Momenten zahlt es sich echt aus, daß ich meine Jacken nach der Menge der vorhandenen Taschen aussuche. Diese hier hatte circa zehn. Da ging was rein. Die reinsten Wundertüten, wenn frau die Taschen nicht öfter als einmal pro Jahr ausräumte. Was sich da alles fand. Zum Beispiel dieses hübsche blaue Päckchen mit den braunen Krümeln, dem weißen Papier und einem Flammenwerfer, der voll funktionstüchtig war. Süchtig zog ich an meinem Glimmstengel. Es ging nichts über ein kleines Öfchen in dieser Kälte. Langsam fand ich wieder zu meiner alten Form. War heiß drauf, nach Hause zu kommen, die Filmstreifen in meine Entwicklerdose zu knallen und zu sehen, wie die Bilder geworden waren. Ich warf die Kippe weg. Auf dem Platz, wo sie landete, glitzerte es hell. Heute war mein Glückstag. Das konnte ich förmlich riechen. Ich griff mir das Glitzerteil vom schwarzen Boden. Ein Glitzerschleifchen. Süß. Blinkte wie ein Diamant. Ich bohrte es durch den Kragen meiner Windjacke und stellte den Stopper fest. Jetzt war Luxus angesagt. Die Zeit der Fülle angebrochen. Bisher war ich immer zu kniepig gewesen, so ein Glitzerteil auf dem freien Markt zu erstehen. Jetzt hatte ich eins. Einfach gefunden. Und glitzerte mit. Zum Nulltarif. So ließ ich mir das gefallen.

Ich sprang auf, kletterte in meine Ente und tuckerte der nächsten Telefonzelle entgegen. Bei der dritten hatte ich Glück. Da war der Hörer nach wie vor mit dem grauen Kasten verbunden, und es summte freundlich an meinem Ohr. Ich tat meine staatsbürgerliche Pflicht und verriet der Polizei, daß ein paar Straßen weiter ein toter Cowboy auf einem Container lag und fror. Dann fuhr ich zurück, um mich den Vertretern der Staatsgewalt in voller Lebensgröße zu präsentieren. Die Frau, die die Leiche fand. Ich begann, die Rolle zu genießen.

Die Bullen kamen im Pulk. In Uniform, in Zivil und die Sanis in Weiß. Alle taten völlig geschäftig, liefen vor und zurück, standen in Grüppchen beieinander. Ich vermutete, daß sie die Ergebnisse der Bundesligaspiele vom Samstag austauschten. Der Cowboy fror jedenfalls weiter. Nach 'ner Weile passierte dann was. Ein Mann mit Köfferchen stieg zu dem Cowboy auf den Container. Die Sanis machten 'ne Trage klar. Ein paar Grüne postierten sich neben dem Container. Der junge Typ in Zivil, der auf mich lossteuerte, kam mir irgendwie bekannt vor. Dann dämmerte es mir. Wir hatten auf der gleichen Klitsche die Schulzeit durchlitten und zusammen die Schülerzeitung gemacht. ›SPIELWIESE.‹ Nicht besonders originell, aber die Mädels und Jungens hatten sie uns aus der Hand gerissen, wenn sie grad mal verteilt werden konnte und nicht auf dem Schreibtisch des Herrn Direktor auf Eis lag. Solche Erfahrungen verbinden.

»Na, du Bulle«, blökte ich ihn freundschaftlich an. An seinen Namen konnte ich mich nicht erinnern.

»Charlotte, der Schmierpinsel«, grinste er zurück.

Auch schon Jahre her, daß ich so genannt wurde. Ich lächelte geschmeichelt. So auf Anhieb konnte ich mich an keine Katastrophen im Zusammenhang mit unserer gemeinsamen Vergangenheit erinnern. Ihm schien es ähnlich zu gehen. Er schrieb sich meinen Namen und meine Adresse auf. Rein dienstlich. Er war seit einem Jahr verheiratet, erzählte er stolz. Mit Renate. An die würde ich mich doch bestimmt erinnern. Ich erinnerte mich an keine Renate. Das schien ihn zu enttäuschen. Sein Rasierwasser stieg mir in die Nase, und ich erinnerte mich daran, daß er immer furchtbar gestunken hatte, wenn wir mit der Zeitung in Verzug kamen. Aber vielleicht mochte Renate das ja.

Irgendein Obermufti mit Hut winkte ihn zu sich. Sie steckten die Köpfe zusammen. Der Cowboy wurde gerade ins Warme geschoben. Das würde ihm auch nicht mehr helfen. Mein Bulle kam zu mir zurück. Ich versuchte, von der guten Stimmung zu profitieren und ihn über den Cowboy auszuquetschen. Er sprudelte nur so los. Ich machte mir Notizen. Bei meinem Cowboy handelte es sich um einen Zuhälter. Stadtbekannt. Ich dankte dem Himmel, daß ich seine Bekanntschaft erst gemacht hatte, als er zu keiner Schweinerei mehr fähig war.

»Profiarbeit«, raunte mir mein Informant hinter vorgehaltener Hand zu. »Das waren Killer von der Mafia. Zwei Stiche, genau zwischen die Rippen plaziert. Absolute Spitzenklasse. Die fliegen ihre Killer aus Italien ein, und wenn wir anfangen zu ermitteln, sind sie schon längst weg. Das ist der dritte Loddel innerhalb von zwei Monaten. Da tobt ein Krieg im Sperrgebiet.« Ich hing an seinen Lippen. »Uns ist das im Grunde ganz recht«, verriet er mir. »Wenn die sich gegenseitig abschlachten, haben wir weniger zu tun.« Ich dankte ihm für die Story und verabschiedete mich.

Jetzt war ich voll auf dem laufenden. Total heiß die Kiste. Genau, wie ich vermutet hatte. Ich war wild darauf, so schnell wie möglich die ersten Kontaktstreifen in die Hand zu kriegen und loszulegen. Die saftigsten Fotos würde ich mir neben die Maschine legen. Das beflügelte. Und dann würde ich meine Story schreiben. Meine Knüllerstory. Charlotte Lehmann und die Mafia. Ich stieg in die Eisen und hetzte meine Ente gen Heimat. Als erstes brauchte ich ein paar Liter Kaffee. Dann konnte das Ackern losgehen. Charlotte Lehmann schlägt zu. Kreimeier ahnte ja nicht, was da auf ihn zukam.

Gegen achtzehn Uhr steuerte ich total kaputt und bester Laune das Redaktionsgebäude der ›Morgenpost‹ an. Kreimeier hing vor seinem Schreibtisch und sah etwa so dynamisch aus wie ein Käsesoufflé, das zu früh an die frische Luft geraten war. Das übliche Bild. Er zog nicht mal 'ne Augenbraue hoch, als ich mich vor ihm in den Sessel knallte und ihm quer über den Schreibtisch die fette Beute zuschob. Fünfzehn gestochen scharfe Fotos meines Cowboys plus dem Aufmacher, den ich geschrieben hatte. Einen satten Dreispalter. Für die Titelseite. Wenn die schon voll war mit den blöden Agenturmeldungen, mußten sie die eben weiter nach hinten schieben. Oder ganz rausschmeißen. In der Überschrift hatte ich mich klug zurückgehalten. In letzter Minute MORD: CHARLOTTE LEHMANN VOR POLIZEI AM TATORT durch MORD: ›MORGENPOST‹ VOR POLIZEI AM TATORT ersetzt. Kreimeier breitete die Fotos vor sich aus. Fünf Bilder pro Reihe. Drei Reihen. Er verzog keine Miene. Ganz schön ausgebufft, der alte Fuchs. Mit beiden Händen schob er die Reihen wieder zusammen und schichtete sie fein säuberlich auf einen Haufen. So wortkarg erlebte ich ihn selten. Er vertiefte sich in meinen Aufmacher und las, ohne mit einer Wimper zu wakkeln. Das verdammte Pokerface.

Dann kam Leben in ihn. Er knallte meinen Aufmacher vor sich auf den Schreibtisch und begann, das Papier mit der geballten Faust zu bügeln. Die körperliche Betätigung schien ihm gut zu bekommen. Er hatte die Sprache wiedergefunden.

»Eine Leiche zwischen vergammelten Kühlschränken. Mit Messer in der Brust. Ich glaub, du spinnst total. Du hast ein Rad ab. Das kannst du an die ›Bildzeitung‹ verhökern. Wir machen seriösen Journalismus.«

Eins mußte ich Kreimeier lassen. Er konnte mich immer noch

überraschen. Es ging im gleichen Stil weiter. Wenn er einmal in Bewegung kam, war er schwer zu stoppen. Wie ’ne alte Dampflok. Jetzt patschte er mit seinen Fettfingern auf dem Text herum, dem ich drei Stunden meines Lebens geopfert hatte.

»Das ist Schundjournalismus. Übelster Schundjournalismus.« Er steigerte sich. »Übelriechendster, schleimigster Schundjournalismus.«

Was war denn auf einmal los? Ich hatte an seinen Artikeln gelernt. Mochte er sich etwa selbst nicht mehr? Oder hatte er nur ein schlechtes Wochenende verbracht?

Kreimeier schnaubte noch ’ne Weile so weiter. Ich hatte Zeit, mir ein paar Gedanken zu machen. Über Machos und das Milieu. Über den Puff, der gerade mal wieder aus dem Bahnhofsviertel verbannt und auf die grüne Wiese verlagert werden sollte. Über die Freiheit der Presse im allgemeinen und im besonderen. Über die ›Morgenpost‹. Angeblich unabhängig und überparteilich. Haha. Die Fotos waren astrein, das konnte mir keiner einreden, daß mit denen was nicht stimmte. Kreimeier schon lange nicht. Und der Artikel war auch nicht schlechter als das, was ich früher geliefert hatte. Eher ’ne Spur peppiger. Wann kriegte die ›Morgenpost‹ schon mal so ’ne brandheiße Sache angeboten? Ein stadtbekannter Zuhälter mit Messer in der Brust zwischen Kühlschränken zum Verrotten abgelegt. Wenigstens kam Kreimeier mir nicht mit Jugendschutz. Wenn er nicht anbiß, mußte es ganz andere Gründe geben... Ich tippte darauf, daß die Partei, der die angeblich überparteiliche ›Morgenpost‹ so innig verbunden war, die Diskussion um die Verlegung des Puffs nicht wieder aufleben lassen wollte. So kurz vor den Wahlen konnte sie kaum damit punkten. Das mußte ich zugeben. Angebot und Nachfrage. Die Grundpfeiler der freien Marktwirtschaft. Mein Thema war einfach nicht gefragt. Nicht bei Kreimeier. Und wenn er nicht anbiß, konnte ich aus meinem Artikel einen Papierflieger machen. Bei den Jungs von der Konkur-

renz brauchte ich es gar nicht erst zu versuchen. Die waren noch schlimmer. Da hatte garantiert die Hälfte der Belegschaft Geschäftsanteile am Puff und fürchtete sinkende Einnahmen, wenn sich rumsprach, wie locker die Messer im Milieu saßen. Rosige Aussichten für eine dynamische Jungjournalistin mit der heißesten Story des Jahres. Selbst Kreimeier hatte Mitleid. Er entdeckte die Reste seines sozialen Gewissens und schob mir einen Blauen über den Tisch.
»Für deine Auslagen. Du kannst nicht sagen, daß ich nicht fair bin.«
Ich enthielt mich des passenden Kommentars. Was er mir an den Kopf geworfen hatte, war ja wohl auch eher für ihn selbst bestimmt. Damit er nicht kotzen mußte, wenn er in den Spiegel sah. Jeder hat so seine spezielle Art, sich in die Tasche zu lügen.
Ich schnappte mir den Artikel und die Fotos und fühlte mich wie ein Aktionär am schwarzen Freitag. Damit konnte ich jetzt mein Klo tapezieren. Es lebe die freie Marktwirtschaft. Eine Sensationsstory, die keiner haben wollte, und nichts als ein Blauer als Schmerzensgeld. Es war ein harter Job, als Freie durchs Leben zu tingeln.
Das war wieder mal einer der seltenen Momente, wo ich bedauerte, daß meine Schmerzgrenze so niedrig war. Daß es so verdammt viele Typen gab, die mich ankotzten und deren Gegenwart ich nur in kleinen Dosen aushielt. Wenn überhaupt. Wenn ich nur 'ne Spur flexibler wär', ging's leichter. Dann würde ich in Kreimeiers Partei eintreten, die auch die Partei von Kreimeiers Chef war und die vom Herausgeber der Zeitung. Und dann würde ich das gleiche schreiben, was ich jetzt für sechsundachtzig Pfennig pro Zeile schrieb, hätte einen geräumigen Schreibtisch und eine nette Sekretärin und ein Konto, auf dem es entschieden freundlicher aussehen würde. So einen Flop wie gerade eben würde ich nie landen. Ich wüßte immer genau, was ich zu schreiben hätte und was nicht. Mit dem Rest würd' ich meine Zeit gar nicht erst ver-

tun. Es gibt wenige Typen, die mich anmachen. Und Heerscharen, die mich ankotzen. Das ist mein Problem.

Ich überlegte. Vielleicht ließ sich ja doch noch was aus meiner Story machen. Eine saubere Hintergrundrecherche im Milieu. Was richtig Ordentliches. Das kriegte ich todsicher in 'ner Szenezeitung unter oder in der ›TAZ‹ oder ›EMMA‹. Viel sprang dabei auch nicht raus. Außer dem bißchen Ruhm und der Ehre und dem guten Gefühl, was geschrieben zu haben, was sonst unter den Teppich gekehrt würde. Dazu brauchte ich Zeit. Das hieß im Klartext, daß ich Hella mal wieder anpumpen mußte, wenn ich mir diesen Luxus gönnen wollte. Hella war die einzige, die ich kannte, die eine feste Stelle hatte mit Weihnachtsgeld, Tarifurlaub und einem bezahlten Haushaltstag pro Monat. Aber dafür war sie auch an manchen Abenden völlig geschafft von der Arbeit und jaulte mir stundenlang einen vor. Quatschte mir die Ohren voll mit dem, was die Mädchen, die von zu Hause ausgerissen waren, so alles mitmachten, ehe sie die Kurve kratzten und sich verabschiedeten. Das war eher von der härteren Sorte. Auch keine Geschichten, die die ›Morgenpost‹ ihren Lesern erzählen mochte. Nur bei der Eröffnung des Weglaufhauses durfte ich mal ein Foto von Hella und der Frauencrew bringen und einen knappen Zweispalter. Danach war das Thema tot. Für Kreimeier und die ›Morgenpost‹. Das Konkurrenzblatt hatte die Eröffnung des Hauses gar nicht erst erwähnt.

Hella war gerade dabei, die Tapeten von den Wänden ihres Wohnzimmers zu reißen. Es war richtig gemütlich. Sie pfiff ein Liedchen und war deprimierend gut gelaunt.

»Was hast du denn?« fragte sie mitfühlend, als sie mich sah.

»Eine Superstory. Und keinen Abnehmer.« Ich legte den dikken braunen Umschlag auf meinen Handteller und hielt ihn Hella unter die Nase. Hoffentlich biß sie auch diesmal an.

»Wenn noch was daraus werden soll, brauch' ich Zeit.« Das war so ein Satz von mir, den Hella nicht zum erstenmal hörte.

»Wenn du bis zum fünfzehnten wartest, kann ich dir was leihen.«
Ich wußte, daß ich mich auf sie verlassen konnte. Ohne ihr etwas zu sagen, beschloß ich großmütig, ihr die Verirrungen der letzten Zeit zu verzeihen. Die Cowboys, für die sie mich so locker abgekoppelt hatte. Hella war schon in Ordnung.
Kurz darauf saßen wir im einzigen freundlichen Teil der Wohnung, wo keine Tapeten von den Wänden hingen oder Möbel geparkt waren. Hella auf dem Rand der Badewanne, ich auf dem heruntergeklappten Klodeckel. Das Tablett mit der Thermoskanne voll Kaffee und den Bechern vor uns auf dem flauschigen Badewannenvorleger. Es ging mir entschieden besser als beim Verlassen von Kreimeiers Büro. Fast schon wieder richtig gut. Mit Hellas Hilfe könnte ich meinen Knaller vielleicht ja doch noch zünden.
»Was für 'ne Story ist das denn?« fragte Hella neugierig.
»So'n toter Cowboy in 'nem Container.«
»Waaaaas?« Hella beugte sich so ruckartig nach vorne, daß die Ohrringe in den Ohrläppchen hektisch hin- und herhüpften. Ich schmeichelte mir, die erste Leserin heiß auf meine Story gemacht zu haben. Mit nichts als der Überschrift: TOTER COWBOY IN CONTAINER.
»Hätte dir gut gefallen, der Typ. Auf so was stehst du doch in der letzten Zeit.« Ich konnte mir die Bemerkung nicht verkneifen.
»Zeig mal die Bilder.« Hella wollte mehr. Wow. Ich stieg über das Tablett und holte den Umschlag aus der Diele, wo ich ihn neben meiner Jacke auf den Boden geknallt hatte. Als ich zurückkam, saß Hella grinsend auf dem Klodeckel, und ich mußte mit dem Wannenrand vorliebnehmen. Na ja. Es war eindeutig der bequemere Platz und ihre Wohnung.
Hella sah sich die Bilder aufmerksam an. Eines nach dem anderen. Bis sie wieder beim ersten gelandet war. Zu grinsen hatte sie jetzt eher weniger. Eigentlich kein bißchen. Das war ihr wohl beim Betrachten der Bilder vergangen.

»Paßt gut da hin, der Typ«, kommentierte sie. »Müll zu Müll.«
»Aber hallo«, wunderte ich mich. »Du gehst ja ran. Du kennst den Typen doch gar nicht.«
»Doch, ich kenn' den Typ. Ein Zuhälter. Total miese Type. Der hat mehr als eine von den Kleinen auf dem Gewissen, die bei uns auflaufen. Immer hart am Geschäft, bienenfleißig. Tag und Nacht auf der Suche nach Frischfleisch.«
»Das ist ja nun vorbei«, stellte ich fest. »Besonders frisch ist der selbst nicht mehr. Auch wenn sie ihn in die Kühle gelegt haben.«
»Da gehört er auch hin.« Hella gab mir die Bilder zurück, und ich verstaute sie im braunen Umschlag. Eine Weile sagten wir nichts, schlürften nur den Kaffee.
»Komm, laß uns zum Italiener. Ich lad dich ein.« Kreimeiers Blauer und die Aussicht, meine Story dank Hellas Hilfe doch noch irgendwo unterzukriegen, machten mich übermütig.
»Du spinnst.« Hella hat so eine realistische Ader. Das machen die Fleischer in der Familie. »Kein Geld im Portemonnaie, aber Halleluja pfeifen.« Hella zitierte gern die weisen Sprüche ihrer Oma. Ich mußte grinsen.
»Wir bleiben hier. Ich räum' uns die Küche frei. Den Italiener kannst du dir aus dem Kopf schlagen.«
Brav trottete ich hinter Hella in die Küche. Gemeinsam trugen wir ein Schränkchen, dessen Türen trotzig auf- und zusprangen, in die Diele. Dann räumte ich die Küchenbank von Büchern frei. Die Titel der Bücher, die ich mir auf den Arm lud, hatten es in sich. Pornographie, Prostitution, Inzest, Gewalt gegen Frauen, Kindesmißhandlung. Alles vom Feinsten. Heilige Hacke. Ich schmiß den ganzen Krempel auf die Couch im Wohnzimmer, die Hella mit einer Plastikplane tapezierfein verpackt hatte. Endlich hatten wir es geschafft. Wir saßen, und vor uns stand eine Flasche Frascati und lagen ein angetrocknetes Baguette und der halbe Schinken, den Hella immer als Notration auf dem Balkon hängen hatte.

Jetzt merkte ich, daß ich den ganzen Tag noch nichts Richtiges gegessen hatte. Gierig säbelte ich mit meinem Messer an dem Schinken herum. Hella stippte ein Stück Weißbrot in ihren Wein und lutschte daran. Dabei blätterte sie in einem Kochbuch, das sie wer weiß wo in all dem Chaos aufgetrieben hatte. Sie stöhnte wollüstig in unregelmäßigen Abständen. Ich linste auf den Titel. ›Die italienische Bauernküche.‹ Ich lutschte an den Fitzelchen Schinken, die ich mit dem Messer runterkriegte, und wurde ebenfalls von den erfreulichsten Visionen heimgesucht. Wie ich Kreimeier dankbar die Hand schüttelte und ihm verriet, daß ich nur ihm meine Karriere verdankte. Ihm ganz allein. Nur weil er den Artikel abgebügelt hatte, kam ich zu meiner großen Chance. Diesem einfühlsamen Porträt eines fehlgeleiteten jungen Mannes, der auf die schiefe Bahn geriet und doch jedes Jahr pünktlich zum Muttertag seiner alten Mutter einen Blumenstrauß mit Fleurop schickte. Selbst aus dem Gefängnis.
»Wahnsinn«, stöhnte Hella, »Auberginen mit Pilzfüllung« und schleckte an ihrem trockenen Brot.
Wahnsinn, dachte ich, und hatte das nächste Bild vor Augen. Eine Damenriege. Lauter nette ältere Damen in gutsitzenden Kostümchen, die mich umringten und auf die Schultern nahmen. Mich in einen Saal trugen, in dem Hunderte von Frauen begeistert losklatschten. ›Sie haben die goldene Pandora verdient, junge Frau‹, flöteten mir die Damen ins Ohr. ›Diese einfühlsamen Porträts der fehlgeleiteten jungen Dinger, die diesem Unhold zum Opfer gefallen sind. Bravo. Sie haben den Preis verdient.‹
»Ich muß unbedingt wieder kochen«, befand Hella.
Ich hatte nichts dagegen. Das Herumsäbeln an dem Schinken artete langsam in Arbeit aus. Die dünnen Fitzelchen waren ein eher magerer Ertrag. »Hella«, setzte ich hilfeheischend an.
»Was hältst du von einer Pizza mit Meeresfrüchten?« fragte sie mich.

Ich wußte, daß ich nicht damit rechnen konnte, daß Hella mir Fleisch auftischte. Bei der Familiengeschichte. Meerestiere waren besser als Körner. Ich ergriff die Chance. »Super«, tönte ich.
»Morgen mache ich uns eine Pizza con frutti di mare«, verkündete Hella.
Mein Problem war eher heute. Ich versuchte es noch mal. »Hella...«
Hella blätterte ungerührt weiter in ihrem Kochbuch. »Willst du etwa doch keine Pizza mit Meeresfrüchten?« fragte sie.
»Doch, Pizza ist toll«, versicherte ich ihr. »Ich hab' ein ganz anderes Problem.«
»Du hast ein Problem.« Sie klappte das Kochbuch zu und wollte sich nicht mehr einkriegen. »Charlotte Lehmann hat ein Problem. Das ist ja ganz neu. Ich denke, das gibt es gar nicht für dich, Probleme.«
Ich fand Hella nur halb so komisch wie sie sich selbst. »Hast du vielleicht ein ordentliches Messer in deinem Haushalt? Nicht nur so 'nen stumpfen Dolch, mit dem man immer nur an der Oberfläche rumkratzt wie mit dem hier.«
Ich hielt das Messer ins Licht.
»Ein Messer«, jetzt kriegte sie sich gar nicht mehr ein. »Ein ordentliches Messer.«
Was daran lustig sein sollte, entging mir total. Ich versuchte es noch mal. »Hella, wo ist das Ding, mit dem wir sonst immer den Ochsen hier kastriert haben?«
»Kastriert«, sie lachte weiter, hörte überhaupt nicht mehr auf. Ich überlegte, ob das noch normal war oder ob ich ihr eine schmieren sollte.
Sie kriegte sich langsam wieder ein, kicherte nur noch verhalten und starrte auf den Boden ihres Frascati, als ob dort die Lösungen für alle Rätsel dieser Welt lägen.
Ich machte mich allein auf die Suche nach einem ordentlichen Messer. Im Besteckkasten nichts. Bei den gespülten Bestekken in der Plastikdose ebenfalls nichts. Wenn ich nicht bald

was Ordentliches zwischen die Zähne kriegte, drehte ich durch. Ich hatte doch schon so oft bei Hella am Küchentisch gesessen und mit einem schönen, scharfen Dolch den Schinken bearbeitet. Mit sehr viel erfreulicheren Ergebnissen als heute. Mir lief das Wasser im Mund zusammen. Ein hübsches, scharfes Messer war das gewesen. Mit einem Griff, der gut in der Hand lag, und scharf geschliffenen Wellen an der Schneide. Das war ein Messer. Ich kam richtig ins Schwärmen. Im Wohnzimmer ging ich weiter auf Suche. Vielleicht hatte Hella mit dem Messer die Tapeten von der Wand gekratzt. Das war ihr zuzutrauen. Aber unter dem ganzen Tapezierkram entdeckte ich weit und breit nirgendwo diesen roten Griff. Der rote Griff. Genau, das Messer, das mein Cowboy in der Brust hatte, war so ein schönes, scharfes Küchenmesser, wie ich es jetzt so gern hätte.
Hella hielt mir ein kurzes, kleines Messer hin.
»Versuch es mal mit dem.«
Es war sauscharf, und ich brachte es fertig, damit eine dicke Scheibe loszusäbeln. Zufrieden kaute ich an meinem Schinken. Endlich.
»Kriegst von mir ein neues Messer zum Geburtstag«, sagte ich großzügig. »Oder besser noch so ein Magnetbrett für ein ganzes Sortiment. Dann brauch' ich nie mehr zu suchen.«
»Das ist eine gute Idee«, sagte Hella anerkennend. »Eine ganze Galerie. Hübsche, kräftige Messer mit scharfen Klingen und hübschen roten Griffen. Das gehört einfach in einen ordentlichen Frauenhaushalt.«
Ich weiß auch nicht wieso, aber als Hella das mit den Griffen sagte, hatte ich auf einmal so eine Idee. Ich ging in die Diele und schraubte den Glitzerstecker vom Jackenkragen. Versteckte ihn in meiner Faust. Über Hellas Frascatiglas öffnete ich die Finger und sah das Schleifchen auf den Grund trudeln. Hella fischte es heraus und legte es neben das Weinglas zum Trocknen.
»Hübsch«, sagte sie. »So was mag ich.«

»Hab' ich gefunden. Heute morgen. Und rat mal, wo?«
»Ja, also, ich würd' mal vermuten, da, wo du dich rumgetrieben hast, auf deinem Container, wo sonst.«
Hella schien Spaß an unserer Unterhaltung zu haben.
»Da muß also auch 'ne Frau spazierengegangen sein«, ließ ich meinen Vermutungen freien Lauf.
»'ne komische Gegend zum Spazierengehen, findest du nicht?« gab Hella zu bedenken.
»Ich könnte mir denken, daß sie extra da hin ist, weil es da so schön ruhig ist.«
»Und der Typ, wie ist der da hingekommen?« wollte Hella wissen.
»Den hat sie einfach an einem Ring in der Nase da hingeführt. Wie gefällt dir das?«
Hella verschluckte sich fast vor Lachen.
»Einen Ring in der Nase. Also wirklich.«
»Ja und in der Tasche hatte sie ein Messer mit so einem schönen roten Griff. Gibt's ja zu Hunderten, solche Küchenmesser, wie du auch eins hast. Hattest«, verbesserte ich mich.
»Und warum sollte eine Frau so was tun?« fragte Hella.
»Och, da würde mir schon was als Motiv einfallen.« Ich überlegte. »Nur eine Sache gefällt mir nicht dabei. Nicht die Bohne.«
»Und das wäre?«
»Stell dir mal vor, du kennst 'ne Frau, die so was gemacht hätte. Da hättest du doch bestimmt nichts dagegen, daß sie es so 'nem Typen gegeben hätte.«
»Nee, bestimmt nicht«, bestätigte Hella. »Das würd' mir gefallen. Das fänd' ich total gut. Du auch, oder?«
»Klar, das würde mir auch gefallen. Aber schreiben könnte ich nichts über die Frau. Denn ich wollte ja nicht, daß sie Schwierigkeiten kriegt.«
»Das versteh' ich«, sagte Hella.
»Damit wär' aber meine Story endgültig gestorben. Wenn ich der Frau nicht übelwollte.«

»Ja, da hast du recht«, pflichtete Hella bei. »Es ist bestimmt besser, wenn Gras über die Sache wächst.«
Jetzt war die Story endgültig tot. Ehrenvoll bestattet. Ein Begräbnis erster Klasse.
»Ich mache uns morgen eine Mafiatorte. Ja? Dann sieht die Welt wieder freundlicher aus.«
Ich schnitt mir noch eine Scheibe Schinken ab. Doppelte Dicke. Das hatte ich nötig. Ich kaute vor mich hin. Warum mußte mir nur immer so was passieren? Die beste Story meines Lebens, und ich konnte sie mir in die Haare schmieren. Meine Freundin Hella. Expertin im Zerlegen von Schweinerippen und Entsorgen ekligster Machos. Womit hatte ich das verdient?
Wie das Leben so spielt. In der Grundschule hatte Hella glatt doppelt so viele Glanzbildchen gehamstert wie ich. Weil sie so brav war. Glanzbilder mit Rauschgoldengeln, die auf Wölkchen schwebten und überall glitzerten. Eigentlich hätte mir schon viel eher ein Licht aufgehen müssen. Schon als mir das süße Glitzerschleifchen entgegenblinkte. Hella besaß die komplette Kollektion. Glimmies für die Ohren, Broschen, Stecker. Selbst in ihren Haaren glitzerte es, auf den Fingernägeln und im Gesicht. Weiß der Henker, welche Glitzerpuder, Pasten und Lacke sie da hinschmierte. Auf jeden Fall glitzerte sie genauso unschuldig wie die Engelchen auf den Glanzbildern, wenn wir zusammen auf Kneipentour gingen. Hella, mein Rauschgoldengel.
Ich blinzelte Hella zu. Hella blinzelte zurück. Wir wußten beide, was jetzt kam.
»Männer«, sagte Hella und grinste breit.
»Männer«, ich nickte zustimmend.
Wir hoben die Zeigefinger gleichzeitig. Die Nummer saß.
»Eins, zwei drei.« Hella zählte. Wir grölten los.
»Männer sind ja nun mal Geschmackssache.«
»Bekanntlich«, prustete Hella. »Wir haben ›bekanntlich‹ vergessen.«

Diesmal gab ich den Einsatz.
Bei drei grölten wir: »Männer sind ja nun mal bekanntlich Geschmackssache.« Das machten wir noch ein paarmal und lachten uns halb schlapp dabei. Es ist irgendwie schwer zu sagen, was wir so toll an der Nummer finden.
Insgesamt ist Hella die Sache nicht schlecht bekommen. Sie ist besser drauf als vorher. Irgendwie selbstbewußter und strahlend von innen. Aber was Männer angeht, passe ich jetzt auf. Sobald sie keinen von ihren sanften Schmusetypen anbaggert, sondern wieder so 'nen zwielichtigen Macho, versteh' ich keinen Spaß. Ich hau' ihr meine Handtasche ins Kreuz, zahl' die Bierdeckel und guck', daß wir so schnell wie möglich Land gewinnen. Sonst sitz' ich bei meinem Glück noch jeden zweiten Sonntag im Monat im Frauenknast auf der Wartebank. Mit 'ner Pizza in Alu auf'm Schoß, und der Saft läuft mir die Kniekehlen runter.
Es ist ein harter Job, als Frau durchs Leben zu tingeln. Da gibt's einfach kein Vertun.

Schwimmen lernen

Gerda rührte mit dem Kaffeelöffel in der Tasse herum und beobachtete, wie sich die weißen Schleifen der Kondensmilch langsam verbreiterten und das Schwarz des Kaffees in ein helles Braun färbten. Mit einem Klirren ließ sie den Löffel auf die Untertasse fallen.

»Ich will schwimmen lernen«, hörte sie sich zu ihrer eigenen Verblüffung laut und deutlich sagen. »Ich will schwimmen lernen«, wiederholte sie eine Spur lauter. »Schwimmen lernen«, sie fühlte sich beschwingt von den Worten und rührte nur so zum Spaß weiter in ihrem Kaffee herum. Die braune Flüssigkeit begann in der Tasse hin und her zu wogen, bis sie über den Rand schwappte und in der Untertasse eine Pfütze bildete. Zufrieden ließ Gerda ihren Löffel in die Lache platschen. Ein paar braune Spritzer landeten auf dem hellen Tischtuch.

Da Gerda im allgemeinen eine eher ruhige Frau war, die erst redete, nachdem sie einen Gedankengang von allen Seiten begutachtet hatte, was nicht selten dazu führte, daß sie gar nichts mehr zu diesem Thema sagte, traf ihren Mann Georg dieser Ausbruch völlig unvorbereitet. Er war dermaßen überrascht, daß er gleich bei ihren ersten Worten die Morgenzeitung sinken ließ, bei der Wiederholung die Zeitung zusammenfaltete und sich nach ihrem letzten Ausruf endgültig zu einer Entgegnung veranlaßt sah.

»Gerda«, rief er entsetzt und merkte, daß ihm die Worte fehlten. Weder hatte Gerda bisher seine morgendliche Zeitungslektüre durch Zwischenrufe gestört, noch hatte sie Überschwemmungen in Untertassen verursacht oder Tischdecken bekleckert.

Gerda legte beide Hände, zu Fäusten geballt, neben Frühstücksteller und Tasse, hob sie gleichzeitig hoch und ließ sie wieder zurück auf die Tischplatte fallen. Das Messer hüpfte auf dem Teller nach vorne, stieß den Eierbecher mit den leeren Eierschalen um. Die Tasse schepperte auf der Untertasse, und ein paar weitere Kaffeespritzer landeten auf der Decke.
»Ich will schwimmen lernen.«
»Aber ja doch«, versuchte Georg seine Frau zu beruhigen. Er stand auf, um die Zeitung aus der Gefahrenzone zu retten. Auf dem Weg zum Küchenbüfett strich er ihr kurz über die Haare.
»Laß das«, sagte Gerda. »Ich will schwimmen lernen. Das ist alles.«
»Aber ich habe doch gar nichts dagegen, daß du schwimmen lernst. Überhaupt nichts. Laß uns heute abend in Ruhe darüber reden. Ich muß ins Geschäft.«
»Ich will nicht darüber reden. Ich will schwimmen lernen.«
»Ja, warum auch nicht«, sagte Georg munter. »Warum solltest du denn nicht schwimmen lernen. Ich weiß gar nicht, warum du dich so aufregen mußt.«
»Ich rege mich nicht auf. Ich will nur nicht darüber reden. Ich will keine vernünftigen Argumente dafür oder dagegen. Ich will einmal etwas machen, wozu ich Lust habe, ohne vorher darüber zu reden.«
»Aber ja doch, Liebling. Natürlich kannst du das. Lern ruhig schwimmen, wenn es dir soviel bedeutet.«
»Ich weiß ja noch gar nicht, ob es mir soviel bedeutet. Ich will es einfach mal ausprobieren.«
»Sicher, Liebling, probier es ruhig aus. Du weißt doch, daß ich dich in allem unterstütze. Lern ruhig schwimmen, wenn es dich glücklich macht«, rief er ihr noch aus der Diele nach, bevor die Haustür hinter ihm ins Schloß fiel.
Gerda fühlte sich zu gleichen Teilen beschwingt und beunruhigt, als sie den Tisch abräumte und die Eierschalen in den Abfalleimer warf. Was sie für Sachen machte. Sie stellte das

Geschirr zum Spülen in den Ausguß. Georg hatte sich ganz gut gehalten, gestand sie sich ein, als sie das heiße Wasser in das Becken laufen ließ. In Anbetracht dessen jedenfalls, daß sie ihn das erste Mal in ihrer zweiundzwanzigjährigen Ehe beim Lesen der Morgenzeitung gestört hatte.

Sie stellte das nasse Geschirr zum Trocknen auf die Ablage. Wie war sie nur darauf gekommen? Gerda zog den Stöpsel aus dem Spülstein. Das Spülwasser verschwand gurgelnd im Abfluß. Sie drehte den Hahn mit dem Heißwasser auf und wischte das Becken mit einem Tuch aus. Wieso hatte sie gesagt, sie wollte schwimmen lernen? Warum nicht bergsteigen oder Auto fahren oder segelfliegen? Alles Tätigkeiten, die sie ebenfalls nicht beherrschte. Warum ausgerechnet Schwimmen? Gerda trocknete sich die Hände ab und klaubte sich die Tageszeitung vom Büfett, wo Georg sie abgelegt hatte.

Richtig, da war es auf der ersten Seite. Ein großes Foto, nicht besonders scharf, und doch konnte man erkennen, worum es sich handelte: grauschwarze Wellen, in denen ein paar hellere Teile auszumachen waren. Flugzeugabsturz in der Ägäis. Dreiunddreißig Menschen waren an Bord der Maschine einer griechischen Luftfahrtgesellschaft. Auf dem Flug von Athen nach Samos. Kurz vor der Landung war die Maschine gegen einen Berg geprallt und vom Radarschirm verschwunden. Von einer Sekunde auf die andere war der leuchtende Punkt auf dem Bildschirm nicht mehr zu sehen, die Maschine ins Meer gestürzt, und von den dreiunddreißig griechischen Passagieren fehlte jede Spur.

Ob es das war? Gerda betrachtete nachdenklich das Foto. Es ging eine ungeheure Faszination von dieser Fläche aus, die nirgendwo begrenzt zu sein schien. Wasser. Sie selbst bestand zu drei Viertel aus Wasser. Wieso hatte sie sich nie diesem Element anvertraut? Als Kind war sie ins Wasser geworfen worden. Mit den hellen Flügeln aus Nessel, die ihre Mutter genäht hatte und die mit Luft gefüllt waren. Sie hatte gebrüllt wie am Spieß und war schreiend aus dem Wasser gelaufen.

Danach hatten die Eltern sie in Ruhe gelassen, und sie hatte nie schwimmen gelernt. Sie hatte es einfach nicht mehr versucht. Georg konnte auch nicht besonders gut schwimmen. Er hatte schon nach wenigen Zügen Mühe und schwamm an das Ufer zurück. Dafür waren ihre Kinder richtige Wasserratten geworden. Silke und Michael brachten in den Ferien als erstes in Erfahrung, wo das nächste Schwimmbad war. Und während sie mit Georg auf den umliegenden Bergen herumkraxelte, vertrieben sich die Kinder die Urlaubszeit im Wasser. Doch trotz deren Vorliebe für das Wasser waren sie immer ins Gebirge gefahren und kein einziges Mal ans Meer.
Und jetzt wollte sie auf einmal schwimmen lernen. Gerda schmunzelte, als sie, während sie sich nach der Küchenarbeit die Hände eincremte, ihr Gesicht im Badezimmerspiegel sah. Sie war schließlich noch keine alte Frau. Mitte Vierzig. Jung genug, um alles mögliche zu lernen. Warum nicht schwimmen? Dem Sternbild nach war sie ein Fisch. Und ein Fisch gehörte ins Wasser.

*

»Das Meer«, rief Gerda aufgeregt, als sie abends mit Georg vor dem Fernseher saß und der Nachrichtensprecher das Bild mit den blauen Wellen und den weißen Schaumkronen kommentierte.
›Trotz der Anstrengungen der griechischen Polizei und mehrerer Flüge mit Rettungshubschraubern …‹
»Mein Gott, ist das wirklich so blau dort?« rief Gerda dazwischen, was Georg zu einem unkontrollierten Zischlaut veranlaßte.
›… konnte bisher kein einziger Insasse des Flugzeugs geborgen werden. Es wird damit gerechnet, daß niemand den Flugzeugabsturz überlebt hat. Das waren die Nachrichten. Und nun zum Wetter.‹
Georg schaltete den Fernseher ab.
»Gerda. Du wolltest mir etwas sagen?«

»Ich habe mich angemeldet zum Einzelunterricht.«
»Angemeldet, wozu?«
»Zum Schwimmenlernen. Das habe ich dir doch heute morgen beim Frühstück gesagt, daß ich schwimmen lernen will.«
»Und jetzt hast du dich angemeldet«, resümierte er. »Wo hast du dich angemeldet?«
»Ich habe mich beim Sportamt angemeldet. Der Schwimmunterricht beginnt nächsten Montag. Im Bilkerbad. Das sind nur drei Stationen mit der Straßenbahn.«
»Was kostet das?« fragte er.
»Es ist nicht teuer. Es ist unglaublich billig.«
»Wieviel?«
»Dreißig Mark für sechs Schwimmstunden.«
»Und wie viele Schwimmstunden braucht man?«
»Das kommt darauf an. Kinder lernen es meistens schon in sechs Stunden.«
»Du bist kein Kind mehr«, erinnerte er sie.
»Bei Erwachsenen dauert es länger«, gab sie zu. »Man rechnet so mit zwölf bis achtzehn Stunden.«
»Das macht sechzig bis neunzig Mark«, rechnete er. »Und die Fahrtkosten.«
»Ich bezahle es von meinem Taschengeld«, sagte Gerda.
»Na, dann hätten wir ja alles geregelt«, sagte er befriedigt und legte den Arm um sie. »Wenn meine kleine Frau nur zufrieden ist, dann bin ich es auch.«

*

Gerda holte die Badesachen aus dem mittleren Wäschefach hervor. Da waren sie in einer Plastiktüte hinter dem Stapel weißer Bettlaken gelagert. Sie öffnete die Tüte und breitete den Inhalt auf der Bettdecke aus. Sie fand zwei verblichene Baumwollbikinis: ihren ersten Bikini in einem rosa-weißen Karo mit Rüschen an den Beinen und am Busen und den Bikini, den Georg ihr vor der Hochzeitsreise geschenkt hatte, hellblau mit roten Röschen, schlicht und ohne Rüschen. Dafür mit einer Hose, die bis zur Taille reichte, und einem ziemlich geschlossenen Büstenhalter. Georg mochte es nicht so offenherzig. Das Material war ebenfalls Baumwolle. Gerda seufzte. Das war alles etwas zum Sonnen, dazu waren Bikinis ja auch in erster Linie da. Zum Sonnen und nicht zum Schwimmen. Auch der einzige Einteiler in ihrer Tüte war kaum das Richtige. Ebenfalls aus Baumwolle, im Rücken gerüscht und an den Beinen mit einem kleinen Röckchen. Gerda probierte ihn trotzdem an. Er paßte noch wie angegossen. Er mußte an die zwanzig Jahre alt sein. Sie hatte ihn mit Georg gekauft, als die Kinder noch im Kindergarten waren und als sie zum erstenmal an den Wolfgangsee gefahren waren. Damit konnte sie sich heute kaum noch unter die Leute wagen. So was trug niemand mehr. Außerdem konnte sie sich noch genau erinnern, wie unangenehm das Röckchen um die Beine schlabberte, wenn es naß war.

»Georg, ich brauche einen neuen Badeanzug«, sagte sie, als er das Fernsehen nach den Nachrichten abgestellt hatte und sich zufrieden hinter seinem Bier in die Couchkissen zurücklehnte.

Er fuhr hoch. »Wo ist denn der alte? Der, den ich dir gekauft habe, als wir das erste Mal mit den Kindern an den Wolfgangsee gefahren sind?«

»Der ist unmöglich. Mit so einem Badeanzug kann man heute einfach nicht mehr unter die Menschen gehen.«

»Ist er kaputt?« fragte er.

»Nein, er ist noch ganz in Ordnung.«

»Paßt er nicht mehr?«

»Doch, er paßt noch«, mußte sie zugeben.

»Dann brauchst du auch keinen neuen.«

»Doch«, beharrte sie. »Ich brauche einen neuen.«

»So kenne ich dich ja gar nicht, daß du jeden Abend davon redest, was du alles haben willst, wofür du Geld brauchst.«

»Du bist ungerecht.« Tränen stiegen ihr in die Augen. »Ich

will doch bloß schwimmen lernen. Und dazu brauche ich einen ordentlichen Badeanzug.«
»Ist ja schon gut, mein Kleines.« Er küßte sie auf die Wange. »Ich habe es doch nicht so gemeint. Wenn du wirklich einen neuen möchtest, dann bekommst du ihn auch. Du weißt doch, daß du alles von mir haben kannst.«
Er fuhr mit der Hand in die Gesäßtasche seiner Hose und förderte ein schwarzes Lederportemonnaie zutage, das sie ihm zu ihrem zwanzigsten Hochzeitstag geschenkt hatte. Das Geld dafür hatte sie von dem Taschengeld zusammengespart, das er ihr zuzüglich zum Haushaltsgeld gab.
Er öffnete das Fach mit den Scheinen.
»Wieviel brauchst du denn, Kleines?«
»So an die hundert Mark«, schätzte sie. »Damit komme ich aus.«
»Hier hast du hundertzwanzig«, sagte er. »Dafür kriegst du bestimmt einen schönen. Ich will ja nur, daß meine kleine Frau glücklich ist.«
Sie steckte die Geldscheine in den Gürtel ihres Kleides.

*

Der Badeanzug war aus dünnem Nylon, schwarz mit zwei weißen Seitenstreifen. Ein Material, das superschnell trocknete, wie ihr die Verkäuferin versicherte. Es war das sportlichste Modell, das sie fand, und kostete knapp achtzig Mark. Passend dazu genehmigte sie sich noch eine einfache weiße Badekappe. Die Bademäntel auf dem Ständer streifte sie mit einem sehnsüchtigen Blick. Das wäre schön, wenn sie aus dem Wasser käme und sich gleich in so einem schönen weißen Mantel warmkuscheln könnte. Aber die Anschaffung mußte noch warten. Vielleicht würde Georg ihr den Bademantel zum nächsten Geburtstag schenken. Georg erfüllte ihr jeden Wunsch. Sie mußte ihn nur darum bitten.

*

»Dafür hast du achtzig Mark aus dem Fenster geworfen?« Georg starrte auf den Badeanzug, den Gerda vor ihm auseinanderfaltete. »So ein formloses Ding? Da haben die sich sicher gefreut, daß sie eine Dumme gefunden haben, die ihnen den abgekauft hat.«
Gerda legte den Badeanzug wieder zusammen und schniefte in ihr Taschentuch.
»Aber Liebling«, entschuldigte er sich sofort. »Wer wird denn so empfindlich sein. Ich wollte dir doch nicht weh tun. Du weißt doch, daß ich Schwarz nicht mag. Das war schon immer so. Schon als kleiner Junge konnte ich Schwarz nicht leiden. Du brauchst bloß Mutter zu fragen.«

*

Gerda stand bis zu den Knien im Wasser und wunderte sich, wie sich die Wellen um ihre Knie kräuselten und das Licht auf ihnen tanzte. Die Kacheln des Schwimmbeckens waren blau und hell wie der Aquamarinring, den die Großmutter ihr zur Konfirmation geschenkt hatte.
»Guten Tag, ich glaube, wir sind verabredet.«
Vor ihr stand ein Mann in Georgs Alter in einer knappen schwarzen Badehose. »Ich bin Ihr Schwimmlehrer. Na, schon tüchtig Angst?«
»Ich weiß nicht«, sagte Gerda und blickte auf die Kacheln am Boden.
»Sie brauchen keine Angst zu haben«, sagte er. »Wir fangen ganz langsam an. Heute planschen Sie nur ein bißchen im Flachen. Legen Sie sich auf den Rücken«, befahl er. »Ja, genau so. Und jetzt entspannen Sie sich. Es kann Ihnen hier überhaupt nichts passieren. Ich halte Sie ja.«
Gerda spürte in ihrem Rücken in Höhe der Lendenwirbel einen festen Halt. Sie schloß die Augen und ließ ihre Arme auf den Wellen treiben. Sie blieben oben und sackten nicht ab. Das Wasser trug ihre Arme.
»Gut so«, lobte er sie. »Sie sehen ja, das Wasser mag Sie. Und

jetzt sehen wir mal, was passiert, wenn ich die Hand wegnehme. Keine Angst, Sie werden nach unten sinken, denn noch habe ich Ihnen nicht beigebracht, wie Sie auf dem Wasser schweben bleiben. Wir machen das auch nur im Flachen. Hier kann überhaupt nichts passieren. Sie werden höchstens ein bißchen Wasser schlucken.«
Schnaufend und nach Luft ringend kam sie wieder an die Wasseroberfläche. Sie schüttelte sich.
»Na, war es schlimm?« fragte er mitfühlend.
»Ich weiß nicht. Ein bißchen«, sagte Gerda.
»Sie sind mir eine«, entgegnete er lachend. »Schlucken eine Handvoll von diesem gräuslichen Chlorwasser und wissen nicht, ob es schlimm ist. Das hab ich ja noch nie erlebt.«
An diesem Tag lernte Gerda die Hand- und Fußbewegungen, die sie machen mußte. Angst hatte sie nicht im flachen Bekken. Die Hand unter ihrem Bauch trug sie.

*

»Das Wasser mag mich«, erzählte Gerda stolz.
»Das Wasser mag dich?« fragte Georg.
»Ja, ich weiß nicht, wie ich es dir erklären soll«, setzte sie an. »Ich habe meine Arme einfach treiben lassen, und sie sind auf dem Wasser geblieben.«
»Das ist ja nun nur natürlich«, belehrte er sie, »das spezifische Gewicht von Wasser und deine Arme...«
»Hör auf«, unterbrach sie ihn. »Ich will nicht alles wegerklärt haben.«
»Wegerklärt?«
»Ja, du erklärst mir alle Dinge so, daß ich mich hinterher über nichts mehr wundern kann. Ich will mich wundern. Ich will staunen, daß meine Arme auf dem Wasser treiben. Ich will keine sachliche Erklärung dafür. Keinen Vortrag über das spezifische Gewicht von Wasser oder so etwas.«
»Bist du sicher, daß das Schwimmen dir bekommt?« fragte er besorgt.

»Es ist wunderbar, und es bekommt mir prächtig.«
»Was machen deine Kopfschmerzen?« fragte er. »Hast du heute wieder deine Migräne gehabt?«
»Warum fängst du von meinen Kopfschmerzen an? Ich wollte vom Wasser reden.«
»Aber natürlich, Liebling. Natürlich können wir vom Wasser reden.«
Fünf Minuten später verfolgten sie im Fernsehen einen amerikanischen Spielfilm. Er handelte von einem Witwer, der mit seinen Kindern auf einem Hausboot lebte. Gerda schaute gebannt auf die Wellen, die das Hausboot wiegten.
Sie freute sich auf ihre nächste Schwimmstunde.

*

»Das geht ja schon prima«, lobte ihr Schwimmlehrer.
Gerda trug um ihre Oberarme lustige kleine Plastikflügel, die prall mit Luft gefüllt waren. Sie waren leuchtend orange. Gerda planschte mit ihnen in dem Teil des Beckens, in dem sie nur noch auf Zehenspitzen stehen und ihre Nase mühsam über Wasser halten konnte. Immer noch stützte er sie unter dem Bauch leicht mit seiner Hand.
»Sie machen das schon sehr schön. Sie werden noch eine richtige Wasserratte. Das habe ich im Gefühl.«
Er zog seine Hand fort, Gerda schwamm ein paar Züge allein ohne seine Hilfe.
»Ich bin ein Fisch«, scherzte sie und planschte mit den Füßen.
»Was für einer?« fragte ihr Schwimmlehrer.
»Ich weiß nicht«, sagte Gerda und hörte auf zu planschen.

*

Nach der vierten Schwimmstunde traute sich Gerda schon allein mit den Schwimmflügeln ins Tiefe.
»Wie wär's mit Goldfisch?« schlug er vor. »Sie sind ein hüb-

scher Goldfisch. Jedenfalls solange Sie noch die Flügel haben. Danach können Sie sich was anderes aussuchen.«
»Wenn ich mich einmal dafür entscheide, ein Goldfisch zu sein«, sagte Gerda entschieden, »dann bleibe ich auch ein Goldfisch.«
»Sie sind mir eine«, wunderte er sich. »Warum wollen Sie bloß ein Goldfisch bleiben, wenn Sie die freie Auswahl unter den tollsten und buntesten Fischen haben?«
»Ich weiß nicht«, sagte Gerda verunsichert.
»Das habe ich ja schon lange nicht mehr von Ihnen gehört. Mir hat direkt was gefehlt.«
Jetzt mußte sie mitlachen.

*

»Was für ein Fisch wärst du gerne, wenn du die freie Wahl hättest?« fragte Gerda ihren Mann nach dem Abendessen.
»Was für ein Fisch?« fragte er ungläubig.
»Ja, was für ein Fisch«, gab sie zurück. »Wärst du gern ein Hai oder lieber eine Forelle oder ein Goldfisch?«
»Ein Goldfisch oder eine Forelle oder ein Hai«, wiederholte er verblüfft.
»Ja, was du gern für ein Fisch wärst, würde ich gerne wissen.«
»Gerda«, er ergriff fürsorglich ihre Hand. »Findest du nicht, daß du langsam etwas wunderlich wirst?«
»Warum können wir uns nicht einmal über etwas unterhalten, das mich interessiert? Sonst reden wir ja immer über das, was dich interessiert.«
»Und dich interessieren Fische«, stellte er fest. »Und das findest du normal?«
»Ich weiß nicht«, antwortete Gerda und spürte den Anflug einer Migräne, die sie schon lange nicht mehr gehabt hatte.

*

»Was für ein Fisch wären Sie denn gerne?« fragte sie ihren Schwimmlehrer in der nächsten Schwimmstunde. Diesmal schwamm sie schon ohne Flügel an der Angel durch das Schwimmbecken.
»Hey, Sie machen ja Fortschritte. Wollen Sie etwa doch noch was anderes als Goldfisch werden?«
»Und Sie?« Gerda ließ nicht locker.
»Heute wäre ich gern ein Aal und würde mich einfach nur treiben lassen.«
»Heute?«
»Ja, heute. Morgen wäre ich dann vielleicht lieber ein fleißiges kleines Fischchen, das einem großen die Zahnlücken poliert.«
»Das gibt es?« fragte Gerda, »oder erfinden Sie das alles nur?«
»Das gibt es. In der Natur gibt es einfach alles. Es gibt die tollsten Sachen. Nichts, was es nicht doch gibt. Und es gibt die tollsten Fische. Da kenne ich mich aus.«
»Sie interessieren sich für Fische?«
»Ich interessiere mich für alles, was kreucht und fleugt, im Wasser, auf der Erde, in der Luft. Menschen inbegriffen. Und wofür interessieren Sie sich?« fragte er jetzt. »Für Fische?«
»Ja, im Moment interessiere ich mich für Fische.«
»Na also«, sagte er. »Das ist doch was. Ich hatte schon Angst, Sie würden mir wieder Ihr ›Ich weiß nicht‹ auftischen.«
»Aber ich weiß es doch«, sagte Gerda und wunderte sich selbst über diese Antwort.

*

»Heute abend würde ich mich gerne mit dir ernsthaft über Fische unterhalten«, begann Gerda.
»Du suchst Streit«, stellte er fest.
»Nein, ich möchte mich mit dir nur einmal über etwas unterhalten, das mich interessiert. Nicht nur über deine Kollegen, dein Auto, deinen Beruf.«

»Und die Kinder? Reden wir nicht oft auch über unsere Kinder?«
»Wir reden nicht wirklich über sie. Wir reden darüber, wie wir sie gerne hätten. Wie gut wir sie erzogen haben. Wie erfolgreich sie sind. Wir reden nicht wirklich über sie. Ich glaube, wir hätten Silke nicht zur Ehe raten sollen. Das Kind hätte sie auch so großgekriegt. Sie ist nicht glücklich mit diesem Mann.«
»Gerda«, rief er entsetzt. »Das kann doch nicht dein Ernst sein. Glaubst du das wirklich?«
»Ja, das glaube ich«, hörte sie sich mit fester Stimme sagen. »Das glaube ich wirklich.«
»Du spinnst«, sagte er. »Wir könnten uns keinen besseren Schwiegersohn wünschen. Die Frau, mit der ich zweiundzwanzig Jahre lang eine harmonische Ehe geführt habe, fängt an zu schwimmen und zu spinnen. Was soll ich denn davon halten?« er redete sich in Rage.
»Ich weiß es ja selber manchmal nicht«, gab Gerda zu. »So viele Gedanken gehen mir durch den Kopf.«
»Denk bloß nicht zuviel«, sagte er ernst. »Davon kriegst du nur Kopfschmerzen.«
»Es ist komisch, aber seit ich soviel denke, habe ich eigentlich weniger Kopfschmerzen.«
»Ist das wahr? Machst du dir auch nichts vor? Das ist doch alles lächerlich. Eine Frau in deinem Alter, die schwimmen lernen will. Lächerlich. Hast du es einmal so betrachtet? Eine dumme kleine Hausfrau, die auf einmal Ehrgeiz entwickelt und ausgerechnet schwimmen lernen muß.«
»So siehst du mich?« fragte sie. »Als lächerliche kleine Hausfrau? Als dumme, lächerliche kleine Hausfrau?« verbesserte sie sich.
»Ich habe schon sehr viel Geduld für dich aufbringen müssen in den letzten Wochen. Das ist ja nicht mehr normal, wie du dich aufführst.«
»Meinst du das ernst mit der dummen, kleinen Hausfrau?«

wollte Gerda wissen. »Du hast doch gewollt, daß ich zu Hause bleibe, unseren Haushalt führe.«
»Jetzt, wo die Kinder aus dem Haus sind, könntest du ja ein bißchen mitverdienen«, sagte er. »Dann könnten wir uns mehr erlauben. Und was tust du? Du lernst schwimmen.«
»Ich werde mich um eine Arbeit bemühen«, sagte sie.
»Aber so habe ich das doch nicht gemeint. Ich war doch bloß verletzt, weil du so mit mir geredet hast.« Er legte den Arm beschützend um sie. »Es ist ja schon wieder gut, mein Kleines.«

*

»Haben Sie Angst?« fragte der Schwimmlehrer vom Beckenrand herab, die Angel im Arm. »Soll ich Sie an die Angel nehmen, oder geht es ohne?«
»Es geht«, stieß sie zwischen dem Atemholen hervor, bevor sie ihr Kinn wieder ins Wasser legte, und als ihr Kopf erneut aus dem Wasser tauchte, um für den nächsten Zug Luft zu holen: »Es geht gut.«
»Sie sind ein echtes Talent«, sagte er ihr am Ende der Stunde. »So schnell wie Sie lernen es sonst nur die Kinder. Bei einem Erwachsenen habe ich das noch nie erlebt.«
»Das Wasser mag mich«, erwiderte sie stolz. »Dazu brauche ich kaum was zu tun. Es geht wie von selbst. Mit Ihrer Hilfe«, ergänzte sie.
»Na, seien Sie nur nicht so bescheiden. Ich habe wirklich noch nie jemanden erlebt, der es so schnell gelernt hat. Sie können stolz auf sich sein.«
»Stolz«, zögernd wiederholte sie das Wort.
»Stolz wie ein Fisch.«
»Sind Fische stolz?« fragte Gerda.
»Haben Sie schon einmal einen Fisch in einer Tierhandlung gesehen? Wie stolz der durch sein Aquarium schwimmt. Mit geblähten Kiemen und wie er vor sich hinredet.«
»Redet?«

»Na, ja, wie Fische halt reden«, relativierte er. »Mir sagen sie immer: Blas dich nur nicht so auf. Du Mensch da draußen. Du Luftwesen. Ich lebe schon viel länger als du. Ich weiß viel mehr vom Leben.«
»Das erzählen die Fische Ihnen?«
»Nur wenn ich sie ernst nehme, erzählen sie mir das. Wenn ich sie lange beobachte. Ihnen meine Zeit widme. Sonst strafen sie mich mit Verachtung und blasen mir nur das Wasser, das sie ausatmen, ins Gesicht.«
»Sie erzählen Geschichten«, sagte sie.
»Was denn sonst?« entgegnete er. »Wissen Sie, Sie sollten als nächstes den Freischwimmer machen. Das sind fünfzehn Minuten Schwimmen, ohne am Beckenrand Pause zu machen, und ein Sprung vom Einmeterbrett.«
»Das schaffe ich nie«, sagte sie.
»Jetzt erzählen Sie Geschichten. Natürlich schaffen Sie das. Sie müssen es nur wollen.«

*

»Ich kann schwimmen«, erzählte Gerda stolz, als sie mit Georg abends auf der Couch saß. »Ich habe den Freischwimmer gemacht.«
»Das ist schön, sehr schön«, sagte Georg und tätschelte ihre Hand. »Dann kannst du ja jetzt mit den Schwimmstunden aufhören.«
»Aufhören?« fragte Gerda verwundert. »Ich fange doch gerade erst an. Als nächstes mache ich den Fahrtenschwimmer. Das sind dreißig Minuten schwimmen ohne Pause und ein Sprung vom Dreimeterbrett.«
»Und wozu soll das gut sein?« fragte er.
»Dann kann ich richtig schwimmen. Das ist dann etwas, worauf ich stolz sein kann.«
»Weißt du, wie hoch das ist, wie hoch drei Meter sind? Komm mal mit mir ans Fenster, Kleines. Was glaubst du wohl, wie hoch wir hier im zweiten Stock wohnen?«

Gerda trat mit ihm ans Fenster.
»Von hier aus dürften es etwa drei Meter sein. Und da stehst du dann auf einem schmalen Brett, das wackelt, und mußt springen. Von dieser Höhe.«
Die Entfernung vom Fenster bis zum Bordstein hinunter begann Gerda Angst zu machen. Sie trat vom Fenster zurück.
»Ich schaffe es schon. Wenn ich es will, werde ich es schon schaffen.«
»Übernimm dich nicht, Kleines«, warnte er sie. »Sonst liegst du wieder auf der Nase.«
»Ich habe schon einen Monat lang keine Kopfschmerzen gehabt.«
»Oh, schon seit einem Monat«, spottete er. »Seit zwanzig Jahren hast du diese Migräneanfälle, und seit einem Monat hast du keine mehr. Das ist sicher ein Grund zu der Annahme, daß du deine Migräne für immer besiegt hast. Und es wäre schön, wenn es so wäre. Aber gerade deshalb mache ich mir Sorgen um dich und will nicht, daß du dich übernimmst. Willst du wirklich diesen dummen Schein machen?«
»Ja, ich will«, sagte Gerda. »Und ich werde es schaffen. Ich brauche keine Angst zu haben. Das Wasser mag mich.«

*

»Was machen die Fische?« fragte ihr Schwimmlehrer, als sie ihre Trainingsrunden im Becken drehte. »Sind Sie mal in ein Aquarium gegangen und haben mit ihnen geredet?«
»Ich habe mit meinem Mann geredet«, sagte sie.
»Was für ein Fisch ist das denn?« zog er sie auf. »Der Mein-Mann-Fisch?«
Gerda fiel auf, daß sie seit der letzten Schwimmstunde nicht mehr gelächelt hatte.
»Ein Haifisch«, sagte sie zu ihrem Erstaunen spontan, »ein böser Hai, der alle hübschen kleinen Fische verschlingt.«
»Und was sind Sie?« fragte er. »So ein hübscher kleiner

Fisch, der sich verschlingen läßt, oder sind Sie auch ein Hai?«
»Gestern war ich ein kleiner Fisch, der fast verschlungen worden wäre, aber heute bin ich schon ein viel größerer Fisch geworden.«
»Na, vielleicht werden Sie ja auch ein Haifisch. Morgen oder übermorgen. Wer weiß. Kommen Sie. Heute üben wir ein bißchen fliegen. Wie ein Delphin. Aber wir fangen klein an. Zuerst fliegen Sie nur von diesem Brett hier. Das ist noch nicht ganz so hoch.«
»Haben Sie Angst?«
»Große«, erwiderte sie ehrlich.
»Kommen Sie«, sagte er. »Es ist ganz einfach. Wir machen es wie beim Schwimmenlernen. Am Anfang helfe ich Ihnen ein bißchen, und dann machen Sie es alleine.«
Schritt für Schritt gingen sie hintereinander auf dem schmalen Brett vorwärts. Sie spürte seine Hände in der Seite, die sie stützten. Am Ende des Brettes sah sie unter sich das helle blaue Wasser des Beckens.
Er ließ sie los.
»Den Rest müssen Sie selber machen. Einfach den Schritt über das Brett hinaus wagen. Ins Wasser. Und wenn Sie kein Wasser schlucken wollen, halten Sie sich am besten die Nase zu. Es ist Ihre Entscheidung«, sagte er. »Sie müssen nicht. Tun Sie es nur, wenn Sie wirklich wollen.«
»Ich will aber«, sagte Gerda, setzte ihren Fuß vor und ließ sich in das türkisblaue Wasser fallen.
Sie berührte mit den Füßen den Grund, und ein paar Sekunden lang erfaßte sie Panik, ob sie es schaffen würde, rechtzeitig zum Atemholen wieder an der Wasseroberfläche aufzutauchen. Stolz kletterte sie auf der Leiter aus dem Becken hoch.
»Bravo«, sagte er. »Wenn Sie sich etwas in den Kopf gesetzt haben, dann machen Sie es auch.«
Es ist so einfach, waren Gerdas erste Gedanken, als sie den

Sprung vom Dreimeterbrett hinter sich hatte. Eigentlich braucht man sich nur fallen zu lassen. Es ist überhaupt nicht schwierig. Unten ist das Wasser, das dich auffängt, nach unten zieht, wieder hochtreibt, an die Luft spült.

Als Gerda den Fahrtenschwimmer bestanden hatte, ging sie in ein Zoogeschäft und kaufte sich einen Goldfisch in einem hübschen runden Glas.

Die Verkäuferin versicherte ihr, daß er pflegeleicht sei, gab ihr das passende Futter mit und klärte sie auf, wie oft sie das Wasser wechseln mußte. Sie stellte den Goldfisch neben die Zimmerlinde auf das Blumenbänkchen. Ein bißchen Grün war ihm sicher recht.

»Gefällt es dir hier bei mir?« fragte sie ihn und stellte sich vor das runde Glas. Er schwamm hochnäsig seine Bahnen und stieß das Wasser durch die Kiemen, sein Maul lässig blasiert auf und ab bewegend.

»Hey«, sagte sie, »wir könnten Freunde werden. Ich mag das Wasser genauso gern wie du. Ich heiße Gerda. Und wie heißt du?«

Er schwamm, ohne sie eines Blickes zu würdigen.

»Wir könnten Freunde werden«, beharrte sie. »Überleg es dir.«

Jetzt bewegte er die Flossen auf der Stelle. Das Maul zum Glasrand gerichtet und es nach wie vor unentwegt auf- und zuklappend, blickte er sie zum erstenmal mit seinen großen Augen an.

»Wie heißt du?«

Gerda probierte ein paar Namen. Heinrich, Peter, Edouard, Alfons, August. Edouard schien ihr noch am ehesten mit den Bewegungen seines Mauls synchron zu gehen.

»E-dou-ard«, pustete er ihr entgegen.

»Angenehm, Edouard, freut mich, Ihre Bekanntschaft zu machen. Ich hoffe, wir werden Freunde werden.«

*

»Was ist das?« fragte Georg, als er nach Hause kam.
»Das ist ein Goldfisch«, klärte Gerda ihn auf. »Er heißt Edouard.«
»Wie kommt der hierher?«
»Aus einer Zoohandlung. Ich habe ihn hierher geholt.«
»Du hast Geld für ihn ausgegeben.«
»Goldfische sind nicht teuer«, sagte Gerda.
»Und das Futter und das Glas?«
»Es hat wirklich nicht viel gekostet«, verteidigte sich Gerda.
»Seit wann tätigt meine Frau Anschaffungen, ohne daß ich vorher informiert werde?« Die Ader an seiner Schläfe schwoll beträchtlich an.
»Es ist keine Anschaffung. Es ist ein Goldfisch«, stellte Gerda klar.
»Und wozu brauchen wir einen Goldfisch? Wozu?«
»Brauchen«, überlegte Gerda. »Wir brauchen Edouard eigentlich nicht. Aber er ist einfach hübsch.«
»Hübsch?« wiederholte Georg ungläubig. »Was ist an diesem Fisch hübsch? Er guckt blöde immer nur geradeaus und schwimmt dämlich im Kreis.«
»Ich finde, du beleidigst Edouard«, wies sie ihn zurecht. »Das hat er nicht verdient.«
»Ja, sag mal, bist du denn noch normal? Du redest von diesem glubschäugigen Monster, als wäre es ein Mensch.«
»Es ist kein Mensch«, gestand Gerda ein, »es ist ein Fisch. Ein Goldfisch. Aber auch Fische haben eine Seele. Vielleicht kann Edouard dich hören, und es verletzt ihn, was du sagst.«
»Ich bin in einem Tollhaus«, schrie er. »Meine Frau lernt schwimmen, sie plagt sich für irgendwelche dummen Schwimmprüfungen, und jetzt schleppt sie auch noch Fische ins Haus.«
»Einen Fisch«, stellte Gerda klar. »Einen hübschen kleinen Goldfisch. Ich finde, wir sollten nett zu Edouard sein. Sicher haben wir ihn schon beleidigt mit diesem ganzen Gerede.«

»Ja, bist du denn verrückt. Soll ich mir in Zukunft von einem Goldfisch vorschreiben lassen, was ich sagen darf und was nicht?«
»Fische sind schon länger auf der Erde als wir Menschen. Wir sollten ihnen mit etwas mehr Respekt begegnen.«
»Ich finde, du solltest ein bißchen netter zu mir sein. Ich bin schließlich dein Mann. Und ich sorge dafür, daß du hier in dieser hübschen Wohnung sitzen kannst und schwimmen gehen und neue Dinge lernen, während ich acht Stunden lang an einem Schreibtisch sitzen muß. Da habe ich doch verdient, daß ich wenigstens zu Hause meine Ruhe habe, oder?«
»Edouard ist nicht laut«, sagte Gerda. »Das kannst du nicht sagen, daß er deine Ruhe stört.«

*

»Wo ist Edouard?« fragte Gerda mit zitternder Stimme, als sie am Donnerstagnachmittag vom Schwimmen kam. Sie ging an zwei Vormittagen und an einem Nachmittag in der Woche schwimmen und fühlte sich sehr gut dabei.
Georg saß auf der Couch hinter seinem Bier.
»Komm, setz dich, Kleines«, sagte er und legte den Arm um ihre Schulter. Sie schüttelte den Arm ab.
»Was ist mit Edouard?«
»Dein Edouard schwimmt jetzt mit seinen Freunden in der Kanalisation. Da hat er gutes Futter. Deinem Edouard geht es jetzt bestimmt besser als hier in seinem Glas.«
»Du hast...«
»Ich habe Edouard die Toilette hinuntergespült, und jetzt schwimmt er sicher glücklich und zufrieden in einer nahrhaften Umgebung. Sehr nahrhaft«, wiederholte er und nahm einen Schluck von seinem Bier.
»Warum hast du das getan?« fragte sie. »Warum hast du mir das angetan?«
»Weil es besser für dich ist.« Er legte wieder den Arm um ihre

Schultern. Diesmal fehlte Gerda die Kraft, ihn abzuschütteln. »Ich weiß doch, was gut ist für meine Kleine«, flüsterte er in ihr Ohr. »Dieser Edouard hätte dich verrückt gemacht. Du hast schon angefangen, dich mit ihm zu unterhalten. Dich mit einem Fisch zu unterhalten. Ich wollte meine kleine Frau doch nur beschützen, deshalb habe ich deinen Edouard in den Abfluß getan.«

Gerda fühlte, wie ein Rauschen in ihrem Hinterkopf einsetzte, das einen Migräneanfall ankündigte.

»Vergiß deinen Edouard, Kleines. Du hast doch mich. Und ich habe mir etwas ganz Besonderes einfallen lassen, Kleines. Zu unserem Hochzeitstag. Wir beide machen mal wieder Ferien. Ganz allein. Und diesmal fahren wir ans Meer. Da, wo es am blauesten ist, Liebes. Nicht nach Mallorca wie dein Bruder. Wir fahren in die Karibik. Dort gibt es die tollsten Fische überhaupt. Ganze Schwärme, in allen Farben. Da wirst du deinen Edouard schon vergessen.«

*

»Wie geht es Edouard?« fragte ihr Schwimmlehrer, als sie ihn am nächsten Morgen im Schwimmbad traf.

»Edouard«, sie schluckte, »mein Mann…« Sie konnte nicht weiterreden.

»Goldfische sind tapfere kleine Tiere. Die wirft so schnell nichts um«, versuchte er sie aufzumuntern.

*

Das Meer war so blau, daß sie es kaum glauben konnte. Viel blauer und viel weiter, als sie es sich in ihren kühnsten Träumen vorgestellt hatte. So mußte das Paradies sein. So durchsichtig, so zart, so farbenfroh, so wild und so geheimnisvoll. Am liebsten hätte sie den ganzen Tag im Wasser verbracht. Georg lächelte nachsichtig, wenn sie nach dem Frühstück mit den Schwimmflossen und der Taucherbrille loszog. Der Vormittag gehörte ihr. Während Georg mit den Männern

Karten spielte, schnorchelte sie am Korallenriff. Sobald sie ihren Kopf auf das Wasser legte und nach unten schaute, war ihr, als wäre sie selbst ein Teil dieser farbenprächtigen Wasserwelt. Sie beobachtete die Fische, die durch das Korallenriff schwammen, und fühlte sich diesen stummen Lebewesen seltsam verwandt. Wenn sie dann wieder an Land ging und Georg von weitem auf der Hotelterrasse sitzen sah, kam er ihr vor wie ein Wesen aus einer anderen Welt.

»Na, Kleines, habe ich dir zuviel versprochen?« fragte Georg immer wieder stolz, wenn sie am Nachmittag mit einem der Boote, die einen Boden aus Glas hatten, aufs Meer hinausruderten. Es war ein Traum. Ein wilder, bunter Traum. Nach wie vor hielt sie den Atem an, wenn ein Fischschwarm genau vor ihren Augen unter dem Boot herschwamm.

»Glaubst du jetzt, daß Fische eine Seele haben?« fragte sie Georg, als gerade ein besonders leuchtender Fischschwarm unter dem gläsernen Boden durchzog und sie sich beide über den Rand des Bootes lehnten, um zu sehen, wie die Fische weiterschwammen.

»Eine Seele? Sei nicht kindisch, Kleines«, entgegnete er. »Das hier ist alles nur für uns da. Am besten, gut gegrillt mit einer schmackhaften Sauce auf der Clubterrasse.«

Er wollte es nicht anders. Gerda haute ihm das Ruder über den Kopf, packte ihn mit beiden Armen und warf ihn über Bord. Wasser spritzte auf, das Boot schaukelte ein wenig. Die Wellen beruhigten sich in der Weite des Meeres. Weit und breit war kein anderes Touristenboot zu sehen. Der Sonnenball war am Horizont schon zur Hälfte ins Meer gefallen. Die meisten Gäste saßen um diese Uhrzeit auf der Clubterrasse und tranken ihren Aperitif. Die Oberfläche des Wassers war wieder spiegelglatt.

Gerda hoffte, daß es ein paar Fische geben würde, die sich über den Leckerbissen freuten, den sie ihnen beschert hatte. Sie hoffte, daß es Edouard gutging. Mit dem Zeigefinger fuhr sie an der scharfen Seitenkante des Bootes entlang, bis die Fingerkuppe blutete und das Blut ins Wasser tropfte. Im Reiseführer stand, daß schon ein paar Spritzer genügten, um die Haie anzulocken.

Liebe und andere Krankheiten

Warum hatte sie erwartet, daß er einen weißen Kittel trug? Natürlich trug er nichts dergleichen. Er trug einen normalen Anzug und eine Brille im Gesicht.
»Guten Tag.«
Sie ließ sich in den schweren Ledersessel vor seinem Schreibtisch fallen. Die Couch, wo ist die Couch, schoß es ihr kurz durch den Kopf. Wahrscheinlich irgendwo in ihrem Rücken. An der Wand. Oder hatte man das heute gar nicht mehr, eine Couch?
»Guten Tag«, begrüßte er sie.
Er sah sie mit der Gelassenheit eines Mannes an, der wußte, daß seine Stärke weniger im Reden als im Schweigen lag. Im Warten und aufmerksamen Zuhören.
»Ich komme zu Ihnen, weil Sie mir von einer Freundin empfohlen worden sind. Es ging ihr ziemlich schlecht. Ihr Mann ist mit einer Arbeitskollegin durchgebrannt. Sie haben ihr geholfen, wieder auf die Beine zu kommen.«
»Ich glaube, ich weiß, von wem Sie reden. Es war kein schwieriger Fall. Ihre Freundin hat eine gehörige Portion Überlebensgeist.«
»Sie hat Sie mir jedenfalls empfohlen. Deshalb bin ich jetzt hier.«
»Was für ein Problem haben Sie?«
»Ich bin verliebt. Vermutlich liebe ich sogar. Ein ziemlich akuter Fall.«
Er zog die Augenbrauen leicht hoch.
»Das wird im allgemeinen nicht als Problem empfunden. Im Gegenteil.«
»Im allgemeinen vielleicht nicht. Aber bei mir ist es so. Glau-

ben Sie im Ernst, ich säße jetzt hier, wenn es nicht so wäre?«

»Ich zweifle nicht an dem, was Sie sagen. Es ist ungewöhnlich. Das ist alles. Erzählen Sie mir etwas mehr, damit ich mir ein Bild machen kann.«

»Ich arbeite in der Marketingabteilung einer pharmazeutischen Firma. Wir handeln mit Naturprodukten. Schlaftabletten, Abführmitteln, Appetitzüglern, kosmetischen Präparaten und ähnlichem. Als Produktmanagerin bin ich für fünf dieser Produkte zuständig. Dafür, daß alles läuft. Die Werbung, der Vertrieb. Meine Arbeit macht mir Spaß. Ich arbeite gern, sehr gern sogar.«

Er unterbrach sie nicht.

»Das war nicht immer so. Früher habe ich als Verkäuferin gearbeitet. Das war mörderisch. Anstrengend und schlecht bezahlt. Ich bin fast verrückt geworden, wenn ich mir vorgestellt habe, daß ich das mein ganzes Leben lang weitermachen sollte. Ich bin dann zur Abendschule gegangen und habe jahrelang nachts noch gelernt, bis ich es geschafft hatte und studieren konnte.«

»Sie haben Durchhaltevermögen. Sie haben erreicht, was Sie sich vorgenommen hatten.«

»Das Lernen ist mir nicht immer leichtgefallen. Aber es hat sich gelohnt. Jetzt habe ich eine interessante Arbeit. Es ist nie langweilig: neue Werbekampagnen, Tagungen für die Außendienstmitarbeiter, Reisen ins Ausland. Ich kann mir die Arbeit selbst einteilen, und sie ist gut bezahlt. Traumhaft gut bezahlt. Im Vergleich zu dem, was ich früher verdient habe.«

»Ihr Problem«, erinnerte er sie.

»Ein Mann. Eigentlich habe ich mich nie besonders für Männer interessiert. Nicht, was Sie vielleicht denken. Männer waren einfach nicht wichtig in meinem Leben. Irgendwo gab es immer jemanden, mit dem ich eine Beziehung hatte. Eine lokkere Beziehung, die beiden entgegenkam. Und in den Ferien habe ich mich zusätzlich ausgetobt. Ich kann nicht sagen, daß ich mit dieser Situation unzufrieden war, bis...« Sie zögerte.

»Bis Sie sich richtig verliebt haben«, vollendete er ihren Satz.

»Und dieser Mann, was ist das für ein Mensch?«

»Ein Mann in meinem Alter, aus dem Bankgeschäft. Ich habe ihn bei den monatlichen Treffen des Marketingclubs kennengelernt. Wir haben uns unterhalten, und irgendwann wollte er das erste Mal mit mir essen gehen.«

Sie stockte und fuhr fort:

»Er ist angenehm. Amüsant, hilfsbereit, kann gut kochen, und ich kann mich gut mit ihm unterhalten.«

»Ist er verheiratet?«

»Du liebe Güte, nein. Jetzt verstehe ich, worauf Sie hinauswollen. Nein, er ist nicht verheiratet. Das ist nicht das Problem. Er ist ledig und würde mich auf der Stelle heiraten, wenn ich einverstanden wäre.«

»Er liebt Sie?«

»Es sieht ganz so aus. Er liebt mich, und ich liebe ihn. Das ist das Problem, dessentwegen ich zu Ihnen gekommen bin.«

»Entschuldigen Sie, wenn ich weiter nachfrage, aber mir ist nicht ganz klar...«

»Letzten Monat hat mir mein Chef vorgeschlagen, für ein, zwei Jahre in unsere Tochterfirma nach Mailand zu gehen. Ein ideales Sprungbrett für eine europäische Karriere, wie Sie sich denken können. Und ich habe abgelehnt. Können Sie sich das vorstellen? Dieses einmalige Angebot habe ich ausgeschlagen. Mein Chef hat mich angesehen, als wäre ich von allen guten Geistern verlassen. So eine Chance bekommt man nicht alle Tage auf einem silbernen Tablett serviert. Schon gar nicht als Frau. Die Firma hätte mir sogar einen dreimonatigen Sprachkurs in Siena finanziert.«

»Warum haben Sie abgelehnt?«

»Weil ich ihn liebe. Weil ich ihn nicht allein lassen wollte.

Weil er gesagt hat, daß er für nichts garantieren könne, wenn ich ihn so lange allein ließe.«

»Sie haben aus Liebe abgelehnt. Aus Liebe zu diesem Mann haben Sie das Angebot ausgeschlagen.«

»So ist es. Sie treffen den Nagel auf den Kopf. Aus Liebe habe ich alles verraten, was mir wichtig ist. Meinen Beruf, meine Karriere, die Förderung, die mir mein Chef zukommen läßt. Alles.«

»Übertreiben Sie nicht ein wenig? Sie haben immer noch Ihre Stelle. Eine überdurchschnittlich qualifizierte und gutbezahlte Stelle. Sie sind nur nicht die nächste Stufe auf der Karriereleiter nach oben geklettert. Vielleicht ergibt sich ja in der Zukunft eine Möglichkeit, Ihre Karriere voranzutreiben, ohne daß Ihre Liebe darunter leiden muß.«

»Er ist örtlich gebunden. Er wird nie von hier weggehen. Und wenn ich weggehe, verliere ich ihn.«

»Ich sehe nicht, wie ich Ihnen mit Ihrem Problem helfen kann.«

»Heilen Sie mich«, beschwor sie ihn. »Heilen Sie mich von dieser Liebe.«

»Sie wollen ...?«

»Ich will, daß Sie mir meine Liebe austreiben. Wegkurieren. Das muß doch möglich sein. Sie sind Psychologe. Machen Sie mit mir ein Verhaltenstraining. So etwas gibt es doch. Wie bei Alkoholikern, denen man den Ekel vor alkoholischen Getränken beibringt.«

»Ich bin kein Verhaltenstherapeut. Ich bin Psychotherapeut. Ich beschäftige mich mit dem, was sich in der Psyche abspielt und dazu führt, daß wir uns so verhalten, wie wir uns verhalten.«

»Sie wollen mir nicht helfen?«

»Von nicht wollen kann keine Rede sein. Ich weiß nicht, ob ich Ihnen helfen kann. Ich will es gerne versuchen. Aber dann müßten Sie bereit sein, sich voll und ganz auf die Behandlung einzulassen. Und Sie müßten in Kauf nehmen, daß dabei unter Umständen etwas völlig anderes herauskommt als das, was Sie sich momentan davon versprechen.«

»Das Risiko gehe ich ein.«

Sie nahm ihr Scheckbuch aus der Tasche und schraubte die Hülle von ihrem Füller.

»Wie sind Ihre Tarife? Ist es Ihnen recht, wenn ich Ihnen einen Scheck über die ersten fünf Sitzungen ausstelle?«

Er hob abwehrend die Hände.

»Für das Geschäftliche ist meine Sekretärin zuständig. Regeln Sie das bitte mit ihr.«

*

»Hatten Sie ein angenehmes Wochenende?« fragte er sie bei ihrem nächsten Termin zur Begrüßung.

Er saß in der gleichen Haltung hinter dem Schreibtisch wie letzte Woche. Den Rücken in das Leder seines Sessels gedrückt, die Hände locker auf der matt glänzenden Schreibtischoberfläche ineinander verschlungen. Es erschien ihr kaum vorstellbar, daß er sich je von seinem Platz hinter dem Schreibtisch fortbewegte.

»Das Wochenende war wunderbar«, strahlte sie. »Wunderschön. Wir haben eine Fahrradtour gemacht bei herrlichem Sonnenschein.«

Sie schwiegen. Durch die Tür drang gedämpft das Klingeln eines Telefons. Zwischen ihren Augenbrauen grub sich eine steile Falte ein.

»Der Wochenanfang war nicht so erfreulich.«

»Erzählen Sie.«

»Ich bin unkonzentriert. Bin nicht richtig bei der Sache. Es gelingt mir kaum noch, mich bei meiner Arbeit auf die nötigsten Dinge zu konzentrieren. Es gab bereits eine Beschwerde. Von einem unserer Vertreter. Ich hatte ihm zugesagt, die neuen Schaufensterdekorationen für unser Schlafmittel per Eilboten zuzustellen. Er hatte eine dringliche Anfrage von einem seiner besten Kunden. Und das ist mir einfach durchgegangen. Ich habe es vergessen. So etwas ist mir noch nie passiert.«

»Woran denken Sie, wenn Sie mit Ihren Gedanken nicht bei der Arbeit sind?«

»Ich denke an ihn. Ich denke daran, wie er morgens neben mir aufwacht. An seine Bartstoppeln. Wie er sein stoppeliges Kinn an meiner Wange reibt. Wie er die Bettdecke zurückschlägt. In seine Hosen steigt. Knopf für Knopf das Hemd zuknöpft. Solche Bilder habe ich in meinem Kopf und werde sie nicht los.«

»Das geht vielen Verliebten so. Mit der Zeit läßt es nach.«

Sie widersprach: »Bei mir wird es schlimmer mit der Zeit. Es läßt kein bißchen nach. Es ist furchtbar.«

»Warum finden Sie das furchtbar?«

»Ich finde furchtbar, daß ich nicht mehr ich selber bin.«

»Nicht mehr Sie selbst?«

»Ja, nicht mehr ich selbst. Früher bin ich morgens ins Büro gegangen und habe als erstes das Telefon umgestellt, damit ich ungestört war und mich in Ruhe den Absatzzahlen meiner Produkte widmen konnte.«

»Jeden Morgen?«

»Ja, wir bekommen täglich die neuesten Absatzzahlen in Computerausdrucken und können so sofort reagieren, wenn ein neuer Trend sichtbar wird. Mit einer Werbekampagne gegensteuern, wenn der Absatz sinkt. Die Produktion ankurbeln, wenn ein Produkt überraschend gut läuft.«

»Und was ist jetzt anders?«

»Die Absatzzahlen interessieren mich nicht mehr. Die wichtigsten Zahlen überhaupt, und ich interessiere mich nicht mehr dafür. Ich lasse die Papierfahnen durch meine Hände gleiten, das Papier raschelt, und ich fange an zu träumen.«

»Wovon träumen Sie?«

»Ich denke an unser letztes Wochenende, mache Pläne für die Ferien – bis ich mit schlechtem Gewissen aufschrecke und mich zwinge, die Zahlen aufzunehmen. Nur widerwillig konzentriere ich mich auf sie. Früher habe ich ungeduldig auf die neuen Zahlen gewartet und sofort meinen PC damit gefüttert. Ich war gespannt darauf, daß endlich die bunten Tabellen auf dem Monitor aufblinkten und ich auf einen Blick sehen konnte, was Sache war. Bei meinen Produkten und denen meiner Kollegen. Jetzt bin ich schon seit vier Tagen mit der Eingabe meiner Zahlen im Rückstand.«

»Und das beunruhigt Sie?«

»Würde es Sie nicht beunruhigen, wenn Sie auf einmal das Interesse an Ihrem Beruf verlören? Wenn Sie zum Beispiel sämtliche Termine vergäßen, die Sie mit Ihren Patienten vereinbart hatten?«

»Vielleicht gibt es wichtigere Dinge im Leben als geschäftliche Daten und Termine.«

»Wichtigere Dinge?«

»Menschen, die wir lieben. Menschen, die uns lieben. Gefühle, die das Leben erst lebenswert machen.«

»Sie könnten in der Werbebranche arbeiten«, entgegnete sie. »Genauso verkaufen wir. Mit Gefühlen. Und wissen Sie, was sich am besten verkauft zur Zeit? LIEBE. Sie können alles verkaufen, wenn Sie zwei Verliebte nebeneinander auf eine Bank setzen und Händchen halten lassen. Diätmargarine, Sonnenschutzcreme, Schuhe, Strümpfe, Potenzmittel, Kopfschmerztabletten, Reisen, Parfüm. Alles können Sie so verkaufen. Sie brauchen nicht einmal mehr das Produkt abzubilden, das Sie verkaufen wollen.«

»Und was schließen Sie daraus?«

»Ich schließe daraus, daß ich manipulierbar werde, wenn ich meine Gefühle nicht mehr unter Kontrolle habe, wenn ich liebe. Manipulierbar.«

»Haben Sie Angst, daß Ihr Freund Sie manipulieren könnte?«

»Könnte? Er tut es doch schon. Nicht bewußt natürlich. Ich bin doch nicht mehr ich selbst. Ich kenne mich doch kaum wieder.«

»Sie haben Angst davor, wie Sie sich weiter verändern könnten. Was Sie noch tun könnten aus Liebe.«
»Finden Sie das vielleicht unberechtigt?« fragte sie und wurde ungewollt lauter. »Als nächstes gebe ich meine Stelle auf, heirate und kriege Kinder.«
»Wäre das denn so fürchterlich?«
»Würden Sie Ihren Beruf aufgeben, um Kinder großzuziehen?«
»Einer muß die Kinder großziehen.«
»Ich nicht. Ich will nicht.«
»War Ihre Mutter berufstätig?«
»Sie war Hausfrau und hat fünf Kinder großgezogen.«
»Haben Sie Kontakt zu Ihrer Mutter?«
»Ich besuche sie einmal im Monat.«
»Und Ihr Vater? Sehen Sie ihn ebenfalls einmal im Monat, wenn Sie Ihre Mutter besuchen?«
»Nein. Seit er meine Mutter verlassen hat, habe ich ihn nicht mehr gesehen. Er hat wieder geheiratet. Den Scheidungsgrund.«
»Wie hat Ihre Mutter verkraftet, daß sie verlassen wurde?«
»Das weiß ich nicht. Das weiß niemand. Auch die Ärzte haben es nicht herausfinden können. Seit sieben Jahren sitzt sie in ihrem Zimmer in der Anstalt und sagt kein Wort. Kein einziges Wort ist mehr über ihre Lippen gekommen, seit er weg ist. Manchmal setzt sie sich mit dem Stuhl ans Fenster und sieht nach draußen. Was sie dort sieht, erzählt sie keinem. Ich weiß noch nicht einmal, ob sie weiß, wer ich bin, wenn ich sie besuche.«
»Können Sie sich vorstellen, daß die Erfahrungen Ihrer Mutter etwas mit Ihrer Angst vor der Liebe zu tun haben?«
»Ich wollte nie Hausfrau werden wie meine Mutter. Schon als Kind wollte ich das nicht. Ich habe mir geschworen, daß ich immer berufstätig bleibe.«
»Die Zeit ist um«, sagte er. »Wir sehen uns nächste Woche.«

*

»Wie war das Wochenende?« fragte er sie, die Hände wie üblich auf der leeren Schreibtischplatte locker ineinandergeschlungen und den Blickkontakt zu ihren Augen suchend. Sie fragte sich, wie oft er die Stellung wohl geprobt hatte. Vor dem Spiegel oder mit dem Videorecorder. Bestimmt gab es auch für Psychotherapeuten entsprechende Seminare, nicht nur für Manager.

»Das Wochenende ist nie das Problem«, erinnerte sie ihn.

»Was haben Sie unternommen?«

»Wir haben seine Eltern besucht. Der Vater hatte Geburtstag. Es war wirklich nett. Ich bin mit offenen Armen aufgenommen worden. Es war lustig. Ich habe gelacht wie lange nicht mehr.«

»Sie lachen selten?«

»Im allgemeinen bin ich ein eher ernsthafter Mensch«, gab sie zu. »Das Leben ist nicht immer lustig.«

»Wie ist denn das Leben? Was würden Sie sagen?«

Sie dachte nach. »Das Leben ist so, wie ich mir eine Bergbesteigung vorstelle. Wenn ich vorwärtskommen will, nach oben, muß ich mir Gedanken machen, was ich brauche.«

»Und was brauchen Sie?«

»Ich brauche meine ganze Kraft, eine angemessene Ausrüstung und vor allem einen kühlen Kopf. Ich muß sorgfältig einen Fuß vor den anderen setzen und aufpassen, daß ich nicht den Tritt verliere und abstürze.«

»Merken Sie, wo wir wieder landen?«

»Ja, wir sind an der gleichen Stelle wie letzte Woche. Bei meiner Angst, den Kopf zu verlieren. Nicht mehr unter Kontrolle zu haben, wo mein Leben hinsteuert, wo ich hinsteuere.«

»Können Sie sich vorstellen, daß es einfacher ist, einen Berg zu ersteigen, wenn man im Team klettert? Alle großen Berge werden so bezwungen. Im Team.«

»Das ist nicht das Problem. Ich arbeite gern im Team. In unserer Marketingabteilung muß ich mit vielen zusammenarbeiten: meinen Kollegen, meinem Chef, unseren Sekretärinnen, den Vertretern, dem Versand …«

»Jetzt sind Sie wieder bei der Arbeit«, stellte er fest.

»Das ist auch das Wichtigste in meinem Leben.«

»Und Ihr Freund?«

»Der kommt gleich danach. So würde ich es mir auf jeden Fall wünschen.«

»Haben Sie immer noch Schwierigkeiten mit der Konzentration bei Ihrer Arbeit?«

»Es ist kein bißchen besser geworden. Eher schlimmer. Selbst meinem Chef ist es aufgefallen.«

»Wie hat er reagiert?«

»Er hat mich zur Seite genommen und mir ins Gewissen geredet. Daß es nicht so weitergehen kann und ich aufpassen muß, keine ernsthaften Schwierigkeiten zu bekommen.«

»Ernsthafte Schwierigkeiten?«

»Es hat weitere Beschwerden gegeben. Aus unterschiedlichen Bereichen. Näheres wollte er mir nicht sagen. Aber wenn sich die Produkte, die ich betreue, nicht nach wie vor so gut verkaufen würden, hätte ich schon eine offizielle Abmahnung erhalten. Auch so ist klar, was mich erwartet. Wenn ich weiter so unkonzentriert arbeite, muß ich mit allem rechnen. Bis hin zu einer Kündigung.«

»Ist das Ihr Ernst?« fragte er besorgt.

»Wir haben ein knallhartes Management. Nur mit Topleuten läßt sich der Standard halten und noch steigern. Ich sehe das ganz genauso.«

»Haben Sie mit Ihrem Freund darüber geredet?«

»Mehr als einmal.«

»Und wie hat er reagiert?«

»Er hat mir mehrere Heiratsanträge gemacht und mir geraten, meine Gefühle ernst zu nehmen.«

»Wie finden Sie seine Reaktion?«

»Ich glaube, es ist so das übliche. Das, was alle Männer sagen, wenn sie eine Frau lieben oder glauben, sie zu lieben.«

»Sind Sie ihm böse?«
»Böse.« Sie überlegte. »Nein, ich bin ihm nicht böse. Ich glaube, es ist normal für einen Mann, die Frau, die er liebt, bei sich haben zu wollen. Ich glaube, das ist das übliche. Er will mich ganz für sich haben, mich heiraten, will, daß ich vor allem für ihn da bin. Sind Sie verheiratet?«
Er begann mit Daumen und Mittelfinger der rechten Hand an seinem Ehering herumzuspielen. Ihn am Ringfinger der linken hin und her zu bewegen.
»Ja, wir haben drei Kinder.«
»Und Ihre Frau. Ist sie berufstätig?«
»Seit die Kinder da sind, arbeitet sie nur noch stundenweise in einer Beratungsstelle für Frauen.«
»Und der Beruf fehlt ihr nicht?«
»Manchmal schon, da würde sie gern wieder voll arbeiten gehen«, gab er zu. »Aber wir reden darüber, und wir lieben uns. Es ist das Beste so.«
»Liebe«, sagte sie und verzog das Gesicht. »Ich wollte, ich wäre sie los, meine Liebe.«
»Sie könnten sich von Ihrem Freund trennen, wenn Ihre Lebensplanung so unterschiedlich ist. Haben Sie diese Möglichkeit schon einmal ernsthaft erwogen?«
»Trennen?« fragte sie entgeistert. »Wie kann ich mich von einem Menschen trennen, den ich liebe? Können Sie mir das verraten?«

*

»Wir haben uns eine ganze Weile nicht gesehen«, begann er das Gespräch, sobald sie Platz genommen hatte. Er blickte konzentriert auf seine ineinanderverschlungenen Hände, als bereite es ihm Schwierigkeiten, herauszufinden, welche Finger zu welcher Hand gehörten.
Sie löste ihren Blick von seinen Händen.
»Ich bin nicht mehr gekommen, weil sich mein Problem inzwischen gelöst hat.«

»Sie haben für fünf Sitzungen bezahlt, und es ist üblich, daß ich mit meinen Patienten ein abschließendes Gespräch führe. Deshalb habe ich Sie noch einmal eingeladen.«
»Und ich bin Ihrer Einladung gefolgt.«
»Ihr Problem hat sich inzwischen gelöst?« begann er.
»Ja, es geht mir wieder gut. Ich bin wieder ich selbst. Ich interessiere mich wieder für meine Arbeit. Ich kann mich wieder auf meine Umsatzzahlen konzentrieren, und ich gehe wieder mit Kollegen zum Mittagessen, um zu fachsimpeln. Ihre Behandlung hat mir geholfen.«
»Das überrascht mich. Ich hatte nicht den Eindruck, daß sich im Verlauf unserer Sitzungen etwas an Ihrem Problem geändert hat.«
»Was sollte sich auch ändern«, entgegnete sie. »Sie konnten mir meine Liebe nicht wegkurieren. Das ist mir klargeworden. Niemand kann mir diese Liebe austreiben.«
»Sie lieben Ihren Freund weiterhin?«
»Ich liebe ihn nach wie vor«, bestätigte sie ihm.
»Wodurch ist dann eine Änderung eingetreten?« wollte er wissen.
»Sie stehen unter Schweigepflicht?« fragte sie.
»Selbstverständlich. Ich darf nichts, was Sie mir anvertrauen, ohne Ihre Zustimmung an Dritte weiterleiten. Selbst wenn Sie ein Verbrechen verübt hätten und Sie mir dieses Verbrechen beichten würden, ginge ich damit nicht zur Polizei, sondern würde schweigen«, scherzte er.
»Ein Verbrechen«, sie wiederholte das Wort. »Nein, ein Verbrechen habe ich nicht verübt.«
»Wollen Sie mir sagen, was geschehen ist?«
Sie zögerte.
»Es interessiert mich wirklich, wodurch sich Ihr Problem erledigt hat.«
»Das glaube ich Ihnen. Ich verstehe Ihr berufliches Interesse an meinem Fall. Also gut. Es war ein wundervoller Abend. Wir haben auf seinem Balkon gesessen und von dort oben auf

die Lichter in den Straßen hinabgesehen. Es war wundervoll.«

»Und dann?«

»Dann hat er meine Hand genommen und mir gesagt, daß er noch nie eine Frau in seinem Leben so geliebt habe wie mich.« Sie schluckte. »Und ich habe seine Hand gedrückt und ihm gesagt, daß ich nie wieder einen Mann so lieben würde wie ihn.«

»Ein romantischer Abend«, stellte er fest.

»Ja, ein romantischer Abend«, pflichtete sie ihm bei.

»Und?«

»Er hat mir gesagt, daß ich für ihn die ideale Mutter seiner Kinder sei. Daß er sich wünsche, mit mir Kinder zu haben.«

»Und Sie? Was haben Sie geantwortet?«

»Ich habe ihm gesagt, daß ich keine Kinder will.«

»Wie hat er reagiert?«

»Eine Weile hat er gar nichts gesagt. Mich nur angesehen. Und dann hat er gesagt, daß er vor allem mich wolle. Mehr als alles andere. Und wenn ich keine Kinder wolle, dann werde er das auch akzeptieren.«

»Er liebt Sie.«

»Danach hat er mir einen weiteren Heiratsantrag gemacht.«

»Und Sie?«

»Ich habe abgelehnt. Ich weiß nicht, zum wievielten Male. Aber ich habe ihm von meiner Mutter erzählt. Zum erstenmal. Und von der Ehe meiner Eltern.«

»Und er?«

»Er hat versucht, mich zu überzeugen, daß er nie so handeln könnte wie mein Vater. Daß er nie eine Frau verlassen könnte, die seine Kinder zur Welt gebracht und aufgezogen hätte. Er wollte mich überzeugen, daß er ganz anders sei, daß ich ihm mein Leben anvertrauen könne.«

»Haben Sie ihm geglaubt?«

»Ich weiß es nicht.«

»Und wie ging es weiter?«

»Er wollte mir beweisen, wie sehr er mich liebt. Er war wie besessen von der Idee.«

»Ja?«

»Er ist auf die Balkonmauer geklettert. Im sechsten Stock ist er auf den Mauervorsprung gestiegen, von dem aus sich das Eisengitter des Balkons zur anderen Seite spannt. Da stand er und hat mich gefragt, ob ich wolle, daß er für mich auf dem Balkongeländer bis hinüber auf die andere Seite gehe. Als Beweis für seine Liebe. Als Beweis dafür, daß er bereit sei, sein Leben für mich zu riskieren.«

»Das hat er tatsächlich getan?«

»Ja, das ist noch nicht alles. Er ist wieder von der Mauer heruntergestiegen, und dann hat er seine Schuhe ausgezogen. Ganz ordentlich hat er sie nebeneinander vor das Balkongitter gestellt, und danach ist er in Socken ein zweites Mal auf den Balkonsims geklettert und hat mich ein zweites Mal gefragt, ob ich wolle, daß er mir seine Liebe beweise. Ob ich ihm dann glauben würde?«

»Und?«

»Er stand da, breitete die Arme aus, um zu testen, wie er das Gleichgewicht halten konnte. Mit ausgebreiteten Armen stand er da in der Dunkelheit und begann tatsächlich, den Mauersims zu verlassen. Erst den einen Fuß auf dem Eisengitter vorwärtszuschieben, dann den anderen.«

»Sie haben zugeschaut? Ihn nicht zurückgehalten?«

»Ich habe ihn angestarrt und kein Wort herausgekriegt. ›Ich liebe dich‹, hat er in die Nacht gerufen. ›Glaubst du mir jetzt endlich?‹ Aber ich habe ihm doch immer geglaubt.«

»Haben Sie ihm das gesagt?«

»Ja, plötzlich habe ich eine schreckliche Angst bekommen. Ich bin von meinem Stuhl aufgesprungen und zu ihm geeilt. ›Ich liebe dich auch‹, habe ich geschluchzt. ›Wenn du wüßtest, wie sehr ich dich liebe‹, habe ich gerufen.«

»Und da...«
»Da hat er zu mir hergesehen und die Balance verloren. Er ist einfach zur Seite geknickt, und die Nacht hat ihn geschluckt.«
Eine Weile war es still.
»Ihr Freund ist vom sechsten Stock auf das Pflaster der Straße gestürzt«, stellte er fest.
»Ja«, sagte sie. »Er ist durch die Nacht geflogen und auf dem Pflaster zerschellt. Ich glaube nicht, daß er lange gelitten hat. Ich glaube, es war ein schöner Tod.«
»Sind Sie sicher, daß es sich so abgespielt hat«, fragte er. »Daß Sie nicht nachgeholfen haben?«
»Welchen Unterschied macht das? Ob er abgestürzt ist, weil er auf mich geblickt hat. Oder ob er abgestürzt ist, weil ich ihn von der Balkonbrüstung gestoßen habe. Was ist da für ein Unterschied? In beiden Fällen ist er aus Liebe gestorben. Weil er mich liebt, weil ich ihn liebe. Wo ist der Unterschied?«
»Juristisch gesehen gibt es da sicher einen Unterschied.«
»Juristisch«, sagte sie. »Aber ich habe ihn geliebt. Noch nie habe ich einen Menschen so geliebt wie ihn.«
»Und wie fühlen Sie sich jetzt? Haben Sie Schuldgefühle?«
»Schuldgefühle«, sie wiederholte langsam das Wort. »Nein, ich habe keine Schuldgefühle. Er hatte einen schönen Tod. So möchte ich auch gerne sterben. In Liebe.«
»Denken Sie an Selbstmord?«
»Nein, Sie brauchen sich meinetwegen keine Gedanken zu machen.«
»Wie fühlen Sie sich?«
»Erleichtert. So, als wäre ich von einer schlimmen Krankheit genesen.«
»Und Ihre Liebe?«
»Die bleibt mir. Natürlich liebe ich ihn noch. Auf eine ruhige Art. Die Liebe macht mich nicht mehr krank wie früher. So kann ich meine Liebe ertragen.«

»Haben Sie keine Befürchtungen, daß Ihnen das gleiche noch einmal passieren könnte?«
»Noch einmal?« fragte sie erschreckt.
»Ja, noch einmal.«
»Nein«, sagte sie entschieden. »Nie mehr werde ich mich verlieben. Nie mehr.«

... wie schlechternährte Schulmädchen

Sie war einsfünfundachtzig groß, hatte eine rote Löwenmähne und trug ihre stattlichen einhundert Kilo so selbstbewußt durch die Welt, daß alle anderen Frauen im Vergleich zu ihr wie schlechternährte und in ihrem Wachstum gestörte Schulmädchen wirkten.

Sie taten ihr irgendwie leid, diese schmächtigen Frauen, die kraftlos an den Armen ebenfalls schmächtig wirkender Männer hingen und sich krampfhaft bemühten, mit hektischen Trippelschritten das Tempo zu halten, das die Männer vorlegten. Sie taten ihr beide leid, die Frauen und auch die Männer. Wie sie samstags, von der Last ihrer vollen Einkaufstaschen gebeugt, durch die Innenstadt irrten, den Blick auf das graue Pflaster gerichtet. Dutzendweise überholte sie sie mit ihren großen Schritten, und mehr als einmal war sie versucht, sich eines dieser Paare samt seiner Einkäufe noch mit zu den eigenen gefüllten Taschen aufzuladen und erst am nächsten Taxistand wieder abzusetzen. Von dort würden sie leicht und mühelos nach Hause gelangen. Vielleicht war das aber auch nur ein berufsbedingter Impuls, denn sie arbeitete als Kindergärtnerin. Einen Großteil ihrer Beliebtheit bei den Kleinen verdankte sie der Fähigkeit, eine ganze Krabbelgruppe auf sich laden und zum nächsten Sandkasten schleppen zu können. Dort rutschten sie ihr dann von den Hüften, rollten aus ihren Armen, purzelten ihr den Bauch hinunter und segelten kopfüber in den Sand, wenn sie sich nach vorne beugte. Dem letzten mußte sie mit sanfter Gewalt die kleinen Fäuste öffnen, mit denen er sich in ihrem Haar festkrallte, ehe sie ihn von den Schultern schütteln konnte.

Sie war groß und stark, und meistens war sie gutgelaunt.

Hatte sie einmal schlechte Laune, gönnte sie sich eine Leckerei, und es gab keinen Kummer, der ihr nicht von einem Stück Heidelbeersahnetorte oder einer Packung Champagnertrüffel wieder vertrieben wurde. Überhaupt hielt sie es für ein Verbrechen, nicht mit Lust durchs Leben zu gehen. Denn was war das Leben, wenn es keinen Spaß machte? Ihre Arbeit machte ihr Spaß. Es machte ihr Spaß, Grimassen zu schneiden und Laute von sich zu geben, die die Kleinen zum Lachen brachten. Die, die weinten, weil sie von der Schaukel gefallen waren, nahm sie auf die Knie und blies ihnen ihr Wehwehchen weg, bis die Tränen versiegten und sie sich mit Indianergeheul ins nächste Abenteuer stürzten.
Ihre Kolleginnen betrachteten sie anfangs mit Mißtrauen und einer gehörigen Portion Neid. Mit der Zeit gewöhnten sie sich an sie und überließen ihr die Kinder, während sie bei einer Tasse Kaffee zusammenhockten und sich erzählten, mit welchen Männern sie das Wochenende verbracht hatten. Sie zog die Gesellschaft der Kinder vor. Und wovon hätte sie auch erzählen sollen? Sie verbrachte keine Wochenenden mit Männern. Sie war einfach keine Frau fürs Wochenende. Nie wollten die Männer, die sie kennenlernte, ein Wochenende mit ihr verbringen.
Die Männer, die sich ihr näherten – und wo sie ging und stand, traf sie auf sehnsüchtige Blicke von Männern, die auf ihren ausladenden Kurven spazierengingen –, schlichen sich ausnahmslos von den ihnen angetrauten Frauen weg, um sich mit ihr zu treffen. Sie schien in Hülle und Fülle das zu besitzen, was ihre Frauen nicht oder nur in unzureichendem Maße besaßen. Und so legten sie sich zwischen ihre vollen Brüste, versanken in ihren unendlich weichen Kurven und brummten vor Lust wie die braunen Plüschteddybären, mit denen die Kleinen im Kindergarten so gerne spielten. Und auch sie fand Spaß an diesen Spielen, die gar nicht so anders waren als die, die sie tagsüber mit ihren Kleinen spielte. Aber immer, wenn es mit einem der Männer so richtig schön wurde, bekam er

Angst und traf sich nicht mehr mit ihr. Und sie brauchte mehr als eine Packung Champagnertrüffel, um ihre alte Lust am Leben wiederzugewinnen.
Sie blieb nie lange allein. Schon an einem der nächsten Tage lief ihr wieder ein neuer verheirateter Mann zu. Die Welt schien überzuquellen von Ehemännern, die Lust auf Prachtweiber mit ausladenden Hinterteilen und mächtigen Kürbisbrüsten hatten. Sie waren überall. In den Schlangen vor den Kassen im Supermarkt standen sie. Die Einkaufskarren voll mit Pampers, scheuten sie sich nicht, sie anzusprechen und ins nächste Café zu einem Kirschkuchen mit Sahne einzuladen. Handwerker jeder Spielart blieben bei ihr auf dem Kanapee kleben. Selbst wenn ihr Auftrag längst erledigt war, saßen sie auf ihrem Sofa und sagten Dinge, die sie ihrer Frau nie sagen würden. Und am Ende der Elternabende im Kindergarten standen die männlichen Elternteile der lieben Kleinen Schlange und machten ihr unweigerlich das Angebot, mit ihnen noch einen Wein trinken zu gehen. ›Ich kenne da ein gemütliches kleines Lokal auf dem Land, gar nicht weit von hier…‹, sagten verheiratete Männer, die von keinem Bekannten gesichtet werden wollten. Sie kannte inzwischen sämtliche lauschigen Lokale im Umkreis von fünfzig Kilometern.
An den Wochenenden war sie allein. Wenn sie wenigstens ihre Arbeit gehabt hätte. Aber die lieben Kleinen waren bei ihren Familien, und auch ihr jeweiliger Liebhaber fuhr am Wochenende mit dem Auto ins Grüne und führte die eigenen Kleinen aus. Daß in dem Auto auch die Ehefrau saß, unterschlug sie in ihren Gedanken.
Sie tröstete sich an den Wochenenden mit bewährten Rezepten der internationalen Küche. Das beschäftigte sie über Stunden, und neben dem Stolz, den sie über die gelungenen Tortellini alla romana oder die Tiramisu zum Nachtisch empfand, wenn ein italienisches Wochenende angesagt war, erfüllte sie gutes Essen unfehlbar mit einem Gefühl der Zufrie-

denheit und Zuversicht. Wenn die Sonne schien, waren auch die Wochenenden nicht so übel. Da ging sie ins Schwimmbad, legte sich auf eine Liege und badete in dem lauten Kreischen der ausgelassenen Sonntagsgäste. Oder sie ging in den Zoo, setzte sich mit einer großen Eistüte an den Beckenrand, um der Fütterung der Seelöwen zuzusehen, und genoß das Geklatsche der Wellen, wenn ein schweres Tier ins Wasser tauchte. Da saß sie und beobachtete die schwarzglänzenden Seetiere, wie sie geschickt die Fische mit ihrem Maul einfingen, ehe sie wieder in der Tiefe des grünen Beckens verschwanden. Und sie träumte von der Schwerelosigkeit und Lust des Lebens.

Nach einem Besuch im Zoo war ihre Wohnung besonders stumm. Wenn sie das Radio einschaltete und fremde Leute sich in ihrer Küche unterhielten, war sie sich ihrer Einsamkeit doppelt bewußt. Und so war es kein Zufall, daß ihr an einem solchen Sonntagabend bewußt wurde, daß ihr Leben so nicht weitergehen durfte. Wenn sie an den Sonntagen nicht weiter allein bleiben wollte, mußte sie ihr bisheriges Leben ändern. Sie mußte aktiv werden. Sie mußte ihre Bequemlichkeit aufgeben und nicht nur die Männer nehmen, die ihr einfach so zuliefen.

Sie überlegte. Sie konnte sicher sein, verheirateten Männern zu gefallen, aber ob sie auch dem Geschmack unverheirateter Männer entsprach, schien ihr nicht ganz so sicher. Vielleicht mußten Männer erst einmal ihre Erfahrungen mit dem gängigen Schönheitsideal gemacht haben, ehe sie an ihren üppigen Formen Gefallen finden konnten. Es grauste ihr, wenn sie daran dachte, daß sie sich ihre vollen Formen weghungern müßte, um sich irgendwelchen ausgehungerten Traumfeen anzugleichen. Sie stöhnte und schob sich ein Mokkaschokoladendragee zwischen die Lippen. Augenblicklich ging es ihr besser. Sie wurde zuversichtlich. Auch unverheiratete Männer konnten nicht alle so einen unnatürlichen Geschmack haben. Vielleicht waren sie nur schüchterner als die verheirateten. Sie schob sich ein zweites Schokoladendragee in den Mund. Probleme waren dazu da, in Angriff genommen zu werden. Vor ihrem geistigen Auge sah sie sich schon ein ganzes Wochenende lang mit einem lustig grummelnden Bären in den Bettlaken kugeln, und wer weiß, vielleicht würden da auch schon bald ein paar kleine Bärchen mitkugeln. Ein Pfefferminzbonbon mit Schokoladenfüllung zerging auf ihrer Zunge. Sie reckte sich und dehnte sich und streckte ihren Bauch so weit heraus, wie es nur ging. Mit beiden Händen strich sie über den Kugelbauch, um zu fühlen, wie es wohl mit einem Kleinen darin sein würde. Neun Monate Lust würden es sein. Da war sie sicher. So lustvoll wie mit einem frisch gefüllten Magen, voll von den zartesten Lammscheiben mit jungen grünen Bohnen. Es war klar. Sie hatte Lust auf ein ausgedehnteres Liebesleben. Einen Mann, der auch am Wochenende greifbar war; und ein paar kleine Rangen, die sich mit ihr im Zoo an das Wasserbecken setzten und vor Begeisterung über die Seelöwen mit den frischen Fischen im Maul laut aufheulen würden.

Sie bereitete sich eine Mousse au chocolat und gönnte sich dazu ein Glas gut gekühlten Sekt. Gute Dinge wollten gut vorbereitet werden. Als in ihrem Kopf nichts war als das Wohlbehagen, das der satte Geschmack der gelungenen Eier-Butter-Zucker-Cognac-Kaffee-Schokoladen-Kombination hervorgerufen hatte, gewann langsam eine Idee Gestalt. Sie würde eine Annonce aufgeben. Das war die Lösung: ›Prachtweib mit prächtigen Kurven sucht Genießer für das süße Leben zu zweit. Zuschriften bitte mit Kiloangabe.‹ Gesagt, getan.

Nur wenige konnten mit einem Mindestgewicht von einhundert Kilo glänzen. Genaugenommen waren es drei. Sie entschied sich für einen Koch und gegen einen Lehrer – die Schule war ihr nie besonders spaßig vorgekommen – und gegen einen Lokomotivführer – der war sicher viel zu oft auf Reisen. Als Termin für ihr erstes Treffen mit dem Koch wurde der Sonntagabend ins Auge gefaßt. Das war sein freier Tag, und sie hielt das für ein gutes Omen. Ein unverheirateter Mann mit einem freien Sonntag.

Es freute sie, daß auch dieser Mann ihr über das Erdbeertörtchen mit Blätterteigmandelboden hinweg bewundernd in die Augen blickte. Auch sie fand ihn nicht übel. Endlich einmal ein richtiges Mannsbild, fast ebenso groß wie sie und fest und rund im Fleisch. Bevor sie das erste Mal zusammen ins Bett rollten, kochte er ihr ein Vier-Sterne-Menü mit Roastbeef, Sauce Béarnaise, Kroketten und einer himmlischen Weincreme zum Nachtisch. Zufrieden schmolz sie in seinen Armen.

Jeden Sonntag ließ er sich ein neues köstliches Menü für sie einfallen. Sie ging inzwischen zweimal in der Woche im ›Hirschen‹, wo er als Chefkoch arbeitete, zu Abend essen. Und wenn sie sich dort im Speisesaal umsah und die verklärten Blicke hingebungsvoll kauender Gäste einfing, war sie sich sicher, daß sie mit diesem Ehemann die richtige Wahl treffen würde. Nach einem halben Jahr stellte er sie seiner Mutter vor. Sie war eine dünne Frau mit schmalen Lippen, die kritisch die Rundungen der zukünftigen Schwiegertochter beäugte. Gerd legte schützend den Arm um ihre Schulter, und so fühlte sie sich selbst gegen diese Schwiegermutter gewappnet.

Die Flitterwochen verbrachten sie im Elsaß, wo Gerd an einem Kochseminar teilnahm. Zu dieser Zeit schwärmte er für die traditionelle französische Küche mit ihren reinen und üppigen Zutaten. Das Essen in dem renommierten Gasthof war vorzüglich. Sie aß mit Genuß und freute sich, nachts neben einem Mann zu liegen, der weich und rund und gemütlich war und an dem sie kein Knochen störte. Sie hätte sich keinen besseren Mann wünschen können. Es verbanden sie die gleichen Interessen und die Zufriedenheit von Kindern, denen es an nichts fehlte. Als sich das erste Baby ankündigte, gab sie ihre Arbeit im Kindergarten auf. Sie wurde so kugelrund wie die Buddhafigur, die Gerd ihr schenkte, als er erfuhr, daß sie schwanger war. Der Frauenarzt ließ sie schon vorzeitig ins Krankenhaus einweisen, da er aufgrund ihrer enormen Gewichtszunahme mit einer Frühgeburt rechnete. Sie wußte es besser. Das Baby kam pünktlich. Es war ein Mädchen. Ein Prachtmädel. Acht Pfund schwer kugelte es ihr ohne Anstrengung aus dem Bauch und war das hübscheste Baby, das sie sich vorstellen konnte.

Als sie in der ersten Nacht, nachdem sie aus dem Krankenhaus nach Hause gekommen war, die Hand nach ihrem Gerd im Bett neben sich ausstreckte, fuhr sie zusammen, denn sie war auf einen Knochen gestoßen. »Du verhungerst ja unter meinen Händen, wenn ich nicht aufpasse«, scherzte sie, »es wird Zeit, daß ich mich wieder um dich kümmere.« Und übermütig spritzte sie ihm aus ihren vollen Brüsten drei Spritzer Milch auf die Schlafanzugjacke. An diesem Abend war er nicht zu Scherzen aufgelegt, sondern drehte sich weg von ihr und schlief sofort ein.

Während das Baby immer runder wurde und von Tag zu Tag kräftiger in die Welt krähte, nahm Gerd immer weiter ab. Jetzt lagen sie wie zwei Fremde nebeneinander im Bett, er knochig und hart, sie immer ausladender werdend, denn neben dem Baby waren die Gaumenfreuden die einzigen Freuden, die ihr blieben. Er fing an, seiner Mutter zu ähneln, und die ganze Weichheit und Lust schienen mit seinen Pfunden dahingeschmolzen. Das Baby interessierte ihn nicht. Das Restaurant, in dem Gerd jetzt als Chefkoch arbeitete, rühmte sich seiner kalorienarmen Neuen Küche. Gerd hatte nicht nur deren kaloriensparende Rezepte übernommen und mit eigenen Kreationen erweitert, sondern die ganze Weltanschauung. Essen als kalorienkontrollierte Nahrungsaufnahme und nicht als reiner, die Formen rundender Lustgewinn. Runde Formen waren out, Knochenskelette in. Nur Dünne waren Gewinner im Kampf um die Spitzenplätze. Und alle wollten sie an die Spitze. Nichts als Klettern und Kniebeugen und nie Pause machen. Ihr kamen sie vor wie ausgezehrte Galeerensklaven, die blind ihre Ruder ins Wasser tauchten, immer

schneller, immer blinder, ohne zu sehen, daß sich ihr Schiff nur noch im Kreis drehte. Noch nicht einmal ein Lächeln konnte sie Gerd mit diesem Bild der aufstrebenden jungen und nicht mehr ganz so jungen Schickeria entlocken, die sein Lokal besuchte. Er wollte dazugehören.
Er hätte ihr leid tun können, wenn er nicht begonnen hätte, sie mit diesem bösen Blick anzusehen. Mit diesem Blick nahm er ihr die ganze Unbeschwertheit und ihren Stolz. Unter diesem Blick wurde sie zu einem Mehlkloß. Selbst den Genuß am Essen nahm er ihr damit. Dabei konnte jeder auf fünf Meilen sehen, daß diese Hungerei ihm nicht guttat. Mehr als einmal hörte sie seinen Magen knurren. Gegen das Hungergefühl kämpfte er mit Cognac, stand nachts auf und goß sich das Glas bis zum Rand voll. Er entwickelte sich zu einem richtigen Trinker.
Ihre ganze Freude war das Baby, das ihr gierig die Milch aus den Brüsten sog und ihr tagtäglich freudig entgegenlachte und nackt auf ihrem Bauch einschlief und im gleichen Rhythmus wie sie mit dem Herzen klopfte.
Das Baby gab ihr die Stärke, seinem bösen Blick den eigenen entgegenzusetzen und zu ertragen, daß er sie nicht mehr anfaßte, daß sie ihm mit sich keine Freude mehr machen konnte. Und so ließ sie ihn einfach so weitermachen. Sie ließ ihn weiter hungern und weiter trinken, ließ zu, daß seine Lippen immer schmaler wurden. Mit jedem Tag richtete er sich weiter zugrunde, und sie sah einfach zu. Tat nichts, um ihn zur Besinnung zu bringen. Sie brauchte ihre Kraft für sich und das Baby.
Als er sich einen Porsche kaufte, fing er an, auch die Nächte wegzubleiben. Sie wußte, daß es kein gutes Ende mehr mit ihm nehmen konnte. Dieses Leben auf der Überholspur konnte nur ein gewaltsames Ende finden. Sie rätselte, ob der Alkohol oder die Raserei oder eine Kombination von beidem ihn endlich zugrunde richten würde.
Und so verblüffte es sie keineswegs, als sie an einem Maimor-

gen in das Leichenschauhaus gerufen wurde, um ihren Ehemann zu identifizieren. Es graute ihr davor, ein abgemagertes Skelett vorzufinden und dieses Skelett als ihren Mann bezeichnen zu müssen. Sie hatte Glück. Drei Tage auf dem Boden eines Flusses waren ausreichend, um der Natur ihren Lauf zu lassen. Sie fand kein knochiges Skelett, sondern aufgeblähtes Fleisch über den Knochen, das trotz der unnatürlichen Farbe an den blühenden Körper erinnerte, den sie geliebt hatte.

Am Grab waren die Lippen der Schwiegermutter so schmal, als ob kein Laut je wieder daraus hervordringen könnte. Aber das Baby, das jetzt ein Kleinkind war, juchzte, als ein Zitronenfalter sich auf die roten Nelken des Kranzes setzte.

Das Beerdigungsessen fand im ›Hirschen‹ statt, dem Lokal, in dem Gerd zur Zeit ihres Kennenlernens gekocht hatte. Als ihr der Kellner den Teller mit dem Roastbeef, der Sauce Béarnaise, den Kroketten und den grünen Bohnen servierte, ließ er seinen Blick über ihren Busen in ihren Schoß schweifen, wo sie auf dem Schwarz des Kostümrocks die weiße Stoffserviette auseinanderfaltete. Es war ein hochgewachsener Mann mit tiefschwarzen Haaren, der am kleinen Finger der linken Hand direkt neben dem Ehering einen Siegelring mit einem dunkelblauen Stein trug.

Rosis rollende Disco

ROSIS ROLLENDE DISCO war ein rasant expandierender Ein-Frau-Betrieb. Er bestand aus Rosi – dem mit Abstand größten Aktivposten – und einem klapprigen VW-Bus, den Rosi auf den Namen Trudchen getauft hatte.
Als Rosi Trudchen erwarb, war sie langweilig grau und bereits acht Jahre alt. Es war Liebe auf den ersten Blick. Rosi stürzte sich mit Feuereifer in die Arbeit. Sie riß den rostigen Unterboden heraus und schweißte einen neuen ein. Sie erneuerte Keilriemen und Verteilerkappe. Sie tauschte morsche Kühlschläuche aus, abgefahrene Bremsbeläge und abgebrannte Zündkerzen. Sie stellte den Zündzeitpunkt neu ein und machte einen Ölwechsel. Bald war Trudchen kaum wiederzuerkennen. Auch äußerlich war sie um Jahre verjüngt. Eine Lackschicht in Knallgelb verdeckte das alte Grau. Mit unschuldigen blauen Augen, die von dicken schwarzen Strichen gerahmt waren, blickte sie in die Welt. Breite knallrosa Lippen schwangen sich über die Vorderfront und wurden nur unten von der silbernen Stoßstange gebremst. An beiden Türen zum Führerhaus prangten die Schriftzüge ROSIS ROLLENDE DISCO in giftigem Neongrün. Auf die Seitenwände hatte Rosi schwarze Teller gemalt, zwischen denen sich schwarze Musiknoten und Notenschlüssel tummelten. Trudchens Hinterteil bot sich dem Betrachter keusch in einem weiten gelben Rock dar, auf dem sich dicke rote und schwarze Punkte breitmachten.
Rosi hoffte inständig, daß Trudchen mit ihrem neuen Image einverstanden war und sich nicht durch Fahrverweigerung für die dilettantischen Lackierversuche rächen würde. Bisher hatte Trudchen Rosi trotz Klappern und Ächzen und Stöh-

nen nicht im Stich gelassen, und Rosi hatte berechtigten Grund zu der Annahme, Trudchens Geschmack getroffen zu haben.
Am meisten begeisterte Rosi Trudchens geräumiges Innenleben. Es gab Platz satt für alles, was Rosi zu transportieren hatte: Unmengen von bunten Plastikkörben, vollgepfropft mit Schallplatten in zerfledderten Hüllen; eine breite Einkaufstasche aus Bast, knackevoll mit Kassetten; ein paar große schwarze Lautsprecher; einen Verstärker namens Max; ein Kassettendeck namens Moritz; einen Plattenspieler, Elvis mit Namen, und eine Sammlung Kabel unterschiedlicher Länge und Dicke.
Die Lautsprecher hatte Rosi von Onkel Herbert, der mit ihnen mehr als einen Wahlkampf angeheizt hatte. Die Bässe kamen etwas mächtig und hatten schon in Bierzelten zwischen Paderborn und Emsdetten dafür gesorgt, daß manch wackerer Kämpfer für die Partei sein Bierglas auf den Holztisch geknallt und auf der Toilette Zuflucht vor ihrem Dröhnen gesucht hatte.
Max hatte Rosi über eine Flohmarktanzeige gefunden, und er hielt sich wacker. Wie es überhaupt Rosis Erfahrungen entsprach, daß die Beziehung zwischen dem Alter eines Geräts und seiner Lebensdauer umgekehrt proportional zu dem war, was die Werbung einem weismachen wollte. Je älter ein Gerät, desto größer die Chance, daß es nicht gleich innerhalb der nächsten Tage den Geist aufgab.
Moritz hatte Rosi bei einem ihrer Streifzüge auf einem Container ausfindig gemacht. Dort lag er und wartete darauf, entdeckt zu werden. Rosi erspähte ihn mit sicherem Auge. Er war mit Abstand das exklusivste Teil ihrer Anlage. Beste deutsche Wertarbeit. Klassisches Design. Hätte Rosi ihn nicht so gut brauchen können, wäre er eine Kapitalanlage gewesen. Liebhaber zahlten Spitzenpreise. Rosi war sicher, daß es ihm mehr Spaß machte, im Zentrum der Action zu stehen als in der Glasvitrine eines Hifi-Sammlers.

Rosi selbst war, was ihre Ansprüche an das Leben anging, eher bescheiden. Für Klamotten gab sie kaum Geld aus. Sie kam glänzend mit einer schwarzen Lederhose, einem schwarzen Lederrock und den alten Blüschen, die ihre Tanten schon in den Kleidersack fürs Rote Kreuz stecken wollten, durchs Jahr. Das bißchen Geld, das Rosi übrig hatte, investierte sie lieber in Schellackschätzchen, neue Schallplatten oder eine ordentliche Bereifung für Trudchen. Rosi mochte Musik, und Rosi mochte Menschen. Vor allem aber mochte sie alles, was Geräusche von sich gab.
Das war schon immer so.
Die einzige Puppe, die Rosi je interessiert hatte, war Elvira. Elvira konnte Mama sagen. Schon im zarten Alter von neun nahm Rosi Elvira auseinander und förderte aus einem Loch in ihrem Bauch die runde Scheibe zutage, die Mama sagen konnte. Diese Scheibe baute Rosi in eines der Sofakissen ein, die auf der Couch im Wohnzimmer ihrer Eltern standen: aufrecht, mit einem scharfen Knick in der Mitte, den die Handkante von Rosis Mutter hineingeschlagen hatte. Und als die komplette Verwandtschaft kam, um Omas runden Geburtstag zu feiern, und im Verlaufe des Festes selbst die Sofakissen verrückt und verdrückt wurden und dabei ein deutliches ›Mama‹ ertönte, quiekten die anwesenden Tanten vor Entzücken. Und die Onkel schlugen Rosi anerkennend auf die Schulter.
Daß Elvira sprachlos und mit offenem Bauch im Puppenwagen lag, sah Rosi als notwendige Begleiterscheinung ihrer Experimente. Es beunruhigte sie in keiner Weise. Im Gegensatz zu Rosis Mama, die fortan ungefragt die Patenschaft für Elvira übernahm, ihren Bauch mit einem Pappdeckel wieder verschloß und sie auf eben das Kissen setzte, in das Rosi Elviras Stimme eingebaut hatte.
Mit zunehmendem Alter machte Rosis Liebe für Geräusche Fortschritte. Ähnliche Fortschritte wie die blauen Striche, die zum Ärger von Rosis Mama auf dem weißen Rahmen der

Wohnzimmertür emporkrochen. Alle paar Monate legte Rosis Papa ein langes Holzlineal über den Scheitel seiner Tochter und markierte mit einem Stift auf dem Türrahmen, um wieviel sie wieder gewachsen war. Rosi begann, sich für Stimmen mit Musikbegleitung zu interessieren. Stundenlang hockte sie vor dem Radio und nahm mit dem Kassettenrekorder, den sie von Onkel Herbert und Tante Ida zum zwölften Geburtstag geschenkt bekommen hatte, Musiksendungen auf. Rosi fing an, die Lieder nachzusingen und lebende und verstorbene Musikgrößen zu imitieren. Von nun an waren die Familienfeste um eine Attraktion reicher.

Wenn Rosi von weißen Rosen aus Athen sang, standen den Tanten Tränen in den Augen. Und auch die Onkel klatschten begeistert. Rosi sang alles, was gewünscht wurde. Sie sang von Liebe und Leid, weißem Flieder, der blüht, von der Sonne, die bei Capri im Meer versinkt, von Tulpen aus Amsterdam und von Fremden, die sich in der Nacht begegnen. Sie lernte die Lieblingslieder der Tanten und Onkel kennen. Die, bei denen sie die Augen zumachten und mitsummten. Und auch ein paar von Omas Liedern. Omas Lieblingslied war ›So stell ich mir die Liebe vor‹. Rosis Erfolg war überwältigend. Wenn sie auch bei manchem Schlager Lachstürme entfachte, zeigte Rosi der Applaus, daß ihre Darbietungen geschätzt wurden. Dieser Applaus gab Rosi noch Jahre später die Sicherheit, nie an ihren Fähigkeiten als Stimmungsmacherin zu zweifeln. Hier wurde der Grundstein zu Rosis rollender Disco gelegt. In den folgenden Jahren sparte Rosi zwar mehr und mehr mit eigenen Darbietungen zugunsten der Originalaufnahmen, die sie vom Band zauberte. Aber auch Jahre später sang sie noch Lieder aus dieser Zeit, wenn sie es mit einem besonders trübsinnigen Haufen zu tun hatte. Danach war das Eis dann immer gebrochen.

Neben den künstlerischen ließ Rosi auch ihre technischen Talente nicht verkommen. Ohne Wissen ihrer Eltern installierte sie eine Anlage, mit der sie die restlichen Räume des Hauses abhören konnte. Auf diese Weise erfuhr sie von den wichtigsten Dingen des Lebens, ohne daß sie Fragen zu stellen brauchte. Rosi war neu, zu welchen Unterhaltungen sich erwachsene Leute versteigen konnten, wenn sie glaubten, daß niemand zuhörte. Ihre Eltern beispielsweise oder die Tanten und Onkel. Besonders lustig wurde es, wenn ein Mann und eine Frau allein waren. Frauen taten dann nichts als giggeln, kichern, stöhnen und schreien, und Männer brabbelten daher, als wären sie Babys, die gerade sprechen lernten.

Als Rosi ihre Schulzeit beendet hatte, besaß sie neben dem Abschlußzeugnis ein erstaunliches Maß an Lebenserfahrung, die sie sowohl in einem helfend-heilenden als auch in einem künstlerisch-technischen Beruf hätte gewinnbringend einsetzen können. Solche Berufe hatte jedoch niemand in Rosis Familie. In Rosis Familie wurden Männer Fliesenleger wie ihr Papa, Elektriker wie Onkel Peter, Maurer wie ihr Opa, Schweißer wie Onkel Herbert oder Lastwagenfahrer wie Onkel Helmut. Die Frauen in Rosis Familie wurden Mütter, Ehefrauen, Hausfrauen. In der Regel in genau dieser Reihenfolge. Und manchmal halfen sie nach der Schule kurz irgendwo aus, bis sie das wurden. Eine ordentliche Lehre hatten sie alle nicht gemacht.

Da Rosis Mama bezweifelte, daß ihre Tochter mit ihren seltsamen Neigungen je einen Mann finden würde – welcher Mann wollte schon eine Frau, die mit dem Kochlöffel die Töpfe höchstens von unten bearbeitete –, war sie dafür, daß Rosi etwas Ordentliches lernte. Außerdem lag ihr am Herzen, daß Rosi so bald wie möglich ein eigenes Auskommen fand und auszog. Sie war es leid, hinter ihrer Tochter herzuräumen. Sie hatte genug von den Verwüstungen, die Rosi mit ihren Basteleien anrichtete, war den Anblick von ausgeschlachteten Kofferradios und Steckern ohne Schnüre leid. Sie freute sich auf den Tag, an dem Rosi ihre Schnüre und Kassetten und Schallplatten zusammenpacken und ausziehen würde. Im stillen schmiedete sie schon Pläne für die Einrichtung des Zimmers, das dann frei würde. Die wilden Poster würden alle in den Abfall wandern, diese halbnackten, schwitzenden Affen mit Mikros in der Hand, die Mädchen in den kurzen Bananenröckchen, alles sollte weg. Der Raum würde mit einer schönen Blumentapete ganz neu hergerichtet. Und sie würde ihre Topfpflanzen in das Zimmer stellen. So ein Zimmer hatte sie einmal in einer Zeitschrift gesehen. Rosis Mama hatte einen Blick für die Realitäten.

Nachdem Rosis sehnlicher Wunsch, Elektrikerin zu werden wie Onkel Peter, vom versammelten Familienclan mit schallendem Gelächter vom Tisch gefegt wurde, einigte man sich schließlich darauf, daß Rosi Friseuse lernen sollte. Rosi willigte ein. Aber nur, weil bei Herrn Schneider, dem Friseur, zu dem Rosis Mama ihre widerspenstige Tochter früher geschleift hatte, immer das Radio eingeschaltet war und muntere Melodien durch den Friseursalon tönten.
Also lernte Rosi Friseuse. Sie sorgte dafür, daß allzeit frische Handtücher an den Frisierplätzen lagen, half den Kundinnen in pastellfarbene Nylonkittel, wusch ihnen die Haare und fegte auf dem Boden die Haare zusammen, die die drei Friseusen, die bei Friseur Mager beschäftigt waren, abgeschnitten hatten. Haareschneiden, Färben, Dauerwellen legen lernte Rosi in ihrer Freizeit, am Wochenende oder am Montag, wenn sie freihatte und den Tanten die Haare machte. Die begaben sich vertrauensselig in die Hände ihrer Nichte, nicht ahnend, daß diese über keinerlei Praxis verfügte. Rosi hütete sich, sie aufzuklären. Das zusätzliche Taschengeld, das die Tanten ihr zusteckten, konnte sie bei ihrem mageren Lehrlingslohn gut gebrauchen. Wenn es ihr auch an Praxis mangelte, so ging Rosi dafür mit um so mehr Schwung und Selbstvertrauen an die Köpfe ihrer Tanten. Sie überredete sie zu neuen Haarfarben, kühnen Schnitten und rasanten Dauerwellen. Rosi war von den Ergebnissen ausnahmslos begeistert. Die Tanten schlossen sich nach dem ersten Schock in

der Regel Rosis Begeisterung an. Die Onkel legten keine ernstzunehmenden Beschwerden ein. Und Rosi konnte weiter ihre Erfahrungen auf den Köpfen der Tanten machen.

Nur Rosis Mama ging weiterhin zu Herrn Schneider. Sie weigerte sich beharrlich, ihre Tochter an ihren Kopf zu lassen, obwohl Rosi ihr angeboten hatte, ihr die Haare gratis zu richten.

Rosi selbst wechselte während ihrer Lehrzeit alle paar Monate die Haarfarbe. Von Rot über Wasserstoffblond zu Braun mit blonden Strähnchen bis hin zu den Regenbogenfarben Grün, Blau, Orange, die in Mode kamen. Ihrem Chef, Herrn Mager, war es recht. Seit Rosi in seinem Salon lernte, hatte er regen Zulauf im Herrensalon, einem Bereich, der vorher stark rückläufig gewesen war und von ihm allein betreut wurde, während im Damenbereich drei Friseusen arbeiteten. Jetzt kam er kaum nach mit der Arbeit und ließ sich von Rosi assistieren, wenn er den jungen Männern das Gesicht zur Rasur weiß einschäumte. Herr Mager wußte, was er an Rosi hatte, und räumte ihr Freiheiten ein, die er keinem Lehrmädchen bisher eingeräumt hatte. Rosi durfte das Schaufenster dekorieren und eine Kassette mit Schlagern und Werbetexten zusammenstellen, die vom Eingang des Geschäfts über zwei Lautsprecher, die links und rechts der Eingangstür installiert waren, über die Straße tönte.

Der Erfolg gab Rosi recht. Neues, junges Publikum fand in den Salon, und die alten Damen aus der Nachbarschaft, die seit Jahren kamen, wurden nicht verschreckt. Im Gegenteil, sie schienen die veränderte Atmosphäre zu genießen. Wenn Rosi ihnen den Namen der Gruppe verriet, die gerade im Salon zu hören war, hörten sie ihr aufmerksam zu. Jetzt konnten sie endlich im Gespräch mit den Enkelkindern mithalten, kannten den Song Nummer eins der wöchentlichen Hitparade und waren dank Rosi voll auf dem laufenden, mit welchen anderen Songs die Gruppe schon früher Erfolg gehabt hatte.

Gegen Ende ihrer Lehrzeit hatte Rosi erreicht, daß an ihrem

Arbeitsplatz tagsüber ihre Lieblingsscheiben über die Lautsprecher liefen und die Haare der Kundinnen im Takt gewaschen, geschnitten und gefönt wurden. Noch nicht einmal Hannelore, die dienstälteste Friseuse, protestierte. Sie summte die Melodien mit, die mehrmals täglich durch den Salon schallten und die jede der Friseusen am Ende eines Arbeitstages auswendig Ton für Ton wiedergeben konnte. Selbst Herr Mager pfiff die Melodien, wenn er nach Geschäftsschluß Kasse machte.

Als zu Ende ihrer Lehrzeit ein Fest der Friseurlehrlinge anstand, erklärte Rosi sich bereit, die Gestaltung des Abends zu übernehmen. Es wurde ein voller Erfolg. Sie heizte den Leuten so ein, daß noch die Schlaffsten munter wurden, und wechselte zum richtigen Zeitpunkt von den schnellen zu den langsamen Stücken über. Es gelang ihr, daß die letzten Mauerblümchen und die pickligsten Jünglinge auf der Tanzfläche landeten. Es war ein rauschendes Fest, und danach kamen die ersten Angebote. Mit dem Abschluß ihrer Lehrzeit wurde Rosis rollende Disco aus der Taufe gehoben. Ihr erster Auftrag nach dem Fest kam von einem der pickligen Jünglinge, der auf dieser Fete seine zukünftige Frau gefunden hatte. Er engagierte Rosi, um auf seiner Verlobung für Stimmung zu sorgen.

Rosi dämmerte es, daß sie über Talente verfügte, die sie über den Familienkreis und das Friseurgeschäft des Herrn Mager hinaus gewinnbringend einsetzen könnte.

Der Einsatz auf der Verlobungsfeier war der erste, bei dem Rosi schon einen Blauen oder zwei für ihre Arbeit kassieren konnte. Ein Zusatzverdienst, der ihr ermöglichte, ein halbes Jahr nach Abschluß der Lehre den Abflug zu wagen und sich eine eigene kleine Wohnung zu nehmen. Sehr zur Freude von Rosis Mama, die die Blumentapeten, mit denen sie das Zimmer tapezieren wollte, schon über ein Jahr auf dem Dachboden liegen hatte. Große Sprünge konnte Rosi nicht mit dem Geld machen, das sie bei Herrn Mager als ausgelernte Friseuse verdiente. Trotz der Trinkgelder, die besonders im Herrensalon üppig flossen, und ihres Zusatzverdienstes mit der rollenden Disco. Allein die Hälfte des Geldes ging für Miete, Strom und Heizung drauf. Ein weiteres Viertel fraß ein alter VW, den Rosi von einem ihrer Onkel geschenkt bekommen hatte. Manches Ersatzteil mußte sich Rosi buchstäblich vom Munde absparen. Nachdem sie Mamas Fleischtöpfen entkommen war, ernährte sie sich ein Jahr lang von zwei Stück Mohnkuchen pro Tag zum Kurs von einer Mark pro Stück.

In ihrer Wohnung sah es zugegebenermaßen etwas wild aus. Rosi kampierte auf einer Matratze und nutzte den Rest als Lagerraum für ihre Platten, Kassetten und Elektroteile. Und da sie keine Garage hatte, stapelte sie hier auch die Winterreifen für ihren VW. Rosi gefiel ihre Wohnung bombig. Die Akustik war Extra-Klasse, und sie konnte ihre Anlage voll ausfahren. Neben ihr wohnte eine alte Dame, in deren Ohren sie zu ihrer Freude die Muscheln eines Hörgeräts entdeckt hatte, als sie sich ihr nach dem Einzug vorgestellt hatte. Rosis Mama weigerte sich beharrlich, einen Schritt über die Schwelle der neuen Wohnung zu setzen. Rosi war nicht böse darüber. Es wäre ihr schwergefallen zu erklären, wieso in ihrer Küche eine alte Wurlitzer stand, eine supertolle alte Musikbox, anstelle eines ordentlichen Küchenherdes.

Jetzt war Rosi an vielen Wochenenden ausgebucht. Sie wurde zu Geburtstagen angeheuert, Silberhochzeiten, Jubiläen, Verlobungen, Polterabenden und ganz normalen Partys. Einmal durfte sie für eine Frau Musik machen, die mit ihren Freundinnen feiern wollte, daß sie endlich glücklich geschieden war. Nur Frauen sollten zur Unterhaltung des Abends beitragen. Für diese Fete mußte Rosi abendelang ihren Bestand an Platten kritisch durchforsten, bis sie die richtigen beieinander hatte.

Für Rosis Tanten war die Entwicklung weniger erfreulich. Sie mußten sich damit abfinden, daß ihre Nichte immer seltener die Zeit fand, ihnen die Haare zu richten. Schließlich meldeten sie sich wieder bei ihrem alten Friseur an. Im Grunde waren sie mächtig stolz auf ihre Nichte und deren Unternehmungsgeist. »Unsere Rosi«, sagten sie anerkennend, »wißt ihr noch, wie sie auf Omas Sechzigstem zum erstenmal...?«

An dieser Stelle bemerkte Rosis Mama immer spitz, daß Rosi es mit solchen Mätzchen nicht weit bringen und so nie einen Mann finden würde. Eine Kritik an ihrer geliebten Nichte, die die Tanten nicht von der Hand weisen konnten. Nur, wenn sie ein Gläschen oder zwei getrunken hatten, die Männer in der Ecke Karten spielten und die Frauen unter sich waren, dann kicherten sie los und konterten:

»Einen Mann, wozu braucht die Rosi denn einen Mann? Wozu braucht sie einen, wenn sie eine ganze Fußballmannschaft an Verehrern hat.«

Und sie malten sich aus, wie ihre Nichte jeden Abend einen anderen saftigen jungen Mann mit zu sich auf die sturmfreie Bude nahm. Wenn die Wogen zu hoch schlugen, wurden die Männer in der Kartenecke neugierig und wollten wissen, was los war. Ob etwa über sie geredet wurde. Und die Tanten beruhigten sie und antworteten, daß sie gerade über Omas Sechzigsten geredet hätten und wie die Rosi da zum erstenmal... Die Männer wandten sich sofort wieder den Karten zu. Diese Geschichte hatten sie schon allzuoft gehört. Die Tanten schlugen sich dann vor Vergnügen auf die Schenkel.

Die einzige, die das nicht lustig fand, war Rosis Mama. Sie fand sich in ihren schlimmsten Befürchtungen bestätigt. Ihre Tochter würde nie einen Mann abkriegen, wenn sie so weitermachte.

Rosi wußte nicht, was sie mit einem Mann hätte anfangen sollen. Tagsüber arbeitete sie bei Herrn Mager im Salon, und jede freie Minute verbrachte sie mit ihrer Musik. Entweder war sie auf der Suche nach alten Platten, die es nicht mehr gab, stöberte auf Flohmärkten herum, oder sie nahm Rundfunksendungen auf, hörte Platten ab, stellte ein Programm für einen Abend zusammen und war auf Feten unterwegs. Rosi hatte keine Zeit für einen Mann.

Außerdem hatte sie sich aus ihren frühen Erfahrungen innerhalb der Familie eine gesunde Skepsis gegenüber der Männerwelt bewahrt. So vernünftig Männer auch zu sein vorgaben, wenn es um Frauen ging, schienen sie keiner Vernunft mehr fähig, sondern wurden zu kleinen Idioten, die sich an den Rockschoß der Frauen hängten. Ihre Beobachtungen an den Discoabenden hatten das bestätigt. Auch die Großkotzigsten, die unter ihresgleichen am Tresen die heißesten Sprüche klopften, waren alles andere als gefestigte Persönlichkeiten. Wenn ihre Freundin mit einem anderen tanzte, fingen sie an zu zittern und zu beben und Aschenbecher und Bierflaschen durch die Gegend zu werfen. Sie prügelten sich mit ihren Konkurrenten, machten Kleinholz aus der Bestuhlung. Und wenn Rosi dann am Ende einer Fete zwischen dem Kleinholz ihre Kabel zusammensuchte, saßen sie als heulende Häufchen Elend in der Ecke, besoffen sich und beteuerten, wie sehr sie die Frau liebten, die sie vorher noch auf der Tanzfläche gestellt und geohrfeigt hatten.

Rosi waren die Frauen lieber. Die waren aus einem anderen Holz geschnitzt. Die taten zwar einen auf zerbrechlich, wenn sie mit ihren hohen Hacken auf die Tanzfläche stolperten, aber wenn's ums Wesentliche ging, waren die beinhart. Die wußten, was sie wollten, und ließen sich nicht unterkriegen. Schneuzten in ihr Taschentuch, um sich von ihrem Alten zu verabschieden, und schoben dem Neuen, den sie sich ausgeguckt hatten, auf dem Weg zum Klo ihre Telefonnummer zu. Rosi war froh, eine Frau zu sein.

Allerdings hatte es auch seine Schattenseiten, Frau zu sein. Besonders eine, die vorne saß, die ein Mikro vor der Nase hatte und entschied, welche Scheiben aufgelegt wurden, was als nächstes gemacht werden sollte. Damit hatten die Typen ihre Schwierigkeiten. Eine Frau, die sich so was traute, lässig da vor allen rummachte, ihre Show abzog! Rosi wußte, daß viele von denen, die versuchten, sie anzumachen, das nur taten, weil sie da vorne saß und bestimmte, wo's langging. Frauen mit kurzen Röckchen und Lederhosen gab's zuhauf. Da brauchten die Typen nicht gerade bei ihr Schlange zu stehen. Aber eine Frau, die die Technik voll drauf hatte, die cool mit den Leuten auf der Tanzfläche plauderte, das spornte die Macker mächtig an.

Wenn Rosi ihre Anlage auf- oder abbaute, gab es immer eine Reihe von Typen, die dabei im Weg rumstanden, blöde grinsten und darauf lauerten, daß sie es nicht geregelt kriegte. Rosi kannte das inzwischen in- und auswendig, das blöde Grinsen und die lässige Frage, ob sie nicht irgendwie behilflich sein könnten. Als Mann und so. Im allgemeinen ließ sie sich von solchen Idioten nicht bei der Arbeit aufhalten, verkabelte ruhig weiter ihre Geräte, stöpselte Schnüre ein und aus, machte ihren Soundcheck. Nur wenn die Kerle ihr gar zu dämlich kamen, stopfte sie ihnen das Maul. Meist bot sie ihnen an, sich vertrauensvoll an sie zu wenden, wenn sie ihren Umgang mit der Technik verfeinern wollten. Und für den Fall, daß sie des Lesens und Schreibens kundig wären, dürften sie sich gerne die geschäftliche Telefonnummer von Rosis rollender Disco aufschreiben. Für alle Fälle. Die stünde groß genug auf ihrem Auto. Und oft setzte sie noch einen drauf, indem sie die Typen bat, von dem Kabel zu steigen, auf dem sie standen. Natürlich standen die auf keinem Kabel.

Das reichte meist, um in Ruhe gelassen zu werden. Aber für die Retourkutschen mußte sie sich warm anziehen. Humorlos, wie sie waren, ließen sie dem Frust darüber, daß sie bei ihr nicht landen konnten, freien Lauf. Schlitzten die Bespannung eines Lautsprechers durch oder stachen die Reifen an. Die waren dann halt platt, wenn sie nach Hause fahren wollte. Und auf ihrem Anrufbeantworter fand sie in der Folge einiges, was anderen Frauen den Magen umgedreht hätte.

Derartige Erfahrungen waren nicht dazu angetan, Rosis Sicht der Männerwelt zu verbessern, und es wäre Rosi nicht im

Traum eingefallen zu bedauern, daß sie nie mehr als zwei Abende mit dem gleichen Typ verbrachte.
Tagsüber im Frisiersalon traute sich kein Mann, Rosi dumm zu kommen oder sie blöd von der Seite anzuquatschen. Die hellen Neonröhren über den Köpfen der jungen Männer, die sich im Herrensalon drängten, sowie das Rasiermesser in der Hand des Herrn Mager trugen mit dazu bei, daß keiner je die gute Erziehung vergaß, die er zu Hause bei seiner Mama genossen hatte. Sie ließen sich von Herrn Mager auf einen seiner hohen Frisierstühle setzen, die an die Behandlungsstühle beim Zahnarzt erinnerten, ließen sich klaglos mit dem Pinsel durch das Gesicht wischen und die Nasenlöcher mit Rasierschaum verkleben, sie ließen sich ihre Bartstoppeln von der Backe schaben und ihre Gesichtshaut klopfen und zerren. Und alles nur, um aus den Augenwinkeln einen Blick auf Rosis knackigen Po im Lederhöschen werfen zu können – oder ein paar belanglose Worte mit ihr zu wechseln, wenn sie wieder von ihrem Folterstuhl steigen durften und für die erlittenen Qualen zahlten.
Unter den Scharen von jungen Männern, die auf den Frisierstühlen Anton Magers landeten und Rosi entgegenblinzelten, wenn sie ihrem Chef die Rasiercreme reichte, gab es nur einen einzigen, mit dem Rosi ganz gern mal redete. Er hieß Fritz und war Student der Informatik, was Rosi weniger beeindruckte als die Tatsache, daß er echt Ahnung von Technik zu haben schien. Mit ihm konnte sie sich richtig gut unterhalten. Und er schaffte es, ihr seine fachliche Anerkennung für die Beschallung des Frisiersalons zu verstehen zu geben, ohne daß es zuckrig wurde. Das gefiel Rosi. Sie ließ sich von Fritz zu einem Popkonzert einladen. Grönemeyer. Ein Typ, dessen Lieder sie mochte. Guter Beat, die Texte soft, aber ansonsten alles eher rockig. Musikmäßig fand Rosi an Fritz' Geschmack nichts auszusetzen. Durch ihn lernte sie sogar noch die eine oder andere Gruppe kennen, von der sie vorher noch nichts gehört hatte.

Fritz wurde Rosis erster fester. Fritz war der erste, den sie mit nach Hause nahm. Rosis Mama schloß ihn derart ins Herz, daß sie ihn, als Rosi gerade auf dem Klo war und er ein Stück Pflaumenkuchen verdrückte, über ihre Tochter aufklärte. Er mampfte ungerührt den Pflaumenkuchen weiter, den Rosis Mama extra für diesen Anlaß gebacken hatte, und drückte Rosi einen Schmatz auf die Backe, als sie wieder neben ihm auf dem Sofa saß. Fritz war einfach in Ordnung.

Er fand Rosis Auftritte mit ihrer rollenden Disco toll, und wenn er auch nicht begeistert war, daß Rosi sich weigerte, in seinen Rock 'n' Roll-Club einzutreten und mit ihm zu trainieren, so akzeptierte er Rosis Entscheidung voll. Und wenn er nicht selbst rock 'n' rollmäßig auf Achse war, bot er ihr seine Hilfe beim Auf- und Abbau der Geräte bei ihren Auftritten an. Die nahm Rosi an, ohne sich zu zieren, denn die Lautsprecher hatten ein ganz schönes Gewicht, und Rosi wußte von ihrem Onkel Helmut, der nicht nur Lastwagen fuhr, sondern sie auch belud, wie schnell man sich sein Kreuz ruinieren konnte.

ROSIS ROLLENDE DISCO boomte.

Knapp zwei Jahre nach dem Start gab es kaum noch ein Wochenende, an dem Rosi nicht voll ausgebucht war. Das war der Zeitpunkt, an dem Rosi Trudchen erwarb und ihre Anlage mit Max und Moritz erweiterte. Längst fuhr sie mit Trudchen kilometerweit über Landstraßen zu ihren Einsatzorten. ROSIS ROLLENDE DISCO war über die Heimatstadt hinaus zu einem Begriff geworden.

Manchmal wurde es Rosi schon fast zuviel, das lange Stehen tagsüber im Frisiersalon, die Auftritte am Wochenende und zuweilen auch während der Woche, die langen Fahrten in der Dunkelheit und die langen Nächte. Dann nahm sie einen Stift und ein Blatt Papier und begann sorgfältig ihre Ein- und Ausgaben aufzulisten, um zu sehen, ob es nicht möglich wäre, von den Einnahmen der rollenden Disco zu leben und den Job im Frisiersalon an den Nagel zu hängen. Solche Rechne-

reien endeten unweigerlich damit, daß Rosi den Stift in die Ecke und das Blatt mit den Zahlen in den Mülleimer warf.
In solchen Momenten legte Fritz rücksichtsvoll eine Platte von Grönemeyer auf, zog Rosi vom Küchentisch hoch und rockte mit ihr durch die Diele. Wenn sie danach außer Atem auf Rosis Matratze gefallen waren, fing Fritz an loszuspinnen. Wenn er mit dem Studium fertig war, könnten sie ja ihre Hausstände zusammenschmeißen und sie könnte sich ganz auf das Discogeschäft verlegen. Für das geregelte Auskommen würde er sorgen. Und Herr Mager müßte sich ein neues flottes Mäuschen suchen, damit der Betrieb in seinem Herrensalon nicht wieder zusammenbrach. Und er und Rosi, sie würden so richtig ganz in Weiß einen abfeiern. Eine Riesenfete mit seinen Alten und Rosis Alten und seinen Geschwistern und mit Rosis Onkeln und Tanten und ihrer Oma und seinen Kollegen aus dem Rock 'n' Roll-Club und von der Uni und mit Rosis Kolleginnen und, wenn's sein müßte, mit Herrn Mager und Gattin. Ganz in Weiß...
Rosi konnte sich gut vorstellen, mit Fritz zusammenzuleben. Er war ein dufter Kumpel. Auf ihn war hundertprozentig Verlaß. Er konnte schweißen, hatte Ahnung von Technik. Mit ihm konnte sie stundenlang einen über Verstärker und Elektronik abquatschen, und es wurde nie langweilig. Das einzige, was Rosi vermißte, und das merkte sie auch nur, wenn Fritz mit seinem Rock 'n' Roll auf Tour war und sie einen freien Abend hatte und sich genußvoll auf ihre Matratze vor die Glotze knallte, um einen alten Hollywoodfilm anzugucken, das einzige, was Rosi vermißte, war das totale Verknalltsein. Fritz war einfach nicht der Typ, der sich wie Bogie schmachtend quer über das Klavier schmiß und seiner Angebeteten dabei vielsagend in die Pupillen glotzte. Bei Fritz war es eher ein freundschaftlicher Knuff zwischen die Rippen, ein zugedrücktes Auge und ein verheißungsvolles: »Laß jucken, Rosimaus. Nix wie inne Trude mit'm Krempel, und dann machen wir 'ne Düse, wat?« Wenn sie dann zu Hause auf der

Matratze lagen, schlief er sofort ein und schnarchte. Neben dem Studium jobbte Fritz noch in einem Technikkaufhaus der Kohle wegen, und da war es kein Wunder, wenn er so schnell wegratzte. Das sagte sich Rosi, wenn sie neben ihm ums Einschlafen kämpfte, aber es half nichts. Nach jedem Abend vor der Glotze, nach all den netten Kavalieren in den alten Filmen, sangen Rosi unweigerlich ihre alten Tanten in den Schlaf. Sie sah vor sich deren verzückte Gesichter, die geschlossenen Augendeckel, und entrückt summten sie zusammen mit der Oma, die als einzige laut den Text sang: »So stell ich mir die Liebe vor.« Wie stellte sie sich die Liebe vor? Um sich abzulenken, stellte sich Rosi nicht die Liebe, sondern ein Hochzeitspaar vor. Ganz in Weiß. Fritz in einem schwarzen Anzug mit weißen Turnschuhen und weißen Sokken und sie selbst mit ihrem schwarzen Lederrock und einem weißen Schleier über lila gefärbten Haaren...

Das Schicksal wollte es anders. Ausgerechnet auf einer Polterabendfete ereigneten sich Dinge, die dazu führten, daß es Fritz und Rosi nicht vergönnt sein sollte, miteinander zu poltern.

Es ging hoch her, und Rosi hatte keinen geringen Anteil daran. Der Bräutigam, ein nicht übel aussehender Typ mit einer langen blonden Matte, in schniekes taubenblaues Tuch gewandet, schlich so auffällig um Rosis Mikro herum, daß die Braut, eine gutgewachsene Brünette in tigergestreiftem, enganliegendem Wollkleid, mitten in einer langsamen Tanzserie zu Rosi auf die Bühne stürmte, ihr eine Ohrfeige versetzte und ihr laut kreischend Schlimmeres androhte, sofern sie, Rosi, nicht augenblicklich ihre dreckigen Finger von ihrem Ritschie lasse. Rosi fiel aus allen Wolken. Ihre Backe brannte. Die Tigerdame hatte keine schlechte Handschrift. Die Paare auf der Tanzfläche hörten auf, sich zu wiegen, und blickten erfreut nach vorne auf die Bühne, der weiteren Entwicklung harrend. Sie wurden nicht enttäuscht. Ritschie, mit bürgerlichem Namen Richard Meyer, sah sich zu einer Entgegnung veranlaßt. Er ohrfeigte nun seinerseits die Tigerdame und versicherte nicht weniger lautstark, daß er mit so einer hysterischen Ziege kein gemeinsames Leben beginnen werde. Die Paare räumten die Tanzfläche, lösten sich auf, blieben unschlüssig stehen, wechselten den Standort. Es begannen sich zwei Lager zu bilden. Rosi zog die Stecker aus der Kabeltrommel und sammelte diskret die Einzelteile ihrer Ausrüstung ein, verstaute Stück für Stück in Trudchens Innerem und machte sich vom Acker, ohne auf ihrer Bezahlung zu bestehen.

Damit war der Abend für die Gäste noch nicht gelaufen. Der eine Teil tröstete die aufgelöste Braut, der schwarze Mascaraströme über die Wangen liefen, wobei sie es an den nötigen Papiertaschentüchern nicht fehlen ließen, die anderen hauten dem Bräutigam auf die Schulter, organisierten eine Flasche Whiskey und sorgten dafür, daß sein Glas immer gut nachgefüllt wurde.

Rosi gab Gas und freute sich, mit einer strapazierten Backe und ohne blaues Auge davongekommen zu sein.

Am nächsten Dienstag kam der Bräutigam, jetzt in schlichten Jeans und schicker Lederjacke steckend, zu Friseur Mager in den Salon und ließ sich von Hannelore, Rosis dienstältester Kollegin, über Pflegeserien für Männerhaare aufklären. Am Tag darauf lag Richard Meyer auf einem von Herrn Magers hohen Friseurstühlen und bat darum, ihm seine blonde Mähne um exakt einen Zentimeter zu kürzen. Herr Mager konnte ihn trotz intensivster Bemühungen zu keinem kürzeren Schnitt bewegen. Den Tag darauf erwarb er ein neues After-Shave, für das im Schaufenster geworben wurde. Richard Meyer kam täglich, um einen neuen Artikel aus den Pflegeserien zu erstehen, die Herr Mager in seinen Glasschränken bereithielt. Die Kasse klingelte. Die Kolleginnen beneideten Rosi um diesen gutaussehenden Verehrer, der sich so hartnäckig ins Zeug legte. Der täglich einmal vorbeikam, nur um einen Blick von Rosi zu erhaschen. Und wie er seinen Arm auf die Glastheke neben Herrn Magers Registrierkasse fläzte und Rosi dabei aus der Ferne anschmachtete, das hatte Klasse. Das war ein Bild wie aus dem Kino. Dieser schmachtende Blick und die blonden Haare, die ihm halb über die Augen fielen. Mit jedem Tag, der verging, gefiel Rosi dieser Blick besser.

Richard eroberte Rosi durch einen schmachtenden Blick aus ungewöhnlich grünen Augen. Einen Blick, der durch und durch ging. Rosi begann, in Gedanken Fritz mit Richard zu vergleichen. Den kurzen Bürstenhaarschnitt von Fritz, die lange blonde Mähne von Richard, die Jeans von Fritz mit den Ölflecken und Rissen in den Kniekehlen, die frischgewaschenen Jeans von Richard. Bei Richard glänzte alles, als ob jemand mit einem Tuch an ihm herumgeputzt hätte, an Fritz wirkte alles so trübe, als ob jemand eine Kanne Öl über seinem Kopf ausgekippt hätte. Rosi verbot sich solche Gedanken. Und konnte doch nichts daran ändern, daß sie sich immer wieder einschlichen. Als die Verkäuferin aus dem kleinen Blumenladen von gegenüber Rosi täglich einen anderen Blumenstrauß vorbeibrachte und es so aussah, als wäre Herr Mager in die Blumenbranche gewechselt mit all den Blumensträußen, die auf den Frisiertischen im Damenbereich herumstanden, war es um Rosis Vernunft geschehen. Sie summte genauso entrückt wie ihre Tanten: »So stell ich mir die Liebe vor.« Mit Mühe hielt sie dabei die Augen offen, um sich nicht an den Haaren der Kundinnen zu verschneiden.

Rosi verabredete sich mit Richard an einem Abend, an dem sie frei und Fritz mit dem Rock 'n' Roll-Club unterwegs war, zu einem Spaziergang im Stadtpark. Mit Fritz war Rosi nie spazierengegangen. Auf jeden Fall nie im Stadtpark. Höchstens in der Fußgängerzone, um in den Schaufenstern der Kaufhäuser Preisvergleiche im Hi-Fi-Bereich anzustellen. Richard dagegen führte sie in den Stadtpark, zeigte ihr die schönen weißen Schwäne, die auf dem Teich ihre Runden drehten, und dabei sah er Rosi tief in die Augen und flüsterte ihr ins Ohr, daß sie seine einzige wahre Liebe sei. Rosi ergab sich der Macht der Liebe.

Am nächsten Tag machte Rosi Schluß mit Fritz. Der fragte nur einmal kurz nach, ob sie auch wisse, was sie tue, dann gab er ihr einen Kuß auf die Nase und sagte: »Schade, da kann man nichts machen.« Bevor Fritz ging, montierte er Trude noch einen neuen Auspuff und warnte Rosi: »Paß bloß auf dich auf, Mädel. Es laufen so verdammt viele kaputte Typen rum.«

Rosis Mutter war von Richard noch eine Spur begeisterter als von Fritz. Vorsichtshalber blieb Rosi jedoch den ganzen Nachmittag neben ihm sitzen und wich nicht von seiner Seite. Rosi trank wenig Kaffee und ging nicht aufs Klo. Fritz hatte Rosi erzählt, mit welchen Tricks ihre Mutter arbeitete. Bei Richard wollte Rosi kein Risiko eingehen. Sie war völlig verknallt. Genau wie in den Popsongs. Mit Kribbeln in der Brust, Schmetterlingen im Bauch und weichen Knien. Verzückt starrte sie auf Richards blonde Mähne und dankte einem gütigen Schicksal, das ihr so einen tollen Typ beschert hatte. Und er küßte ihr ganz verliebt die Haare aus dem Gesicht.

Von Technik hatte Richard keine Ahnung.

Trotzdem baute er brav nach Rosis Anweisungen die Geräte auf und ab und ging mit ihr zu den Feten. Und wenn Richard in Aktion trat und mit den Kabeln und der Technik rummachte, sah Rosi, daß mindestens die Hälfte aller anwesenden Weiber ihm entgegenschmachtete. Und er liebte nur sie. Sie ganz allein. Rosi war stolz auf ihren Richard. Stolz auf ihre Liebe.

So war Rosi in keiner Weise auf das vorbereitet, was sie in der Damentoilette vorfand, als sie gegen Ende einer Betriebsfeier unerwartet pausieren durfte, weil einer der Firmeninhaber, ein kleines graues Männchen mit einer roten Fliege, die gute Laune der Belegschaft für eine Rede nutzen wollte.

Als sie die Tür zur Damentoilette aufstieß und freundlicher

Beifall für die ersten Worte des Redners aus dem Saal tönte, blieb Rosi wie vom Donner gerührt in der offenen Tür stehen. Aus den Spiegeln über den Handwaschbecken leuchtete ihr Richards blonde Mähne entgegen. Sie sah Richards Rücken, zwei Arme, die sich um ihn spannten und zwei Frauenbeine, die neben Richards Hüften in die Luft ragten. Spitze Stöckelabsätze, die neben Richard auf- und abwippten. Es brauchte eine Weile, bis Rosi das Bild richtig zusammenbekam. Ritschie bumste irgendeine Schöne, die er vor sich auf den Rand des Waschbeckens gesetzt und der er den Rock hoch- und das Höschen heruntergeschoben hatte. Rosi sah zusammengedrückten Stoff, der sich am Rand des Waschbeckens knuddelte. Das Gesicht der Frau konnte Rosi nicht sehen. Sie sah nur Ritschies Rücken. Rosi machte auf dem Absatz kehrt.

Der Mann mit der Fliege hatte seine Rede beendet und nahm den abschließenden Applaus erfreut entgegen.

Sie sagte eine langsame Tanzserie an. »Für alle Verliebten und die, die es heute nacht noch werden wollen«, hörte sie sich ins Mikro raunen. Sofort füllte sich die Tanzfläche. Nach dem ersten Blues tauchte Ritschie wieder auf. Er setzte sich neben sie und strich ihr verliebt über den Handrücken. Und er sah sie an mit seinen leuchtenden grünen Augen.

Auf eine Schau war Rosi nicht scharf. Sie hatte wenig Lust, sich mit ihm vor den anderen zu streiten oder zu prügeln. Die Leute bezahlten sie schließlich dafür, daß sie ihnen einen angenehmen Abend bereitete.

Die Paare schoben sich eng aneinandergeschmiegt über die Tanzfläche. Ritschie drückte ihre Hand. Sie mußte ununterbrochen an Fritz' Abschiedsworte denken. ›Paß bloß auf dich auf, Mädel. Es laufen so verdammt viele kaputte Typen rum.‹ Wie recht er hatte. Die Paare auf der Tanzfläche rieben sich immer enger aneinander. Sie sah Richard an. Selbst im Dunkeln leuchtete seine blonde Mähne, glänzten seine Augen. Kein Wunder, daß die Weiber bei seinem Anblick nasse Höschen kriegten. Wenn es nur das wäre. Wenn er nur nicht diese sentimentale Nummer drauf hätte. Dieses Gesülze von großer und wahrer Liebe. Wenn sie, Rosi, schon auf so einen Schmus ansprang, wieviel leichter mußte er es dann bei den anderen Damen haben. ›Es laufen so verdammt viele kaputte Typen rum. Paß bloß auf dich auf, Mädel.‹ Und ob sie gut auf sich aufpaßte. Es liefen echt viel zu viele von diesen kaputten Typen herum. Viel zu viele.

Rosi sagte die letzte Tanzrunde an.

Als das Licht wieder anging, steuerten die Tanzenden mit zusammengekniffenen Augen auf ihre Sitzplätze zu. Das Aufbruchsignal war gegeben. Jetzt leerten sie alle noch rasch ihre Gläser, wühlten an der Garderobe nach ihren Mänteln und machten sich mit und ohne Begleitung auf den Heimweg. Zurück blieb ein Saal mit dicken Rauchschwaden, dem Gestank von Bier und Schnaps und etlichen Kippen, die auf dem Boden gelandet waren. Der Wirt räumte mit dem Kellner zusammen die Gläser auf die Tabletts. Rosi baute schweigend mit Ritschie die Geräte ab. Jeder Handgriff saß. Das hatten sie schon oft gemeinsam getan. Da gab es nicht viel zu reden. Heute war sie froh darüber. Sie hätte nicht gewußt, was sie ihm sagen sollte. Ritschie schleppte die schweren Teile durch den Seitenausgang vor die Tür, und Rosi holte Trude von dem Parkplatz eine Straße weiter.

Ritschie saß inmitten des ganzen Krempels auf einem Lautsprecher im Dunkeln auf dem Bürgersteig und wartete darauf, daß Rosi Trude so nah wie möglich herankarrte, damit sie die Anlage nicht allzuweit schleppen mußten. Rosi legte den Rückwärtsgang ein und setzte vorsichtig nach hinten auf den Bürgersteig. Im Rückspiegel sah sie Ritschies blonde Mähne aufleuchten. Genauso, wie sie ihr aus dem Spiegel im Damenklo entgegengeleuchtet hatte. Mit dem rechten Fuß drückte sie das Gaspedal weiter durch. Trudchens Hinterteil schob Richard einschließlich der Lautsprecher und einiger Kleinteile mit einem Ruck gegen die Wand. Es knackte und knirschte,

wie wenn altes Gerümpel von einem Müllwagen zerkleinert wird. Richards Schreie gingen in dem ohrenbetäubenden Krachen und Dröhnen unter. Einem Lärm, der alles durchdrang wie das Rauschen einer Anlage, die falsch zusammengesteckt ist.
Dann war es still. Jeden Moment würde der Wirt herausgelaufen kommen. Rosi überlegte. Die Bullen würden ihr das schon abkaufen. Ihre Übermüdung, die schwarzen Kreise vor den Augen und daß sie einfach nur schnell nach Hause wollte. Und der Wirt konnte bezeugen, wie sie mit Ritschie vor der Fete rumgeturtelt hatte. Hoffentlich war nichts Wichtiges zu Bruch gegangen. Außer den Lautsprechern. Die hätte sie sowieso bald erneuern müssen. Die Bässe kratzten wie blöd. Die machten jede gute Musik kaputt. ROSIS ROLLENDE DISCO würde bald mit völlig neuem Drive durch die Gegend düsen. Rosi streichelte Trudes Lenker. Die gute alte Trude. Auf die war Verlaß. Immerhin gab es jetzt einen kaputten Typen weniger, der die Weiber mit seinem Schmalz einseifen konnte. Das war doch schon was, oder?
Wo blieb denn verdammt noch mal der Wirt? Mußte sie denn heute alles selber machen?

Der erste Sommer

Sie konnte sich gut an den ersten Sommer erinnern.
Der Tag, an dem die Vorbesitzer ihr die Schlüssel übergeben hatten, war noch ganz frisch: ein strahlend sonniger erster Mai mit tiefblauem Himmel, üppig blühenden Magnolien und einem Fesselballon, der schwerelos über das Häuschen hinwegschwebte. Ihr erster Sommer mit Garten. Sie konnte gar nicht genug davon kriegen. Abend für Abend saß sie mit einer Flasche Weißwein, die sie in ein nasses Geschirrtuch eingeschlagen hatte, auf der Terrasse und wünschte sich, daß dieser Sommer nie enden möge. Daß die Luft immer so lau und sanft bliebe und der Sternenhimmel über ihr nie seine Sterne verlieren würde. Nachts lief sie manchmal mit nackten Füßen über den Rasen. Einfach so. Und legte sich danach glücklich in ihr Bett. Kein einziger Regentropfen trübte die Erinnerung an den ersten Sommer, obwohl der Verstand ihr sagte, daß es auch in diesem Sommer geregnet haben mußte.
Auch die Nachbarn waren eine Freude im ersten Sommer. Laut und selbstsicher besetzten sie ihre Gärten. Machten sich breit auf den langen Rasenstücken, ließen zum Wochenende Bierfässer anrollen und füllten die Luft über den Gärten mit dem Geruch von Holzkohle und dem Zischen von Fett, das in den Flammen verglühte. Munter warfen sie einander Worte über die Gitter ihrer Zäune zu, und sobald die Sonne untergegangen war, plapperten sie leise und verhalten. Die bunten Lampions, die sie quer durch ihre Gärten spannten, machten aus ihren Köpfen lustige grüne, blaue, rote und gelbe Luftballons. Den ganzen Sommer hindurch hallte es fröhlich durch die Gärten. Die Frauen riefen nach ihren Kindern, die Kinder

riefen nach den Hunden, die Männer hauten ihren Frauen auf die Hinterteile, und die Katzen kreischten ihre Paarungsschreie in die warmen Nächte bis hinauf in die Schlafzimmer der Menschen.

Die Männer gingen nachmittags, wenn sie von der Arbeit kamen, in die Werkzeugschuppen und holten sich ihre Sägen, durchsägten Baumstämme und ließen die Luft vor Männlichkeit erzittern. Mit ihren Bohrern stemmten sie die Wände der Häuser auf. Sie rissen Steine aus dem Boden, und sie versetzten Mauern. Unermüdlich tönte die Botschaft männlichen Schaffensdrangs durch die kleine Vorstadtstraße mit den Reihenhäusern. Die Frauen stemmten stolz die Arme in die Hüften, und das spornte die Männer an, noch mehr zu bohren und zu werken und zu schaffen. Und die Männer stemmten mit doppelter Kraft die Eisenträger für die Fundamente, mischten Beton in einer Ecke des Gartens und gossen den zähflüssigen grauen Brei aus der Blechtrommel in die warme Erde. Für riesige Panoramascheiben rissen sie Steine aus den Wänden, und für neue protzige Terrassen verlegten sie rosafarbene Marmorplatten. Und nie wurden sie müde. Die Frauen waren so rund und stolz wie die frischgewaschene Wäsche auf der Leine, wenn der Sommerwind sie blähte, und rochen nach ihren Johannisbeergelees und frischgebackenen Apfelkuchen, die sie am Nachmittag in die Gärten trugen. Und dann und wann sah sie die Nachbarn sogar zwischen Tagesschau und Spielfilm stumm unter den Bäumen sitzen, die Kinder schon im Bett. Wenn es keine Gäste gab, waren die Gärten sonst meistens schon ab acht wie leergefegt. Die Plastikstühle ordentlich gestapelt, die Tische vom Rasen geräumt. Nur wenn der Wetterdienst Regen ansagte, deckten sie noch schnell ihre Hollywoodschaukeln mit Plastikplanen ab.

Von der neuen Nachbarin nahmen sie kaum Notiz in diesem ersten Sommer. Nicht, daß sie sie ignoriert hätten, nein. Ab und zu flog ein Kommentar über den Zaun zu ihr herüber, in den meisten Fällen das Wetter betreffend. Und die Nachbarn links waren sichtlich erleichtert, daß sie nichts gegen die paar Hühner hatte, die hin und wieder aus ihrer Umzäunung flüchteten, um an dem frischen Grün in ihrem Garten zu knabbern. Und alle grüßten sie sie freundlich aus ihren Gärten im ersten Sommer. Sie schienen sich nicht von ihr gestört zu fühlen, obwohl es für die Straße schon ungewöhnlich war: eine Frau allein, eine Frau allein in so einem Reihenhaus. Sicher, es gab einige wenige Witwen in den umliegenden Straßen. Aber die bewohnten ihre Häuser nicht allein, hatten zumindest ein Zimmer an einen Studenten vermietet, wenn nicht die ganze untere Etage an eine richtige Familie. Aber eine Frau so allein...

Im ersten Sommer war es fast so, als ob sie niemanden mit ihrem Anderssein störte. Ganz im Gegenteil. Fast mitleidig sahen die Frauen sie an, wenn sie nach der Arbeit müde und abgespannt ihre Liege im letzten noch verbliebenen Sonnenflecken des Gartens aufstellte und ihr vor Müdigkeit das Buch aus der Hand fiel. Ganz besonders stolz wiegten sie sich dann in den Hüften. Auch das Unkraut, das bei ihr im ersten Jahr so üppig sproß, störte niemanden. Um so mächtiger dröhnten die Rasenmäher in den anderen Gärten. Und als sie sich nach Wochen dazu aufraffte, ihre Wiese mit dem Mäher zu stutzen, beobachteten alle amüsiert, wie ihr kleiner Elektromäher im hohen Gras versackte, und eine Nachbarin bot ihr gutmütig den eigenen, kräftigeren Mäher an. Ein Angebot, das sie ausschlug.

Der erste Winter war ruhig und friedlich. Bis auf die Wochenenden, wo durch die Brandmauern, die ihr Haus mit dem der Nachbarn verbanden, das Dröhnen von Bohrern zu ihr herüberdrang. Es war ihr ein Rätsel, was es den ganzen Winter lang im Inneren dieser kleinen Häuser zu bohren gab. Sie blieben freundlich im ersten Winter. Die Frauen nahmen Pakete an, die sie nicht selbst entgegennehmen konnte, da sie arbeiten ging. Höflich reichten sie sie ihr abends über die

Schwelle der Haustür. Nur für die Briefe mit Nachporto fand sich niemand, der das Geld vorstreckte. Dafür mußte sie samstags in die Stadt, um sie von der Hauptpost abzuholen.

Im zweiten Jahr war die Stimmung umgeschlagen. Sie konnte sich noch genau an das Wochenende erinnern. Ein Frühsommerwochenende wie aus dem Bilderbuch mit südlichen Temperaturen. Der Apfelbaum verlor in der Hitze seine weißen Blüten, und sie hatte Besuch von einer Freundin, die sie schon seit Jahren nicht mehr gesehen hatte. Anscheinend war es dieses Wochenende, das für sie so unerwartet erholsam und heiter gewesen war wie schon lange kein Wochenende mehr, das zu einem Stimmungsumschwung führte. An diesem Wochenende hatte sie nichts getan, um die Nachbarn bewußt zu provozieren, und doch mußte das Wochenende eine einzige ungeheure Provokation für sie gewesen sein. Eine Provokation, die die gesamte Häuserzeile bis in ihre Grundfesten erschütterte.

Sie hatte nur dagesessen mit der Freundin. Zwei Tage lang waren sie bis in die späten Abendstunden nicht von den duftenden Blüten gewichen, die der Apfelbaum von sich warf. Berauscht von diesem Duft hatten sie auf ihren klapprigen Liegen gehockt, gesessen, gelegen und über Dinge geredet, über die sie seit langem schon nicht mehr zu reden gewagt hatten. Ein Wochenende, so leicht und schwerelos wie die Apfelblüten, die ihnen in die Haare wehten. Bis heute wußte sie nicht, was an diesem Wochenende tatsächlich geschehen war. Ob es die totale Verweigerung war, irgend etwas Nützliches zu tun, wie Unkraut jäten oder Rasen mähen oder Hecken schneiden, was die Nachbarn irritierte? Ob das das Unerhörte war, nichts Nützliches zu tun und es sich einfach wohlergehen zu lassen? Nur so dazuliegen und zu reden... Oder ob es die leichte Kleidung war, mit der sie sich auf ihren Liegen räkelten... Übermütig hatten sie einmal keine Rücksicht auf die Männer der anderen Frauen nehmen wollen und sich lustvoll und leichtbekleidet der Sonne entgegengereckt. Aber vielleicht war es auch das nicht. Damit wären die Nachbarn klargekommen, die Männer wie auch die Frauen, eine alleinstehende Frau von Anfang Vierzig mit einer um einige Jahre jüngeren Freundin, die leichtgeschürzt unter einem Apfelbaum kampierten. Schließlich waren sie nicht im Garten auf und ab gelaufen, um sich zu zeigen, sondern hatten sich diskret unter die schützenden Zweige des blühenden Baumes zurückgezogen.

Die eigentliche Provokation war wohl eher Michael, ihr junger Freund, der vor ein paar Wochen zu ihr gezogen war. Michael mit seinen blonden Locken und dem warmen Lachen. Die Augen der Nachbarinnen glänzten wie frisch poliert, wenn er sich mit ihnen über den Zaun hinweg unterhielt. Die Männer beäugten ihn mißtrauisch. Und obwohl sie ihn an den Wochenenden zuvor als einen der ihren anerkannt und ihm Tips für die Anlage eines Frühbeets gegeben hatten, schien er sich jetzt sämtliche Sympathien auf einen Schlag total verscherzt zu haben. Dieser junge Mann, der das ganze Wochenende hindurch mit dem Tablett in der Hand Kaffee, Kuchen und andere Köstlichkeiten aus dem Haus zu zwei Frauen unter einem Apfelbaum trug und sie danach ganz selbstverständlich wieder sich selbst überließ und ins Haus zurückging, war etwas Unerhörtes, nie Dagewesenes in den Gärten. An diesem Punkt kippte die Stimmung um. Lauter und herrischer als sonst verlangten die Männer an diesem Abend in den Nachbargärten nach ihrem Bier und nach ihrem Korn, und die Frauen brachten ihnen das Gewünschte stumm und stolpernd.

Danach verteilten sie ihre Stühle und Tische und Liegen nie mehr über die gesamte Länge der Gärten. Sie stellten sie nah zueinander, gleich neben die Treppenaufgänge zu ihren Terrassen. Wie Opfer einer Katastrophe, die sich aufgrund äußerer Bedrohung ihres Lebens zusammenrotteten. Die Wäsche hing im zweiten Sommer schlapp auf den eisernen Wäschespinnen, und es schien, als ob die Meisen zunehmend von unheilvollen schwarzen Drosseln verdrängt würden. Bunte Lampions hängten sie jetzt nur noch auf ihre Terrassen dicht am Haus. Nach Einbruch der Dunkelheit lagen die Gärten stumm und schwarz hinter den Häusern. Wenn sie am Wochenende Besuch hatten, wich das verhaltene Grölen des ersten Sommers einem dumpfen Grollen, das langsam anschwoll wie ein Gewitter, das am Horizont aufzieht. Und lachen, so laut und unbekümmert wie im ersten Sommer, hörte sie sie nie mehr. Selbst zu ihren Komposthaufen neben den Hecken am Ende der Gärten liefen sie kaum noch. Dorthin trauten sie sich nur tagsüber, wenn sie und ihr Freund zur Arbeit gegangen waren.

Am Ende des zweiten Sommers scherzte keine der Frauen mehr mit Michael über den Zaun. Gerade, daß sie noch von ihren Terrassen grüßten, aber wenn Michael ihre Augen suchte, um ihnen zuzulächeln, wichen sie seinem Blick aus.

Während des zweiten Winters war es an den Wochenenden merkwürdig still. Keine Bohrgeräusche, keine polternden Schritte dröhnten mehr durch die Wände. Es war, als hätte die Kälte jede Lebensäußerung erstickt. Als sie bei einer Nachbarin ein Päckchen abholte, das diese für sie angenommen hatte, war sie erschreckt. Die Frau, die im ersten Sommer noch lachend die Hühner durch den Garten gescheucht hatte, war kaum wiederzuerkennen. Die Augen waren stumpf und von dunklen Ringen umrandet. Sie konnte nicht umhin, der Einladung zu folgen und sich an den Tisch zu setzen, um mit ihr einen Weinbrand zu trinken. Die Frau zeigte auf einen Mann, der stumm auf einer Couch saß und die Flammen eines Kaminfeuers betrachtete.

»Er spricht nicht«, klagte sie, und ein Sturzbach gequälter Laute brach aus ihr hervor. »Er spricht nicht.«

Der Inhalt dessen, was sie sagte, war weniger bedrückend, als es die Macht war, mit der die Worte aus ihr hervorbrachen.

»Er redet nicht. Er kann einfach nicht reden. Einmal bin ich fortgegangen«, sagte sie hilflos. »Wir haben beide allein gelebt. Aber allein waren wir nichts. Wir sind nur wer, wenn wir zusammen sind.«

Der Mann sagte kein Wort und starrte weiter in die Flammen. Sie hatte belanglose, tröstende Worte gemurmelt und die Flucht ergriffen. Es gab nichts zu sagen und nichts zu tun. Seither schickte sie Michael, wenn eine Nachricht im Briefkasten lag, daß die Nachbarn ein Päckchen oder ein Paket entgegengenommen hatten. Er wurde nie ins Haus gebeten.

Im dritten Sommer, der sich durch einen wunderbaren Frühling ankündigte mit langen Sonnenstunden, in denen sie alle Türen und Fenster des Hauses offenstehen ließen, einem Frühling, in dem zwei Meisenpaare in ihrem Garten nisteten – in diesem wunderbaren Frühling, in dem die Heckenwege nur so summten von Vögeln, die hier ihren Nistplatz gefunden hatten, und in dem darauffolgenden Sommer blieben die Fenster der Nachbarn verschlossen. Niemand saß mehr auf den Terrassen. Schon früh am Abend ließen sie die Jalousien herunter und verkrochen sich in ihren Häusern. Nur die Kinder liefen die Straße hinunter bis zur nächsten Bude, um sich Süßes zu holen, und die Teenager flitzten auf ihren Fahrrädern um das Karree, sobald es wärmer wurde.

In diesem dritten Sommer lag sie wieder allein unter dem Apfelbaum in ihrem Garten. Michael war ausgezogen. Die Nachbarn hatten hinter den Gardinen gestanden und auf die Straße gestarrt, als an einem Samstagvormittag ein gelber Umzugswagen von Michael und seinen Freunden vollgeladen wurde. In den Wochen nach Michaels Auszug fingen die Männer wieder an, in den benachbarten Gärten umherzulaufen. In alter Geschäftigkeit versetzten sie Zaunpfähle und hackten Äste ab, die von den Nachbargrundstücken zu ihnen herüberwucherten. Übertrieben forsch grüßten sie in ihre Richtung, schwangen ihre Werkzeuge und boten sich an, ihr in Haus oder Garten zu helfen. Eine Frau so allein...

Sie überlegte noch, ob sie von nun an die Terrassentür nachts lieber schließen sollte, als einer von ihnen sie spät abends, als sie von dem Besuch bei einer Freundin nach Hause kam, überraschte. Er hatte in völliger Dunkelheit auf dem Sofa in ihrem Arbeitszimmer gesessen und auf sie gewartet. Sie machte das Licht an, und er nahm seinen Kopf in die Hände und fing an, leise zu schluchzen.

»Laß uns in Ruhe«, schluchzte er. »Laß uns in Ruhe.«

Sie setzte sich neben ihn auf das Sofa und wartete. Er war ein klobiger Mann von einigem Gewicht und tief in die Polster eingesunken. Sie konnte sich nicht erinnern, ihn je gesehen zu haben. Er hörte auf zu schluchzen, legte die Arme neben seine Oberschenkel auf die Polster und fragte:

»Was willst du von uns?«

»Ich will nichts«, gab sie ihm ruhig zur Antwort. »Was sollte ich von euch wollen? Ich habe ein Dach über dem Kopf. Das reicht mir. Ich tue euch doch nichts.«

»Das ist nicht wahr. Du haßt uns. Du bist hierhergezogen, weil du uns haßt. Seit du da bist, ist alles anders. Unsere Frauen schlafen nicht mehr mit uns. Du hast sie verhext. Du und dein blonder Freund, ihr habt ihnen Flausen in den Kopf gesetzt.«

»Jetzt bin ich wieder allein.«

»Das macht es noch schlimmer. Du bist eine Frau, die allein sein kann. Unsere Frauen können das nicht. Aber jetzt haben sie Flausen im Kopf. Sie schlafen nicht mehr mit uns, und sie kochen giftige Kräuter aus dem Garten und mischen sie uns unter das Essen. Das ist deine Schuld.«

»Das bildest du dir ein. Geh nach Hause zu deiner Frau. Du wirst sehen, alles wird gut.«

»Und die Magenschmerzen, bilde ich mir die vielleicht ein, die verdammten Magenschmerzen bei jedem Bissen, den ich zu Hause zu mir nehme?«

Nachdenklich machte sie die Tür hinter ihm zu.

Sechs Wochen später hielt ein Leichenwagen vor der Tür eines der benachbarten Häuser. Der Lavendel in ihrem Gar-

ten blühte so kräftig wie nie, und dicke gelbbraune Hummeln umschwirrten ihn in Scharen.
Am nächsten Tag rief sie einen Makler an, um das Haus zu verkaufen.

Männerstadt

Es war eine Männerstadt. So wie viele Städte. So wie alle Städte. Eine Stadt von Männern für Männer. Mit mehrspurigen Straßen, über die Männer mit ihren Autos jagten. Tiefgaragen, in denen sich Männer Frauen fingen und vergewaltigten. Biertresen, an denen Männer sich wie Männer fühlten, und U-Bahn-Schächten, die Männer mit ihrem Urin verseuchten. Eine Männerstadt. Mit riesigen Reklametafeln an den Rändern der Straßen, auf denen Frauen Männern entgegenlachten. Eine Stadt von Männern für Männer. Die Straßen trugen ihre Namen. In den Museen hingen ihre Bilder. In den Büchereien standen ihre Bücher, in den Parks ihre Statuen. In den Theatern wurden ihre Stücke aufgeführt. Die Straßen der Stadt waren ein wenig verdreckter als anderswo, die Erde ein wenig verseuchter. Es roch schlecht, und die Flüsse flossen in einem Bett aus Beton. Männer hatten die Macht. Männer machten die Geschäfte. Männer teilten die gutbezahlten Arbeitsplätze unter sich auf. Männer bauten Türme, die in den Himmel ragten. Männer versanken in weichen Ledersesseln und träumten von noch mehr Macht.

*

»Halt! Stop!« werden Sie vermutlich spätestens an dieser Stelle rufen. »Sie übertreiben maßlos. Das stimmt doch gar nicht. Nicht in dieser Ausschließlichkeit. Es gibt doch ganz andere Männer. Auch in dieser Stadt.«
»Darum geht es nicht«, antworte ich Ihnen. »Darum geht es überhaupt nicht. Es geht um den Kern. Es geht um die Macht. Und da sind alle Männer gleich.«
»Das glaube ich Ihnen nicht«, werden Sie auf Ihrer Meinung beharren.

»Warten Sie ab, was ich Ihnen zu erzählen habe. Meine Geschichte handelt von einer Frau, die auszieht, in der Männerstadt einen Zipfel der Macht zu erobern. Eine ganz alltägliche kleine Geschichte. Sie werden schon sehen...«

*

Die Stelle war in einer überregionalen Wochenzeitung ausgeschrieben. Die Stadt suchte eine Leitung für das Amt für Freizeit. Die Annonce enthielt den Zusatz, daß Bewerbungen von qualifizierten Frauen ausdrücklich erwünscht seien.

*

»Na bitte«, triumphieren Sie. »Da sehen Sie, was ich meine, auch in dieser Stadt gibt es progressive Männer.«
»Bedenken Sie«, halte ich dagegen, »daß in dieser Stadt bisher kein einziges Amt von einer Frau geleitet wird. Nicht eins. Zweiundvierzig Ämter und kein einziges für eine Frau. Zweiundvierzig Männer, die ein Amt leiten, und zweiundvierzig Männer, die die vertreten, die ein Amt leiten. Gutbezahlte Männer. Von unseren Steuergeldern bezahlt. Von meinen und auch von Ihren.«
Jetzt werden Sie hoffentlich nachdenklich.
»Ich leihe Ihnen gern das städtische Telefonbuch. Die Augen werden Ihnen übergehen. Gustav und Norbert im Sozialamt, Egon und Günther im Schulamt, Eugen und Werner im Hauptamt, Friedhelm und Karl-Heinz im Presseamt, Ulrich und Manfred in der Stadtkämmerei...«
»Hören Sie auf«, unterbrechen Sie mich. »Vielleicht gibt es keine qualifizierten Frauen.«
»Ich bitte Sie... Reden wir lieber von der Qualifikation von Wolfgang und Herbert und Robert und Alfred und Kurt und wie sie alle heißen. Drei Viertel von ihnen wären doch schon restlos überfordert, wenn sie ihren Terminkalender eigenhän-

dig führen müßten. Qualifikation? Aber wir schweifen ab. Lassen Sie mich erzählen, wie es mit der freien Stelle weitergeht...«

*

Hunderte von qualifizierten Frauen lasen die Anzeige. Ein knappes Dutzend fühlte sich zu einer Bewerbung ermutigt. Mehrere Frauen traten kurz vor Abfassen der Bewerbung noch rasch in die Partei ein, die in der Stadt das Sagen hatte. Die Bewerberinnen ließen ihre Diplome und Zeugnisse ablichten, ihre Verbindungen spielen und fügten den Bewerbungsunterlagen Fotos bei, auf denen sie seriös und zuversichtlich in die Zukunft blickten.
Drei von ihnen wurden – zusammen mit sechs männlichen Bewerbern – zu einem Vorstellungsgespräch eingeladen.

*

»Zwei zu eins für die Männer«, rechnen Sie richtig.
»Das sind doch ganz traumhafte Zahlen«, sage ich Ihnen.

*

Der Ausgang des Bewerbungsverfahrens sorgte in der Stadt für einige Aufregung: Eine Frau machte das Rennen. Die erste Amtsleiterin der Stadt. Der Oberbürgermeister gab die Neuigkeit persönlich bekannt und stellte sich gemeinsam mit der zukünftigen Amtsleiterin den Fragen der Presse.
Sie war eine Frau in den besten Jahren, ansehnlich, verbindlich, intelligent, studiert, promoviert, in der richtigen Partei und mit Berufserfahrung. Zur Pressekonferenz trug sie ein sandfarbenes tailliertes Kostüm mit einer einreihigen Perlenkette auf der um einen Ton helleren Seidenbluse, deren Kragen leger hochstand. Ihr Make-up war dezent, der Lippenstift hellbraun, das Haar kleidsam auf Kinnlänge gestutzt. Eine durch und durch angenehme Erscheinung. Da es nun einmal eine Frau sein mußte – das hatten die Frauen innerhalb

der eigenen Partei ungewöhnlich schrill und unversöhnlich gefordert –, war diese bestimmt keine schlechte Wahl. Sie war nicht der Typ, der Ärger machte. Der Oberbürgermeister war zufrieden.

*

»Immerhin«, werden Sie finden. »Das ist doch schon was. Eine Amtsleiterin...«

»Das Amt für Freizeit«, stöhne ich. »Nicht das Personalamt, nicht das Stadtsteueramt, nicht das Planungsamt, nicht das Hochbauamt, nicht das Sozialamt, ganz zu schweigen vom Wirtschaftsförderungsamt. Das Amt für Freizeit. Eines der unbedeutendsten Ämter der Stadt.«

»Trotzdem. Besser als nichts. Eine Frau in leitender Position in einer großen Stadtverwaltung. Das ist doch nicht schlecht. Eine wirklich gut verdienende Frau, und es werden immer mehr.«

»Die Geschichte ist noch nicht zu Ende«, warne ich Sie.

*

Die neue Amtsleiterin freute sich auf die Aufgabe, die vor ihr lag. Sie hängte Bilder in freundlichen Farben an die Wände ihres Büros, stellte eine Schale Kekse und einen Blumenstrauß auf ihren Konferenztisch und führte erste Gespräche mit Menschen, deren Beruf es war, die Einwohner der Stadt von Fernseher und Biertisch wegzulocken und zu sinnvolleren Freizeitaktivitäten zu verleiten. Sie hörte aufmerksam zu. Es entsprach ihrem Verständnis von ihrer Aufgabe, behutsam vorzugehen, gewachsene Strukturen zu respektieren und dieser Stadt nichts Fremdes überzustülpen.

Innerhalb ihres Amtes begegnete man ihr mit Zurückhaltung, wenn nicht mit Mißtrauen. Das war nicht weiter verwunderlich. Zwei der Männer, die sie im Rennen um diese Stelle hinter sich gelassen hatte, arbeiteten bei ihr im Amt. Taktvoll achtete sie darauf, mit den beiden besonders freundlich und nachsichtig umzugehen. Verständnis dafür aufzubringen, daß sie von diesen Mitarbeitern nicht gerade mit Informationen verwöhnt wurde. Sie war zuversichtlich, daß sich das Klima im eigenen Haus bessern würde. Es brauchte Zeit, bis gekränkte Eitelkeiten vergessen waren. Sie tat das ihre, um die Situation zu entkrampfen, und praktizierte einen partnerschaftlichen Führungsstil. Sorgfältig achtete sie darauf, ihre Mitarbeiter nicht unnötig mit zusätzlichen Aufgaben zu belasten, und führte bei Dienstbesprechungen selbst das Protokoll. Von ihrer Sekretärin ließ sie sich nur für Besuch Kaffee kochen. Und auch dann fragte sie vorher freundlich an, ob ihr das auch wirklich zuzumuten sei, diese dumme Kaffeekocherei...

Ihre Abende verbrachte sie damit, Freizeitveranstaltungen zu besuchen und persönliche Gespräche mit Veranstaltern zu führen. Als Rednerin war sie brillant. Sie redete verständlich, unterhaltsam, war gut vorbereitet und ließ einen eigenen Standpunkt deutlich werden. Qualitäten, die man von ihren männlichen Kollegen nicht gewöhnt war. Sie eröffnete Ausstellungen, Spielplätze, Töpfermärkte, Theatertage, Stadtteilfeste, Tanzturniere für Senioren und Ferienfreizeiten für die Kleinen. Wenn sie redete, konnte sie der Aufmerksamkeit aller Anwesenden sicher sein. Die Kulturredakteure machten sich eifrig Notizen und zitierten sie gern.

*

»Und der Haken?« werden Sie fragen. »Wo ist der Haken? Sie haben mich doch gewarnt. So einfach geht das doch bestimmt nicht.«

»Sie haben recht. Sie stellen die richtige Frage. Die Frage, die unsere qualifizierte Fachfrau sich nicht gestellt hat. Sie dachte schon, sie hätte es geschafft.«

»Und wo ist der Haken?«

»Sie ist zu gut. Sie hat zu viele Feinde.«

»Die beiden Mitbewerber im eigenen Amt?«

»Ja, die machen ihr zu schaffen. Aber sie hat noch einen mächtigeren Feind. Ihren Vorgesetzten. Den oberen Chef aller Freizeit- und Vergnügungsbehörden der Stadt.«
»Und warum?« wollen Sie wissen.

*

Ihr Chef gehörte zu der neuen Riege von Machtmenschen, wie sie seit ein paar Jahren in Mode gekommen sind. Jenseits der Parteienzugehörigkeit verkörpern sie den gleichen Typ. Sein schlankes Äußere, das er einem Magengeschwür oder der stundenlangen Betätigung diverser Fitneßmaschinen verdankte, signalisierte Dynamik, der perfekt sitzende Anzug Schnittigkeit, die Brille mit feinem Goldrand Intellektualität. Er war studiert, redete nicht schlecht und bot keine Angriffsfläche, da er sich den Luxus einer eigenen Meinung nicht erlaubte. Er verbreitete eine Aura von Effizienz, Marketing und Unternehmensplanung. Auf den ersten Blick machte er keinen schlechten Eindruck. Nur wenn man ihn in eine Runde mit Menschen setzte, die sich noch für eine Sache engagierten, wirkte er merkwürdig blaß und blutleer. Ein immer häufiger auftretender Typ. So häufig, daß niemand ihn auf einem Bild in der Zeitung erkannte. War das nun der oberste Chef der Freizeit- und Vergnügungsbehörden, oder handelte es sich um den Leiter der Sozialbehörden oder gar um den Oberstadtdirektor? Sie glichen einander alle wie ein Ei dem anderen. Das war auch der Grund, warum die Presseleute lieber die Leiterin des Amtes für Freizeit ablichteten als ihn. Das hat er ihr nie verziehen.

*

»Was hat er getan? Hat er ihr das Leben schwergemacht? Mit kleinlicher Schikane?«
»Wo denken Sie hin. Sie sind wirklich ein bißchen naiv. So werden die Dinge doch nicht geregelt...«

*

Wenn er mit ihr unterwegs war, hielt er ihr immer galant die Türen auf. Fast hätte man glauben können, er habe ein Auge auf sie geworfen. Der Umgangston zwischen den beiden war von gepflegter Freundlichkeit. Nie hat er mit ihr in irgendeiner Sache gestritten. Immer hat er ihre Sicht der Dinge interessiert zur Kenntnis genommen und dafür gesorgt, daß nichts davon weitergegeben und in die Tat umgesetzt wurde. Hier und da ließ er sie bewußt ins Messer laufen, informierte sie falsch oder gar nicht, so daß sie Entscheidungen traf, die sie bei Kenntnis der Fakten ganz anders gefällt hätte. Im nachhinein heuchelte er jedesmal Verständnis für ihre Fehlentscheidungen. Großmütig verzieh er ihr Fehler, die er selbst herbeigeführt hatte. Alle wichtigen Entscheidungen bereitete er in Gesprächen vor, an denen sie nicht beteiligt wurde.
Sie blieb gelassen und billigte ihm mildernde Umstände zu. Zu toben, zu schreien oder gar ausfallend zu werden entsprach nicht ihrem Naturell. Schließlich war diese Stadtverwaltung insgesamt nicht an den Umgang mit Frauen in leitenden Positionen gewöhnt. Es würde seine Zeit brauchen, aber sie war sicher, daß es ihr gelingen würde, sich auf ihre Art durchzusetzen.

*

»Zu arglos«, vermuten Sie.
»Zu arglos«, bestätige ich.

*

Sie fiel aus allen Wolken, als sie etwa sechs Monate nach Amtsantritt einen Brief von ihrem Chef auf dem Schreibtisch fand. Am Tag zuvor hatte sie ihn noch persönlich gesprochen. Jetzt war er auf Dienstreise im Ausland. Der Brief enthielt die Mitteilung, daß er nach Ablauf der Probezeit nicht zu dem Eindruck gelangt sei, daß sie für die Leitung des Amtes tauge. Es verschlug ihr für einen Moment die Sprache. Sie atmete tief durch und teilte ihrer Sekretärin mit, daß sie die nächste halbe Stunde für niemanden zu sprechen sei. Dann trat sie ans Fenster und sah auf die Straße hinunter. Autos hielten vor der Ampel, Fußgänger mit Einkaufstüten überquerten die Straße. Alles war so wie sonst. Sie nahm sich zusammen und öffnete die Tür. Die Schaulustigen hatten sich bereits wie zufällig in ihrem Vorzimmer um den Schreibtisch der Sekretärin versammelt. Was wollten sie sehen? Eine tränenüberströmte Frau, die kopflos ihr Büro verließ? Diese Genugtuung gönnte sie ihnen nicht. Es gab ihr einen Stich zu erkennen, daß anscheinend alle gewußt hatten, was gespielt wurde. Nur sie nicht. Dem gesichtslosen kleinen Karrieristen, der schon mehrfach an ihr vorbei Verabredungen getroffen hatte, strahlte die Zufriedenheit ganz unverblümt aus dem Gesicht. Ein rundes Albinogesicht, grobschlächtig und dumm. Er sollte früher einmal Theater gespielt haben. Sie konnte sich keine Rolle vorstellen, die man mit ihm besetzen könnte. Als sie sein siegessicheres Lächeln sah, wußte sie, daß er nie aufgegeben hatte. Von dem Tag an, als er erfahren hatte, daß sie die Stelle bekam, hatte er nichts anderes im Sinn gehabt, als an ihrem Stuhl zu sägen.

*

»Das ist hart«, geben Sie zu.

»Hart und unverschämt. Niemand hätte sich gegenüber einem Mann aus derselben Partei etwas Derartiges herausgenommen. Niemals. Niemand hätte sich getraut, einem Mann die Existenzgrundlage unter den Füßen wegzuziehen.«

*

Als der Oberbürgermeister der Stadt – ebenfalls per Brief – erfuhr, was sich der derzeit dienstreisende Chef seiner Freizeit- und Vergnügungsbehörden ohne Rücksprache mit ihm zu tun erdreistet hatte, biß er vor Wut in seine Zigarre. Eigenmächtigkeiten von Männern, die ihm ihre Stellung verdankten, brachten sein Blut in Wallung. Was bildete der Bursche sich ein, das Mädchen an ihm vorbei aus dem Job zu kegeln?

Das schmeckte nach Ärger. Absolut überflüssigem und unnötigem Ärger. Das Mädchen konnte in dem Amt gar nichts kaputtmachen. Das stank meilenweit nach einer Schweinerei, die die Jungs im Vergnügungsbereich angerührt hatten. Freizeit und Vergnügen! Die würden noch ihren Spaß mit ihm kriegen. Denen würde er zeigen, wer hier in der Stadt die Lohntüten verteilte. Nicht mit ihm. Wenn dieser studierte Klugscheißer wieder im Lande war, würde er ihn sich zur Brust nehmen. Diesem Oberschlaumeier mußte ein für allemal gezeigt werden, wo's langging. An der Uni kriegten die nichts als Flausen in den Kopf gesetzt. Aber wenn der meinte, er könnte ihn über den Tisch ziehen, mußte er früher aufstehen. Er spuckte den Rest seiner Zigarre in den Abfallkorb. Daneben. An so einem Tag konnte einfach nichts klappen. Diesem feinen Pinkel würde er eine Lektion verpassen, die er so bald nicht vergessen würde, ihn mal so richtig in den Schwitzkasten nehmen. Von Mann zu Mann. Der schlotterte doch vor Angst, wenn es zur Sache ging und er sich nicht hinter seinen Fremdwörtern verstecken konnte. Nach dem dritten Bier wurde der grün im Gesicht. Langsam freute er sich auf die Verabredung mit dem Leisetreter. Den würde er so abfüllen, daß er nur noch auf allen vieren zum Kotzbecken kriechen konnte.

*

»Wollen Sie mir etwa weismachen, daß so Politik gemacht wird?« empören Sie sich jetzt. »So platt. Auf Biertischniveau.«
»Genauso wird Politik gemacht. Das versichere ich Ihnen. So und nicht anders.«
»Und wie geht es weiter?« wollen Sie wissen. »Bleibt sie, oder muß sie gehen?«
»Was meinen Sie?«
»Ich glaube, sie bleibt.«
»Woher nehmen Sie Ihren Optimismus?«

*

Als Ergebnis der Arbeitssitzung in der ›Scharfen Kurve‹, die morgens gegen drei ihr Ende fand, als der Chef der Freizeit- und Vergnügungsbehörden von seinem Oberbürgermeister und einem Taxifahrer aus dem Lokal getragen wurde, kam ein Kompromiß zustande. Die Leiterin des Amtes für Freizeit blieb nach wie vor in dieser Funktion bei der Stadt angestellt. Allerdings wurde ihr fürs erste ein befristeter Arbeitsvertrag mit zweijähriger Laufzeit angeboten.

*

»Was heißt das? Ein befristeter Arbeitsvertrag?«
»Das heißt, daß sie ihre alte Stelle behält. Erst einmal für weitere zwei Jahre. Und dann stehen die Chancen nicht schlecht, daß der befristete Vertrag wieder in einen unbefristeten umgewandelt wird.«
»Dann kann sie ja zufrieden sein.«
»Sie könnte zufrieden sein«, schränke ich ein.

*

Sie unterschreibt den Arbeitsvertrag. Geht nach wie vor pünktlich jeden Morgen ins Büro, trägt das gleiche Make-up und wahrt die Formen. Aber sie hat Schwierigkeiten, sich auf die Tagesordnung zu konzentrieren, wenn sie eine Mitarbeiterbesprechung abhält. Einem nach dem anderen schaut sie den anwesenden Männern auf das Muster der Krawatte. Dezente Farben, geordnete Streifen, harmlose Punkte. Als ob in diese Muster die Antwort auf ihre nicht gestellten Fragen eingewebt sei. Vielleicht hätte sie sich die Krawatten der Männer genauer ansehen sollen. Vielleicht wäre sie dann vorgewarnt gewesen, daß Männer mit solchen Krawatten kein Mittel scheuen, um Frauen auf dem Weg nach oben aus dem Weg zu räumen. Sie versucht verzweifelt, sich zu konzentrieren, und bricht dabei fast den Bleistift entzwei, den sie in der Hand hält. Weder in den Mustern der Krawatten noch in den glatten Gesichtern findet sie eine Antwort. Ihr Chef erwähnt die An-

gelegenheit mit keinem Wort. Wie eh und je hält er die Türen auf, wenn sie gemeinsam über die Amtsflure laufen.
Als ein Freund sie am Wochenende besucht und ausnahmsweise eine Krawatte anlegen will, um mit ihr essen zu gehen, verliert sie die Beherrschung. Mit geballten Fäusten stürzt sie sich auf ihn und schreit: »Nimm die Krawatte ab. Nimm sofort die Krawatte ab. Ich kann das verdammte Ding nicht sehen.«
Am darauffolgenden Tag meldet sie sich krank. Eine Woche später nimmt sie ein paar Tage Urlaub zur Erholung. Sie bleibt zu Hause, lebt bei zugezogenen Vorhängen und glaubt, den Verstand zu verlieren. Sie kündigt am ersten Tag nach den Ferien.

*

»Was hätten Sie getan? Hätten Sie gekündigt?«
Sie kommen ins Grübeln.
»Lassen Sie nur, das ist eine schwierige Frage. Aber ich sage Ihnen, kein Mann hätte in einer vergleichbaren Situation das Handtuch geworfen. Er wäre dageblieben. Er hätte die gutbezahlte Stelle niemals freiwillig aufgegeben. Er hätte die Macht niemals freiwillig abgegeben. Er hätte sie genutzt, um seinen Konkurrenten eins auszuwischen. Er hätte angefangen, Intrigen gegen seinen Chef zu spinnen, und nicht eher geruht, bis der schlimmste Schleimer aus seinem Amt an eine Stelle strafversetzt worden wäre, die das Ende seiner Karriere bedeutete.«
Vielleicht werden Sie sie jetzt verteidigen und sagen: »Ich könnte unter solchen Bedingungen auch nicht arbeiten. So kann man doch nicht arbeiten, wenn alle gegen einen sind.«
»O doch, man(n) kann. Aber Frauen haben damit so ihre Probleme.«

*

Als der Oberbürgermeister ihre Kündigung erhält, zündet er mit Bedacht seine Zigarre an. Wenn sie jetzt ging, konnte ihm keiner einen Vorwurf machen. Die Frauen in der eigenen Partei schon gar nicht. Er hatte seine Hand lange genug schützend über das Mädchen gehalten. Wenn sie jetzt ging, war das ihre Sache. Er zog an der Zigarre und sah sich in seinen schlimmsten Vorurteilen bestätigt. Frauen. Schon nach so kurzer Zeit aufzugeben. Die hatten einfach kein Sitzfleisch. Etwas aussitzen, ausschwitzen oder einfach wegstecken konnten die alle nicht.
Er war froh, daß er zu Hause drei Jungen hatte und kein Mädchen.

*

»Wie geht es ihr?«
»Sie erholt sich allmählich von ihrem Schock.«
»Was macht sie?«
»Sie ist zu Hause, schläft viel, liest die Stellenangebote in der Zeitung und erhält am Wochenende Besuch von einem Freund.«
»Wovon lebt sie?«
»Von Arbeitslosengeld. Sie sucht schon eine ganze Weile nach einer neuen Stelle.«
»Und findet keine?«
»Doch. Nach einem halben Jahr hat sie Glück. Sie bekommt eine Stelle als Leiterin eines Heimatmuseums in der Nachbarschaft.«
»Immerhin.«
»Es ist eine schlechter bezahlte Stellung«, stelle ich klar.

*

Unsere Frau ist froh, wieder Arbeit zu haben. Zum ersten Arbeitstag trägt sie ein modisches schwarzes Lederkostüm. Das Leder ist fest und weich. Eine zweite Haut, unter der sie sich verstecken kann. Sie trägt kein Make-up. Nur Lippenstift und die Augen dunkel eingerahmt. Gefährlich leuchtet das Rot aus ihrem weißen Gesicht. Sie will nie mehr ein harmloses Lamm sein. Selbst um den Preis, daß sie ihr Gesicht im Spiegel erst auf den zweiten Blick erkennt. Nie mehr diese Hilflosigkeit. Sie gilt als strenge Chefin, die Wert auf sorgfältige Arbeit legt. Ihre Sekretärin behandelt sie korrekt und kühl. Ohne daß sie darum bittet, steht jeden Morgen eine Tasse Kaffee auf ihrem Schreibtisch. Nach wie vor leistet sie gute Arbeit, hat eine gute Presse. Wenn sie liest, was ihr Nachfolger so treibt, tut es ihr leid, daß sie ihren Platz kampflos geräumt hat.

*

»Wer hat die Stelle bekommen?«
»Der kleine Schleimer aus ihrem Amt, der so tüchtig hinter ihrem Rücken daran gedreht hat, daß sie die Probezeit nicht überlebte.«
»Nein. Das glaube ich Ihnen nicht. Das haben Sie erfunden. So etwas gibt es in Wirklichkeit nicht.«
»Glauben Sie, was Sie wollen. Aber ich versichere Ihnen, genauso ist es gelaufen.«
»Gab es denn keine anderen Bewerber?«
»Die Stelle war in keiner Zeitung annonciert. Nach ein paar Monaten, als Gras über die Sache gewachsen war, hat er sie bekommen. Einfach so. Ohne eine öffentliche Ausschreibung.«
»Geht das denn einfach so?«
»Aber ja. Genauso läuft es. Überall. Tag für Tag.«
»Sie rauben mir sämtliche Illusionen.«
»Das würde mich freuen.«

*

Als unsere Frau an ihrem neuen Schreibtisch im Heimatmuseum morgens die Zeitungen liest, stolpert sie im Stellenteil einer überregionalen Wochenzeitschrift über eine große An-

zeige, in der die Stadt eine Leiterin für ihr bedeutendstes Museum sucht. Die Anzeige enthält den Zusatz, daß die Bewerbung von qualifizierten Frauen ausdrücklich erwünscht sei. Unsere Frau überlegt und entschließt sich, den Kampf aufzunehmen, zurück in die Höhle des Löwen zu gehen.
Sie stellt ihre Bewerbungsunterlagen zusammen und legt ein Lichtbild bei, auf dem sie kämpferisch und selbstbewußt in die Zukunft schaut.

*

»Die hat Nerven«, sagen Sie jetzt bestimmt. »Oder ist sie total verrückt geworden?«
»Warten Sie's ab. Die Geschichte geht ja noch weiter.«

*

Unsere Frau verabredet sich mit dem Kulturredakteur der größten Zeitung der Stadt und sorgt dafür, daß ihre Bewerbung öffentlich bekannt wird. ›Geschmacklos‹ ist noch das Schmeichelhafteste, was die Männer in der Stadt unverhohlen schimpfen. Der Albino im Amt für Freizeit tobt vor Ärger. Die Leitung des Museums ist eine Gehaltsklasse besser dotiert als die Stelle, die er inzwischen innehat. Der Oberbürgermeister beißt vor Überraschung in die kalte Zigarre und trifft diesmal, als er sie in den Abfallkorb spuckt. So viel Courage hätte er dem Mädchen gar nicht zugetraut.
Jetzt spielt unsere Frau ihren Joker aus. Sie vereinbart ein Treffen mit der Frauenbeauftragten der Stadt.

*

»Hey, das haben Sie mir glatt unterschlagen, daß die Stadt eine Frauenbeauftragte hat. Das ist doch was!«
»Langsam glaube ich, Sie sind ein hoffnungsloser Fall. Eine Frauenbeauftragte. Lassen Sie sich das Wort einmal auf der Zunge zergehen. FRAUENBEAUFTRAGTE. Ich wäre dafür, daß wir in der Stadt einen Männerbeauftragten ernennen und alle

zweiundvierzig Ämter von Frauen verwalten ließen. Was halten Sie davon?«
»Warum hat sich unsere Frau denn nicht schon damals an die Frauenbeauftragte gewandt? Die hätte ihr doch bestimmt geholfen.«
»Sind Sie sich da ganz sicher?«

*

Die Frauenbeauftragte betritt das Lokal und braucht eine Weile, bis sie unsere Frau wiedererkennt und forschen Schrittes den Tisch ansteuert, an dem diese einen Platz gefunden hat. Zur Begrüßung haucht sie ihr Küßchen auf beide Wangen und macht ihr Komplimente zum neuen Styling. So frech. So ganz anders als früher. Die beiden lesen die Speisekarte und machen locker Konversation. Die Frauenbeauftragte schenkt ihr ihr strahlendstes Lächeln, nur ein zuckendes Augenlid verrät ihre Anspannung. Unsere Frau läßt durchblicken, daß es da noch eine offene Rechnung zwischen ihnen gebe und daß jetzt der Moment gekommen sei, wo alte Schulden beglichen werden könnten. Deutlicher braucht sie nicht zu werden. Das Augenlid der Frauenbeauftragten zuckt verstärkt.
Die Sekretärin im Amt für Freizeit hatte ihrer scheidenden Chefin als Abschiedsgeschenk noch eine spannende Information zukommen lassen. Der Brief, der die Kündigung enthielt, war im Frauenbüro geschrieben worden. Das wußte sie, weil ihre Freundin ihn geschrieben hatte. Und von der hatte sie auch erfahren, daß die Frauenbeauftragte und der Chef der Freizeit- und Vergnügungsbehörden vorher ein langes Gespräch geführt hatten. Die Kündigung der einzigen Amtsleiterin der Stadt war also nicht nur im Einverständnis mit der Frauenbeauftragten erfolgt, sondern sie hatte sich zusätzlich dazu hergegeben, den Kündigungsbrief in ihrem Sekretariat schreiben zu lassen, weil die Sekretärin des Chefs der Freizeit- und Vergnügungsbehörden aufgrund seiner be-

vorstehenden Dienstreise total überlastet war. Eine Information, die jetzt Gold wert war. Das Zucken des Augenlids ihrer ehemaligen Kollegin sprach Bände. Die Frauenbeauftragte konnte ihr dankbar sein, wenn sie diese Information nicht an die große Glocke hängte.
Als sie sich zum Abschied küssen, versichert ihr die Frauenbeauftragte, daß sie sich dafür einsetzen wird, daß eine so qualifizierte Frau wie sie in der Stadt eine zweite Chance bekommt.

*

»Na ja«, sagen Sie.
»Na ja«, sage ich.

*

Unsere Frau bekommt die Stelle. Sie wird die neue Leiterin des Museums für Moderne Kunst. Der Oberbürgermeister stellt sich gemeinsam mit der zukünftigen Amtsleiterin der Presse. Für das Foto legt er seinen Arm jovial um ihre Schulter. Mit dem Mädchen würde man ja wohl auch in Zukunft noch rechnen müssen. Die lernte schnell.
Die Zeitungen sind voll von positiven Berichten darüber, wie glücklich sich die Stadt schätzen könne, diese Frau wieder zur Mitarbeit gewonnen zu haben. Trotz der unglücklichen Vorfälle in der Vergangenheit, die sie zu ihrem Weggang veranlaßt hatten.
In ihrem neuen Amt setzt sie den Führungsstil fort, den sie in ihrem Heimatmuseum erfolgreich erprobt hat. Jeder Brief, der eingeht, jeder Brief, der rausgeht, läuft über ihren Schreibtisch. Kein Mitarbeiter von ihr beraumt eine Besprechung an, ohne sie vorher zu informieren. Protokolle schreibt sie nicht mehr. Für Blumen und Kekse auf dem Konferenztisch sorgt ihre Sekretärin.

*

»Wahnsinn«, sagen Sie. »Absoluter Wahnsinn. Muß sie jetzt etwa mit ihrem Nachfolger zusammenarbeiten oder mit ihrem ehemaligen Chef?«
»Ihren Nachfolger trifft sie regelmäßig bei den Amtsleiterbesprechungen ihrer Abteilung. Sobald sie ihn ansieht, gerät er bei seinen Ausführungen ins Stottern. Und ihr alter Chef ist auch ihr neuer Chef. Das Museum fällt in seinen Bereich, die Freizeit- und Vergnügungsbehörden.«
»Da braucht sie aber Nerven...«
»Sie sagen es.«

*

Ihr Chef läßt sich im Umgang mit ihr keine Emotionen anmerken. Zuvorkommend wie eh und je hält er die Türen für sie auf. Aber jetzt macht er sich Notizen von ihren Vorschlägen und greift sie begierig auf. Im vertraulichen Gespräch gibt er ihr zu verstehen, wie schwer es ihm damals gefallen sei, ihre Beurteilung abzufassen. Dafür habe es natürlich Gründe gegeben, die außerhalb ihrer Person lagen. Er habe ihre Arbeit immer sehr geschätzt. Als ihr Arbeitsvertrag dann verlängert worden sei, sei er richtig erleichtert gewesen. Ihre Kündigung habe ihn tief getroffen. Er habe sich schwere Vorwürfe gemacht. Aber sie habe sicher Verständnis dafür, daß es im Leben eines politisch denkenden Mannes Entscheidungen gebe, zu denen man aus taktischen Gründen gezwungen sei. Um des großen Ganzen willen. Das sei ihr als Parteifrau doch sicher nicht fremd. So sei das nun einmal in der Politik. Persönlich habe er sich auf jeden Fall nicht leicht dabei getan, das wolle er ihr noch einmal ausdrücklich sagen. Ihr sei doch sicher nicht entgangen, daß er eine kleine Schwäche für sie gehabt habe. Und noch habe. Auf dem Weg zu seinem Weinglas fährt er wie zufällig über ihren Oberarm. Sie sehe jetzt noch attraktiver aus als früher.
Sie verzieht keine Miene und betrachtet das glatte Gesicht mit

dem aufmerksamen Interesse des Sammlers, bevor er den Schmetterling fixiert und unter Glas legt.

*

»Ich hätte ihm ins Gesicht gespuckt«, sagen Sie vielleicht empört.
»Und was hätten Sie damit erreicht?«

*

Nach wie vor hat sie eine gute Presse. Nach wie vor ist ihr Chef nicht gerade begeistert, daß das Foto seiner Mitarbeiterin häufiger die Seiten der Lokalzeitungen schmückt als das eigene. Er macht deutlich, daß er es nicht schätzt, wenn sie eigenmächtig Pressetermine vereinbart. Sie stimmt jeden Termin persönlich mit ihm ab, und er steht neben ihr, wenn die Fotografen ihr Bild schießen.
So informiert sie ihn selbstverständlich über eine größere Werbeaktion, die sie sich für das ambitionierteste Projekt des Museums im laufenden Jahr ausgedacht hat. Es geht um Kunst und Umwelt, um die künstlerische Präsentation einer Industrielandschaft, die durch jahrelange Ausbeutung schweren Schaden genommen hat. Inbegriff der Altlasten ist der Flußlauf, der dieses Gebiet durchquert und zur Kloake verkommen ist. Ein Transportkanal für Abwässer in einem Bett aus Beton. Auf einer Brücke, die sich über den Fluß spannt, plant sie eine publikumswirksame Performance. Parallel dazu will sie selbst unter die Brücke steigen und ihren nackten Fuß in das verseuchte Rinnsal halten. Ihr Chef ist begeistert. Allerdings mit einer kleinen Einschränkung. Er selbst will seinen Fuß in die verseuchten Fluten halten. Er ist so begeistert von der Idee, daß er seine Sekretärin anweist, alle weiteren Termine des Tages fürs erste abzusagen, und sie bittet, ihn zu begleiten, um ihm an Ort und Stelle zu zeigen, wie sie sich alles gedacht hat.

Mit seinem Dienstwagen gelangen sie bis zu dem Parkplatz der städtischen Mülldeponie, die in unmittelbarer Nähe des Flusses angesiedelt ist. Die letzten Meter bis zur Brücke müssen zu Fuß zurückgelegt werden. Der Fahrer schließt sofort sämtliche Fenster und Lüftungsklappen, als die beiden ausgestiegen sind. Der Geruch, der hier draußen die Luft verpestet, ist durchdringend. Er kurbelt seinen Sitz nach hinten und schaltet das Radio an. Hoffentlich ließen die beiden sich Zeit bei ihrer Besichtigung.

Auf der Brücke erläutert sie ihrem Chef, daß während der Performance ein mit Duftstoffen versetzter Nebel verbreitet werde, vorzugsweise Wald- oder Tannenaroma, um die Hoffnung auf eine positive Zukunft der Region sinnlich erfahrbar zu machen. Das Interesse ihres Chefs gilt mehr dem, was sich unter der Brücke abspielen wird, mit ihm in der Hauptrolle. Er schwingt sich mit seinem eleganten Flanellanzug lässig über das Brückengeländer und klettert die Uferböschung hinunter. Sie folgt ihm. Auf der Kaimauer ist er damit beschäftigt, die steilen Seitenwände des Flusses in Augenschein zu nehmen. Sie sagt ihm, daß sie es für das Beste hält, wenn er sich von der Brücke aus in den Fluß abseilen läßt. Er enthält sich eines Kommentars. Sie fischt ein Taschentuch aus ihrer Jacke und hält es sich einen Moment unter die Nase. Der Gestank, der aus dem Dreckwasser hochsteigt, ist schwer auszuhalten. Er geht in die Hocke, stützt sich vorne mit beiden Händen ab und läßt sich langsam rückwärts die Kaimauer hinunter. Seine Schuhspitzen schaben den Beton entlang und suchen vergeblich nach einem Halt. Nirgendwo eine Spalte, um Tritt zu fassen. Er gleitet weiter nach unten, bis er fast senkrecht mit ausgestreckten Armen an der Mauer hängt. Das Wasser ist immer noch einige Fußbreit von seinen Schuhsohlen entfernt. Er hat die Entfernung unterschätzt.

Sie hat ihn genau richtig eingeschätzt. Als nur noch seine Fingerkuppen vor ihr auf dem grauen Beton liegen, beugt sie sich vor und löst einen Finger nach dem anderen von seiner Unter-

lage. Er ist so verblüfft, daß er kein Wort herausbringt. Der lange Körper kippt nach hinten über und klatscht auf das Wasser. Gurgelnd taucht sein Kopf aus dem hellbraunen Wasser auf. Er versucht an der Betonmauer Halt zu finden. Die Strömung reißt ihn weiter. Ein paarmal sieht sie ihn wie eine Robbe an die glatten Wände springen. Vergeblich. Er treibt im Wasser. Die bordeauxrote Krawatte hat sich wie eine Schlinge um seinen Hals gelegt. Dann verläßt ihn die Kraft, er geht unter. Nur der rote Streifen der Krawatte hält sich noch für einen Moment auf dem Wasser. Danach ist nichts mehr zu sehen. Vor ihm waren schon Kinder auf die gleiche Weise in dieser Kloake ums Leben gekommen. Und einmal ertrank ein Journalist bei dem Versuch, seinen Hund daraus zu retten.
Ihr fassungsloses Gesicht bei Eintreffen von Polizei und Feuerwehr ist wieder groß auf Seite eins des Lokalteils zu sehen. Sie bekommt körbeweise Briefe aus der Bevölkerung. Alle wollen sie trösten und sind voll Mitgefühl für das, was sie hat durchmachen müssen. Jedes Kind in der Stadt kennt inzwischen ihren Namen.
Als sie ihre Aktion mit einer halbjährigen Verspätung in die Tat umsetzt, versichert sie allen Versammelten, daß der verstorbene Leiter der städtischen Freizeit- und Vergnügungsbehörden es nicht anders gewollt hätte, als daß sie fortführe, was er gemeinsam mit ihr geplant habe. Die Zuschauer schweigen ergriffen. Auf der Brücke gibt eine Ballettänzerin im weißem Spitzenrock, umhüllt von Wolken wohlriechender Nebelschwaden, eine eindrucksvolle Probe ihres Könnens. Die Möwen von der nahen Müllkippe kreisen am Himmel und kontrastieren auf das erfreulichste mit dem Grau des Smogs. Als unsere Frau an einem dünnen Seil die steile Ufermauer nach unten gleitet und ihren nackten Fuß in die verseuchten Fluten hält, als Zeichen der Hoffnung und Zuversicht in die Gesundung der Region, halten alle den Atem an. Dann brandet tosender Beifall auf. Niemand bezweifelt, daß

hier die neue Chefin der städtischen Freizeit- und Vergnügungsbehörden ihren würdigen Einstand gibt.

*

»Was für eine Geschichte«, sagen Sie nachdenklich.
»Gefällt sie Ihnen nicht?« will ich wissen.
»Nein, irgendwie gefällt mir die Geschichte nicht«, geben Sie vielleicht zögernd zu.
»Mir geht es genauso«, sage ich. »Mir gefällt sie auch nicht. Aber was erwarten Sie? Es ist eine Männerstadt. Eine Stadt von Männern für Männer. So wie viele Städte. So wie alle Städte. Haben Sie das vergessen?«

Eine Liebe
in Badenweiler

Es war sein zweiter Sommer in Badenweiler. Ein gutbezahltes Engagement. Die Leitung des Kurorchesters. Dreimal täglich spielten sie mit wechselndem Programm. Und dann natürlich die Proben. Dienstags war spielfrei.

Die meisten Musiker stammten wie er aus Polen oder aus der Tschechoslowakei. Jan am Flügel war ein alter Freund von ihm aus Warschauer Tagen. Krzystof, die erste Geige, kam aus Krakau. Sein Kollege Lešek aus Jasło. Piotr und Slawomir, die zweiten Geiger, hatte er in seiner letzten Saison in Zakopane kennengelernt. Sergiú am Cello spielte schon seit Jahren hier. Seine Soloeinlagen gehörten zu den Glanzpunkten des Programms. Marian an der Posaune war etwa gleich lang dabei.

Die Deutschen hielten Baß, Flöte, Klarinette, Schlagzeug und Trompete besetzt. Der Kontakt zu ihnen war mäßig. Nur Helmut, der Bassist, ging mit ihm und Jan abends noch ein Bier im Kurhaus-Café trinken. Aber auch Helmut hatte manchmal seltsam preußische Anwandlungen und glaubte, Piotr und Slawomir vor allen anderen zurechtweisen zu müssen, wenn sie ihre Geigenparts, dort, wo sie am schmelzendsten waren, nicht mit dem gehörigen Ernst präsentierten. Helmut machte die Ansagen in wohlklingenden, wohlgesetzten Worten und fühlte sich deshalb zuweilen als ihr Zeremonienmeister.

Die Saison dauerte von März bis Oktober. Sieben Monate Arbeit, die es ihm ermöglichte, den Winter über etwas ganz anderes zu tun. Andrzy mochte diesen Rhythmus und fand es angenehm, so sein Geld zu verdienen. Obwohl diese Art von Arbeit nicht dazu beitrug, ein friedliches Familienleben zu führen. Er hatte das schmerzlich zu spüren bekommen. Als die Kinder klein waren, ging es. Da verbrachten sie jeden Sommer gemeinsam da, wo er gerade spielte. Aber als die Kinder in die Schule kamen, konnten sie dieses Zigeunerleben nicht fortführen. Von da an hatte er zwei Drittel des Jahres allein in billigen Hotelzimmern gelebt und nach dem Auftritt am Abend die Hotelbars unsicher gemacht. Er hatte sich irgendwelche möglichst junge Frauen aufgelesen, um nachts nicht allein zu sein. Seiner Ehe war es auf Dauer nicht bekommen. Der letzte Versöhnungsversuch von Anna und ihm war im vergangenen Jahr in Badenweiler kläglich gescheitert. Anna hatte vorzeitig die Koffer gepackt und war nach Warschau zurückgereist. Er hatte sich alt und ausgelaugt gefühlt und mit den üblichen Mitteln betäubt. Jungen Frauen, bei denen er es als Chef des Orchesters leicht hatte und die ihn für die Dauer einer Nacht seine Müdigkeit vergessen ließen. Von diesen Nächten blieb nichts. Noch nicht einmal ein fader Nachgeschmack. Schon am nächsten Morgen erkannte er sie kaum wieder, wenn sie ihn anlächelten.

In diesem Sommer fühlte er sich weniger müde. Schon als er im Februar angereist war, kam es ihm vor, als käme er in eine fremde Stadt. Im Jahr zuvor war Badenweiler Annas Stadt gewesen. Alles hatte er durch ihre Brille gesehen. Und sie hatte die Deutschen nie gemocht mit ihrer Gründlichkeit und den sauberen weißen Gardinen vor den Fenstern ihrer Häuser.

Ihn hatten vor allem die Farben überrascht nach dem langen Winter. Das Grün des Kurparks und der bewaldeten Hänge, der rote Sandstein der Kirchen und das Zuckerbäckerrosa, in dem die alten Häuser prunkten. Der gelbe Teppich von Narzissen, die blauen Hyazinthen und die Felder von roten Tulpen, die die Sonne vorzeitig hervorgelockt hatte. Er erkannte die Stadt kaum wieder.

Wie hatte er mit Anna auf das moderne Kurzentrum geschimpft, wo er unter dem Dach des Betonsegels das Kur-

orchester dirigierte. In Rage hatten sie sich geredet über diese gigantische Betonorgie, die deutsche Architekten an den Schloßberg gebaut hatten. Mit den unterschiedlichen Ebenen und ihren lustigen Bezeichnungen: Wiesengeschoß, Promenadenzeile und Musengeschoß. Und einem Lesesaal, in dem es keine einzige ausländische Zeitung gab.
Wenn er jetzt spielte und von der Rampe des Orchesterpavillons seinen Blick nach oben schweifen ließ, fand er, daß es gar nicht so übel gelöst war. Die Geschosse schmiegten sich an den Berg und nahmen der Burg nichts von ihrer Größe. Abends, wenn die Lichter angingen, war es eine geradezu grandiose Kulisse mit der angestrahlten Ruine, die über dem Berg thronte. Abends verlor der Terrassenbau seine Schwere und der Beton seine graue Farbe. Wurde zu einem ganz normalen Baustoff. Nichts als Hintergrund für das Leben, das sich vor ihm abspielte. Er genoß es dann ganz besonders, vorn auf der Bühne zu stehen. Von Lichtern angestrahlt. Den Körper straff gespannt, das linke Bein durchgedrückt, das rechte leicht angewinkelt, die Geige auf der Schulter, war er sich bewußt, was für einen Eindruck er machte. Wenn vor ihm die weißen Stühle unten in der langsam aufsteigenden Arena voll besetzt waren und selbst noch die beiden oberen Etagen voll von Menschen, spielte er wie in Trance.
So viele Menschen, die dort auf den Stühlen saßen und lauschten. Menschen, die die Mühe auf sich nahmen, zu ihm zu kommen. Menschen, die nicht vor dem Fernseher saßen. Er wußte, daß es in fast jeder Pension ein Fernsehzimmer gab, und in den Zimmern der besseren Hotels standen die Fernseher gleich neben dem Bett. Und sie kamen trotzdem. Bei jedem Wetter. Selbst wenn es regnete, blieben sie und hörten zu von ihren geschützten Plätzen weit hinten. Sie kamen forsch ausschreitend, in kleinen Trippelschritten, auf Krücken gestützt oder im Rollstuhl. Sie kamen allein und in Begleitung. Mit ihren Kindern oder Enkelkindern. Und sie

schienen Zeit zu haben. Das erschien ihm am bemerkenswertesten. Daß es das noch gab. Menschen, die Zeit hatten. Menschen, die sich Zeit nahmen.
Sicher machten sie sich manchmal gemeinsam lustig über den gefälligen Mischmasch des Programms, die populären und leicht eingehenden Melodien. Die heiteren Walzer, Zigeunermelodien, Tangos und Potpourris der zweifelhaftesten Herkunft. Melodien, die den Leuten gefielen, die ihre Gefühle ansprachen. Einfache Melodien, einfache Gefühle. Die deshalb nicht weniger wichtig waren. Er war überzeugt, daß sie wirkten. Die Badeärzte von einst hatten ihren Patienten nicht umsonst geraten, wohlklingenden Weisen zu lauschen. Es war eine Weisheit in diesen einfachen Dingen, die er bewunderte. Als Leiter des Kurorchesters sah er sich eingebettet in eine jahrhundertealte Kultur, die den Menschen zu dienen hatte. In solchen Momenten kam er sich so zeitlos vor wie die alten Bäume im Kurpark. Und auch die Jungen im Orchester konnten sich dem nicht entziehen. Sosehr sie auch lästerten, manchmal waren auch sie voll Ehrfurcht den applaudierenden Menschen gegenüber und gaben ihr Bestes, selbst wenn es in schmissigen Melodien unterging.
Vor Beginn des Abendkonzerts saß er gern auf der Caféterrasse unter der großen Kastanie und beobachtete das Heranschlendern des Publikums, für das er spielen würde. Alte Herren mit makellos weißen Hemden, ein Seidentuch im Kragen anstelle der Krawatte, verwegene Kopfbedeckungen zur Schau stellend. In hellen Anzügen, die an Tropennächte erinnerten, oder dunkelblauen Hosen mit tadelloser Bügelfalte. Schritt für Schritt, Stufe für Stufe, tasteten sie sich am Geländer nach unten, schoben sich aufrecht durch die engen Stuhlreihen und ließen sich von niemandem helfen. Als ob der zum Greifen nahe Konzertplatz ihnen unerhörte Kräfte verlieh. Und wieviel Mühe mochte es sie gekostet haben, das Ankleiden, das Rasieren, das Laufen. Ihre Mienen ließen nichts davon ahnen. Er wünschte sich mehr als einmal, daß er

in ihrem Alter die gleiche Kraft finden würde, sich dem Leben zu stellen.
Auch Frauen nahm er nach Jahren der Abgestumpftheit wieder mit einer Macht wahr, die ihn erstaunte. Fasziniert beobachtete er sie. Wollte sich nichts entgehen lassen. Keinen einzigen dieser Körper jeden Alters, jeder Ausformung. Und mit welch unerschöpflicher Vielfalt sie sich darboten. Zierliche Frauen, mächtige Frauen, herbe, strenge und liebliche. Fast durchsichtige Stoffe, die ihre Körper umspielten und mehr ent- als verhüllten. Keck wippende Röcke, Kostümjakken, die nichts von dem preisgaben, was darunter war. Fast geometrische Linien, viereckige Ausschnitte und Kleider, die gerade nach unten fielen. Und nirgendwo entdeckte er das typische Beigebraun, unter dem sich anderenorts Frauen ab einer bestimmten Altersstufe versteckten. Hier dominierten klare Farben. Viel Weiß, Dunkelblau, aber auch sonniges Gelb und kräftiges Rot. Und immer wieder wurde er überrascht von einer Gestalt, die aus der Ferne nahte. Im Gegenlicht sah er eine nackte Frau. Schön und makellos wie eine Statue mit kleinen runden Brüsten. Und wenn sie an ihm vorbeischlenderte, war es eine ältere Dame in einem Kleid aus einem fließenden Stoff, an der Schulter von einer Nadel gehalten.
Wenn er sich dann vorne auf der Bühne verneigte, versuchte er, in diese kleine Geste etwas von der Verehrung mit einfließen zu lassen, die er für sein Publikum empfand. Und sie klatschten voller Begeisterung. Vor einem Stück in Erwartung bekannter Freuden und nach einem Stück, sobald die letzte Note verklungen war. Wenn er sein Solo spielte, Schumann oder Grieg, dann wogte der Applaus, als ob sie nie müde würden, ihre Hände aufeinanderzuschlagen. Dann gab es nur sie und ihn, die Töne der Geige und des Klaviers, das Rauschen der Kastanien und das Plätschern des Brunnens. Nie wieder würde es kalte Winter geben.
Nach den Abendkonzerten fiel es ihm schwer, in die Welt zurückzufinden. Eine Welt, in der die Kollegen nur mühsam

gemessenen Schrittes den Applaus und die Komplimente hinter sich ließen, um in atemberaubender Schnelligkeit die glänzenden Hosen mit den schwarzen Streifen und die weißen Hemden abzustreifen und gegen ihre Freizeitkleidung einzutauschen. Und während die anderen einem wie auch immer gearteten Zuhause entgegeneilten, landete er mit Jan und Helmut in der Bar des Kurhaus-Cafés. Sie tranken ein Bier und redeten. Und wenn abends getanzt wurde, was zweimal in der Woche der Fall war, sahen sie den auf der Tanzfläche kreisenden Paaren zu. Und wenn eine Frau Interesse zeigte, zogen sie Streichhölzer, wer mit ihr die Nacht verbringen durfte. Nach all den Jahren war es keine Frage des Prestiges mehr, sich mit einer Frau am Arm zu zeigen, die von den anderen Männern mit Blicken ausgezogen wurde.

Seinen spielfreien Tag verbrachte er meist allein. Den Vormittag verbummelte er im Bett, und für den Rest des Tages machte er keine Pläne. Manchmal planschte er im warmen Wasser der Therme. Selbst mit der Badekappe erkannten sie ihn. Zu unverwechselbar war der Bart auf seiner Oberlippe. Ein lustiger altmodischer Bart, dessen Enden sich nach oben drehten und der ihm sehr behagte. Hier kostete er ihn seine Ruhe. Und sosehr er sein Publikum liebte, an einem Tag in der Woche wollte er nicht der Herr Dirigent sein.

Er flüchtete in die Wälder der Vogesen, wanderte auf Wegen, bedeckt mit abgefallenen Tannennadeln, und genoß die Frische der Luft. In Badenweiler war es im Sommer oft schwül und drückend. Oder er lief im Tal zu einem der nahe gelegenen Weinorte, um in einem Gasthof ordentlich zu essen. Selbst auf diesen Wegen traf er noch Leute, die ihn erkannten, ihn anhielten und ihm Komplimente machten. Sie schienen ihn wirklich zu mögen. Trotz seiner langen Haare, des Bartes und der gewagten Brille, hinter der er sich bei Sonnenschein gern versteckte.

*

Ruth summte eine Melodie vor sich hin, die ihr vom Nachmittagskonzert im Kopf geblieben war, und begutachtete die riesigen Rhododendronsträucher, die unter dem Küchenfenster standen. Lila Blütenblätter bedeckten die Erde des Beetes, über das die Sonne flirrende Lichter schickte. Sorgsam drehte sie die verblühten Blätter von den Zweigen. Die lila Blütenpracht war im Vergehen. Jetzt galt es, Knospe für Knospe von alten Blütenblättern zu befreien, damit die Sträucher im nächsten Jahr genauso üppig blühten wie in diesem.
Es war eine gute Entscheidung gewesen, nach Badenweiler zu ziehen. In dieses Haus, mit dem sie die Erinnerung an glückliche Tage verband. Tage, die lange zurücklagen und die ihr mit zunehmendem Alter immer wichtiger wurden. Aus deren Erinnerung sie soviel Kraft schöpfte. Hier hatte sie mit den Eltern, der Großmutter und dem Bruder die Sommer verbracht. Noch nach all den Jahren schien es ihr, als könnten sie gleich wieder dort am Gartentisch Platz nehmen und miteinander reden und lachen. So, wie sie unzählige Abende an diesem Tisch gesessen, geredet und in die Nacht hinein gelauscht hatten. Schon damals hatte sie empfunden, daß es ein glückliches Haus war, daß sie hier zusammen glücklich waren. Manchmal fand sie es eigenartig, daß aus ihrem langen Leben dies die einzigen Erinnerungen waren, die zählten. So hatte sie sich ihr ganzes Leben vorgestellt. So sonnig, so warm, so liebevoll. Wie ein frisch verliebtes Paar hatten die Eltern jeden Sommer zusammen auf der Gartenbank gesessen. Und sie als Kinder hatten vergeblich an der Jacke des Vaters oder am Rock der Mutter gezupft und gezerrt. Keiner war von der Seite des anderen gewichen, und sie hatten sich ihre eigenen Spiele ausdenken müssen, wenn die Großmutter sich nicht ihrer annahm.
Ihr Leben war dann so ganz anders verlaufen. Der Mann, mit dem sie vierzig Jahre lang verheiratet gewesen war, hatte niemals das Bedürfnis verspürt, sich mit ihr bis in die Nacht hin-

ein auf eine Gartenbank zu setzen und auf die Geräusche des Gartens zu lauschen. Er mußte immer in Bewegung sein. Anfangs hatte ihr das mächtig imponiert, die Tatkraft, die Hektik, das Reisen. Es war so ein Gegensatz zum Elternhaus gewesen, in dem es schon fast langweilig friedlich zugegangen war. Sie hatte sich von Gustav erhofft, daß er ihr die weite Welt mit all ihren Aufregungen und Abenteuern eröffnen würde. Aber schon bald war ihr seine Betriebsamkeit schal vorgekommen. Schon als junge Frau hatte sie so empfunden und mit Gustav um ein anderes Leben gerungen. Er hatte nicht verstanden, worum es ihr ging, sie mit teuren Geschenken überhäuft, und alle diese Dinge hatten ihr nichts bedeutet. Es waren keine glücklichen Jahre. Sie vermutete, daß auch Gustav nicht glücklich mit ihr gewesen war. Er hatte nie geklagt, und auch sie hatte sich nicht beschwert, daß er ihr nicht das geben konnte, was sie sich erhofft hatte. Zu unsicher war sie damals, ob die Erwartungen von Frauen an die Ehe nicht generell viel zu schwärmerischer Natur waren. In guten wie in schlechten Tagen, hatte sie vor dem Pfarrer gelobt und sich daran gehalten.

Der Gedanke, daß es sich um vertane Jahre gehandelt haben könnte, kam ihr erst später. Jahre danach. Als das Kind, das sie und Gustav hatten, größer wurde. Klaus, der Gustav mit seinem kräftigen Körperbau im Äußeren immer ähnlicher wurde und dem sie nie ihre uneingeschränkte Liebe geben konnte. Sie war vernünftig genug, seine Erziehung in fremde Hände zu legen und ihn, sobald er alt genug dafür war, in ein Internat zu schicken. Noch im nachhinein erfüllte es sie mit Traurigkeit, wie einsam sie alle drei gewesen waren. Heute war Ruth längst unsicher, ob es nicht ein Verbrechen war, zusammenzuleben und gemeinsam ein Kind aufzuziehen, wenn man sich nicht mit jeder Faser seines Herzens liebte. So wie ihr Vater und ihre Mutter sich geliebt hatten.

Auch zu seinem Vater fand der Junge keinen guten Kontakt. Die ganze Schulzeit hindurch brachte Klaus nie die glänzenden Zensuren, die Gustav sich von seinem Sohn wünschte. Erfüllte nie die Erwartungen, die sein Vater an ihn stellte. Obwohl sie es nicht an Geld für Nachhilfestunden fehlen ließen, fiel Klaus durch das Abitur. Daraufhin brachte Gustav ihn als Lehrling in einer befreundeten Bank unter. In einer anderen Stadt. Er konnte den Anblick des Jungen kaum noch ertragen. Und auch sie mußte sich eingestehen, daß dieser Sohn, den sie nie richtig geliebt hatte, ihr mit den Jahren immer unsympathischer wurde. War er zu Hause, redeten Klaus und Gustav nur über Geld. Aber sosehr Gustav auch Spekulationen und Zahlenspielereien interessierten, so sicher war er, daß dieser Sohn zu Geschäften nicht taugte. Und er sollte recht behalten. Das Erbe, das nach Gustavs Tod an ihn als einzigen Sohn gefallen war, konnte sich sehen lassen. Und doch verging in der letzten Zeit kaum ein Wochenende, an dem Klaus sie nicht besuchte und bedrängte, das Haus in Badenweiler zu verkaufen und in ein Altenheim zu gehen. Ruth fragte sich, ob er zur Zeit überhaupt einer geregelten Arbeit nachging. Zu der ersten Frau, mit der er verheiratet gewesen war, hatte sie heute noch Kontakt. Er war jetzt zum drittenmal verheiratet, und sie war froh, daß er keine Kinder hatte. Nach der Scheidung von Greta hatte sie ihm zu verstehen gegeben, daß sie keinen Wert darauf legte, weitere Frauen oder Freundinnen von ihm kennenzulernen. Und er hielt sich daran und kam allein. Sein Drängen, das Haus zu verkaufen, fand sie taktlos und lästig. Sie brachte es aber nicht über das Herz, ihm die Tür zu weisen. Irgendwie fühlte sie sich verantwortlich für das, was aus ihrem Sohn geworden war.

Von den Rhododendren ging sie zu den Himbeeren hinüber. Sie versuchte, sich an die Melodie zu erinnern, die sie den Nachmittag über begleitet hatte. Es gelang ihr nicht. Aus der Tasche ihres Kittels holte sie die Gartenschere und schnitt die braunen Zweige, die in diesem Jahr getragen hatten, unten gleich über der Erde ab. Ein beachtlicher Berg sperriger, dünner Zweige begann sich neben ihr aufzutürmen. Armeweise lud sie sie auf, trug sie zu dem freien Stück zwischen Kompostplatz und Buchenhecke und schichtete sie sorgfältig aufeinander. Eine ganze Igelfamilie hatte im vergangenen Jahr in ihren Himbeerzweigen ein Heim für den Winter gefunden. Die Sonne stand jetzt hinter der Atlastanne. Das Licht fiel in langen Streifen über den Rasen. Als sie ins Haus zurückging, sah sie, daß die Zweige ihre Arme zerkratzt hatten. In den aufgeschabten Linien saßen kleine rote Punkte. Blutstropfen, die an der Luft sofort getrocknet waren.

Ruth legte eine Platte mit Walzern von Johann Strauß auf und wußte nach den ersten Takten, daß es eine seiner Walzermelodien war, die ihr nach dem Konzert im Kopf herumgegangen war. Sie zog sich um und bereitete ihr Abendessen zu: hobelte die Gurke, rieb die Möhren, zerkleinerte die roten Bete und hackte die Petersilie. Dann setzte sie sich mit ihrem Salat an den Eßtisch im Gartenzimmer. Seit sie älter wurde, aß sie nur etwas Leichtes zu Abend. Während ihrer Ehe mit Gustav waren die Mahlzeiten im Nu vorübergegangen. Sobald er den letzten Bissen vertilgt hatte, sprang er auf und verließ den Tisch. Jetzt ließ sie sich Zeit, und die Mahlzeiten waren festliche kleine Inseln im Tagesablauf, die sie sehr genoß. Im Sommer ging sie nach dem Essen hoch ins Atelier und malte, bis es dunkel wurde.

Als Kind hatte sie zusammen mit ihrer Mutter die Zeichnungen der Märchenbücher mit Wasserfarben ausgemalt und all die Jahre danach nie wieder Farben angerührt. Bis sie hier in Badenweiler Lust bekommen hatte, ein wenig von den Farben, die sie überall so intensiv wahrnahm, einzufangen. Das Malen hatte sie gleich dermaßen gefesselt, daß sie sich große Fenster anstelle der alten Dachluken einsetzen ließ und der Speicher sich in ein licht- und sonnendurchflutetes Zimmer verwandelt hatte. Wenn sie hier saß und auf dem Papier, das das Wasser so gierig aufsog, den Pinsel mit der Farbe aufsetzte, war sie jedesmal von neuem erstaunt, wie sich die Farbe verteilte. Welche Linien, welche Figuren sich bildeten.

Immer noch kleckste sie gerne einfach so herum, obwohl sie jetzt begann, Blumen zu malen. Blumen, die sie sich aus dem Garten holte. Deren Leuchtkraft sie auf das Papier zu übertragen versuchte. Zur Zeit blühten die Schwertlilien. Sie konzentrierte sich auf das kräftige Orange der Blüten, intensiv wie die Farbe reifer Apfelsinen.
Manchmal kam es ihr vor wie ein Geschenk, daß ihr diese Tage in Badenweiler vergönnt waren. Diese Rückkehr in ihre Kindheit. In die Natur. Hier gehörte sie hin. Das war ihre Landschaft. Diese Mischung aus südlicher Süße und der Schwermut der Wälder. Badenweiler war ihre Stadt. Unter dem Schutz der Schwarzwaldgöttin würde sie einen reichen Lebensabend verbringen. Mehr als einmal war sie zu dem Altar der Göttin im Westteil der alten Badeanlage gepilgert. Hatte den Namen studiert, den ein römischer Steinmetz in den Stein gemeißelt hatte. Diana Abnoba. Hier hatte ihre Statue gestanden. In der Körper- und Wandelhalle des antiken Bades. Zu ihr waren die Kurenden gepilgert. Auf den Mauerbänken um ihren Altar hatten sie die Wachsnachbildungen ihrer erkrankten Körperteile niedergelegt und auf Heilung gehofft. Die römischen Legionäre, die in den Wäldern Germaniens ihre Knochen geschunden hatten, und die Frauen, die sich von ihr Fruchtbarkeit erflehten. Und auch sie war unter der Sonne der Schwarzwaldgöttin wieder aufgetaut. Ihr Leben besaß eine Fülle und Harmonie, wie sie es sich seit Jahren ersehnt hatte. Die Musik war ein Teil davon. Jeden Nachmittag ging sie zum Konzert des Kurorchesters und ließ sich von der Musik weit wegtragen. Über das Dach des Orchesterpavillons, über die Wipfel der Kastanien hinweg bis zu den Höhen der Vogesen. An manchen Nachmittagen fühlte sie sich so schwerelos wie die Drachenflieger, die vom Blauen nach Badenweiler hinuntergetrieben wurden. Um dieses Gefühl der Schwerelosigkeit nicht zu verlieren, lief sie am Ende des Konzerts nach dem Verklingen der letzten Note sofort über die Wiese des Parks davon. Sie wollte sich diesen Ein-

druck nicht durch das Gedränge und Geschiebe der Menschen zerstören lassen, die alle auf den gleichen Wegen den Kurpark verließen.
Manchmal fragte sie sich, ob sie mit einem Maler oder einem Musiker hätte glücklich werden können. Mußten sich solche Menschen dem Leben nicht mit jeder Pore ihres Körpers öffnen? Sie fragte es sich und ließ ihren Blick über das Gesicht des Geigers kreisen, der vorne an der Rampe stand und das Orchester dirigierte. Es war ein sensibles Gesicht mit klugen Augen und einem weichen Mund.

*

Er wußte nicht mehr, wann sie ihm zum erstenmal aufgefallen war. Aber seit er sie bemerkt hatte, konnte er den Blick nicht mehr von ihr lassen. Eine schmale Frau, deren Größe man im Sitzen ahnen konnte, mit langen weißen Haaren, die locker aus dem Gesicht nach hinten fielen und dort – wie er sich überzeugen konnte, wenn sie den Kopf zur Seite drehte – in einem kleinen Knoten zusammengehalten wurden. Sie saß immer an derselben Stelle. Von ihm aus gesehen rechts. In einer der ersten Reihen auf dem äußersten rechten Stuhl. Wo der Rasen des Kurparks begann und der Blick in das Tal hinunterwandern konnte. Sie kam zu den Nachmittagskonzerten und verschwand, sobald die letzte Note verklungen war. Während die anderen klatschten, stand sie auf und lief quer über den Rasen davon. Als ob in diesem Park keine Wege existierten. Er sah ihr fassungslos nach.
Manchmal befürchtete er, daß er sich das alles nur einbildete, daß seine Phantasie ihm einen Streich spielte mit dieser Gestalt, die leichtfüßig ins Tal hinunterlief. So, wie er sich an manchen Abenden, wenn er aus der Garderobe trat, fragte, ob das, was er während des Spiels empfunden hatte, real war. Ob es überhaupt ein Konzert gegeben hatte. Dann blickte er auf die leeren Konzertstühle, die Tische des Cafés, die jetzt ohne Tischdecke waren, und dachte, daß er sich das alles ein-

gebildet hatte, die vielen Menschen, den Applaus. Und erst, wenn er die klapprigen Metallkarren sah, auf denen sich die Zuckerstreuer, rauchfarbenen Aschenbecher und die häßlichen braunen Speisekarten stapelten, wußte er, daß alles seine Ordnung hatte.

Voll Ungeduld erwartete er jetzt die Nachmittage. Sehnte das Ende der Mittagessenszeit herbei, wartete darauf, daß endlich das Café geöffnet wurde, die Sonnenschirme auseinandergeklappt, die Stühle an den Tischen neben dem Orchesterpavillon besetzt. Wenn die Kellner mit ihren Tabletts, voll mit dunkelgrünen Wasserflaschen, Gläsern und bunten Eisbechern, zwischen den Tischen umherliefen, wußte er, daß es nicht mehr lange dauern konnte.

Seine Unruhe legte sich erst, wenn er auf der Bühne stand, das Publikum mit den üblichen Verbeugungen begrüßte, den Geigenbogen hob, um ihn über die Saiten zu setzen, und er dabei aus den Augenwinkeln sah, daß sie an ihrem gewohnten Platz saß. Sein Interesse für diese Frau war so auffällig, daß Piotr und Slawomir ihn neckten und mitleidig fragten, ob er etwa älter werde. Eine Vorliebe für weißhaarige Damen entwickle. Er kümmerte sich nicht darum.

Er wußte nicht, wie ihm geschah. Es machte ihn rasend, daß er die Faszination dieser weißhaarigen Frau nicht benennen konnte. War es die Anmut, die in der Bewegung lag, mit der sie den Kopf zur Seite drehte? Oder waren es ihre Hände, die locker und langgestreckt von den Lehnen des Stuhls, auf denen ihre Arme ruhten, in den Schoß herabhingen, so daß sie eben den Stoff des Kleides berührten? Oder war es die Linie, die von ihrem Kinn in die Halsgrube lief? Einmal legte er eine nicht geplante Pause ein und stieg von der Bühne hinunter, um ein Ehepaar zu begrüßen, das zwei Reihen hinter ihr saß. Einzig, um sie aus der Nähe zu sehen. Während seine Lippen über dem Handrücken der Frau einen Kuß andeuteten, blickte er zur Seite, dorthin, wo sie saß, und erhaschte einen Ausschnitt ihrer rechten Gesichtshälfte. Die Haut war wie

Porzellan, hell durchscheinend. Nach diesem Vorfall nahm Jan ihn zur Seite und fragte besorgt, ob er ihm irgendwie helfen könne. Seit Andrzy die Frau das erste Mal gesehen hatte, verzichtete er zugunsten von Helmut, wenn er abends bei ihren Spielen gewann und die Nacht mit einer Frau hätte verbringen können. Inzwischen zogen nur noch Jan und Helmut Streichhölzer.

Wenn er jetzt durch Badenweiler ging, hielt er überall nach ihr Ausschau. Sie erschien ihm schon im Traum, nahm seinen Kopf in ihre langen, schmalen Hände und legte ihn in ihre Halsbeuge. Er hörte sich laut stöhnen vor Wollust. Hinter jedem Fenster vermutete er sie. In jedem Haus. Durchdringend schaute er in die fast durchsichtigen weißen Gardinen, die hier so viele Fenster schmückten, und glaubte dahinter ihr Gesicht ausmachen zu können.

Er stieß auf sie, als er es am wenigsten erwartete. Morgens, als er, den Geigenkasten in der Hand, den Kirchweg zum Kurpark emporstieg. Er sah sie im Garten eines der Häuser, an denen er täglich vorbeikam. Sie saß an einem Tisch unter einem Sonnenschirm, und neben ihr leuchtete ein Feld von orangenfarbenen Blumen. Sie saß genauso aufrecht und grazil, wie sie nachmittags auf dem Konzertstuhl saß. Vor sich eine Kaffeetasse, ein Buch in den Händen. Er stand da und starrte. Sie spürte seinen Blick und legte das Buch zur Seite. Er sog das Bild gierig in sich auf. Das Haus paßte zu ihr. Ein altes, würdevolles Haus, ein wildes Haus. Ein Fenster war dicht mit Wein überwuchert, und von dem Dachfirst führten Leinen nach unten, von denen Kaskaden grüner Schlingpflanzen herabfielen. Eine Arche, die hier mit Seilen vertäut lag.

»Guten Tag.« Sie stand vor ihm am Gartentor und streckte ihm ihre Hand entgegen. »Sie spielen wunderbar. Es ist schön, daß ich die Gelegenheit habe, Ihnen das einmal zu sagen.«

Er nahm ihre Hand, hielt sie in der Luft und traute sich nicht, mit seinem üblichen Schwung einen Handkuß daraufzuhauchen. Sie zog die Hand zurück.

»Darf ich Sie zu einem Kaffee einladen?«
Er folgte ihr an den Tisch zu dem gelben Sonnenschirm und den orangefarbenen Blumen.
»Bitte setzen Sie sich doch.« Sie wies auf einen Stuhl, auf dem gelb-weiß gestreifte Polster lagen. »Ich hole nur eine Tasse für Sie und bin gleich wieder zurück.« Sie lief über die hellen Kieselsteine davon.
Wie groß sie war. Von der Bühne aus hatte sie kleiner gewirkt. Sie war mindestens einen Kopf größer als er. Bei allen Frauen bisher hatte er peinlich genau darauf geachtet, daß er größer war als sie. Und er hatte nie zugelassen, daß Anna Schuhe mit hohen Absätzen trug, weil sie dann genauso groß war wie er. Jetzt kam ihm das alles unglaublich unwichtig vor. Vielleicht war es ja gerade ihre Größe, die ihn faszinierte. Vielleicht verlieh die ihren Bewegungen dieses Fließende.
Sie trank ihren Kaffee schwarz. Erst, nachdem er seine Kaffeetasse geleert hatte, wagte er, den Blick von der Tasse zu lösen und nach oben zu schauen. Er sah direkt in ihre Augen. Sie waren von einem verhangenen Grau und erinnerten ihn an den Nebel, der morgens die Waldhänge hochkroch. Die Haut, die ihre Wangenknochen umspannte, war von einer Durchsichtigkeit, daß er jedes einzelne der roten und blauen Äderchen, die darunter lagen, zu erkennen glaubte. Die Verästelungen unter ihren Augen erinnerten ihn an die Struktur in sich gebrochenen hauchdünnen Porzellans. Auf ihren Schultern entdeckte er braune und weiße Flecken, die sich über die Arme bis hinunter zu ihren Händen fortsetzten. Feingliedrigen, langen Händen mit schmalen Gelenken.
Er wollte nicht reden, konnte nicht reden, und auch sie schwieg. Wortlos stand er auf und setzte sich zu ihr auf die Bank. Ließ seinen Kopf an ihre Schulter fallen, fuhr mit der Nase in ihre Halsbeuge und hörte sich stöhnen wie im Traum.
»Müssen Sie nicht spielen?« fragte sie leise und strich mit der Hand über seine Haare.

Er öffnete die Augen, schaute auf seine Uhr und stellte fest, daß die Proben heute morgen ohne ihn gelaufen waren. Eine gute Stunde hatten sie einfach so dagesessen.
»Darf ich wiederkommen? Heute nachmittag nach dem Konzert?«
»Das würde mich freuen«, sagte sie und begleitete ihn vor das Haus. Bevor er in den Kurpark einbog, wandte er sich noch einmal um und sah sie neben der großen Zeder stehen und winken.
Nach der Stille mit ihr waren ihm an diesem Vormittag, an diesem Mittag die Kurterrassen mit den Menschen zu laut. Die Tabletts, die mit einem Krachen auf den Tischen abgestellt wurden, das Scheppern der Gläser, die aneinanderstießen, das Klappern der Tassen auf den Untertassen, das Klirren der Eislöffel, der Messer und Gabeln. Selbst das Hecheln der Hunde, die unter den Stühlen ihrer Herrchen und Frauchen die Beine von sich streckten, war ihm zu laut. Seine Musiker auf der Bühne scharrten mit den Füßen, die Stühle knarrten und die Notenblätter raschelten auf ihren Ständern. Er sehnte sich zurück nach der Stille in ihrem Garten.
Nach dem Konzert hielt er es nicht lange im Mittagsbetrieb der Kurterrassen aus. Das Schaben der Löffel, die über Speiseplatten fuhren, das Krachen, mit dem die Silberhauben über Speisen gestülpt wurden, um sie warmzuhalten, verfolgten ihn bis in die Stille seines Zimmers. Er schloß die Fenster, zog die Vorhänge zu, legte sich angezogen auf das Bett und fiel in einen kurzen, tiefen Schlaf.
Beim Nachmittagskonzert saß sie an ihrem gewohnten Platz, und jetzt spielte er nur für sie. Als sie aufstand und über den Rasen davonlief wie an jedem Nachmittag nach dem Konzert, mußte er sich kontrollieren, nicht von der Bühne zu springen und ihr nachzulaufen. Heute verließ er als erster die Garderobe und rannte fast die Kinder von Piotr über den Haufen, die im Foyer des Kurhauses auf ihren Papi warteten.
Sie wartete auf ihn, saß auf der Bank wie am Morgen. Nur der

Sonnenschirm war geschlossen. Die Sonne war hinter das Haus gewandert. Er legte seinen Geigenkasten auf einen Stuhl und setzte sich zu ihr auf die Bank. Ließ seinen Kopf an ihre Schulter fallen und fühlte ihre Hand leicht über sein Gesicht streichen.
Nach dem Abendkonzert eilte er wieder zu ihr, ohne daß sie eine Verabredung getroffen hätten. Er wußte, daß sie auf ihn wartete.

*

Als Andrzy sich das erstemal zu ihr setzte, seinen Kopf an ihren Hals lehnte, zweifelte sie keinen Moment, daß er der Mann war, der auf diese Bank gehörte, an ihre Seite. Ein Geschenk der Schwarzwaldgöttin, wie die sonnigen Tage, die sie hier in Badenweiler verlebte. Ein Geschenk, das sie offen und ohne falsche Scham annahm. Vom ersten Tag an hatten sie keine Nacht getrennt voneinander geschlafen.
Er war so, wie sie sich als junges Mädchen einen Mann erträumt hatte. Zärtlich um sie besorgt, sensibel darüber wachend, daß es ihr wohlerging. Hätte sie während ihrer Ehe auch nur geahnt, daß ein Mann je ihren Körper so begehren könnte, sich so an ihm festsaugen, sich ihm so ausliefern, auf der Stelle wäre sie allen Konventionen zum Trotz davongelaufen. Aber sie hatte nicht gewußt, daß so etwas möglich war. Und jetzt kam sie sich manchmal fast lächerlich vor. In ihrem Alter mit einer solchen Gewalt von körperlicher Lust erfaßt zu werden. So zu lieben, so geliebt zu werden.
»Weißt du eigentlich, wie alt ich bin?« hatte sie Andrzy an einem ihrer ersten gemeinsamen Dienstage gefragt.
»Ich bin tausend Jahre älter als du«, hatte er geantwortet. Danach hatte sie nie mehr von ihrem Alter geredet.
Sie liebte ihn mit der Leidenschaft einer Frau, die nie geliebt hatte. Zaghaft fuhr sie an seinem nackten Körper entlang, betastete die Arme, die Geige und Geigenbogen hielten, wanderte hinunter zu seinen Hüften. Mit beiden Händen fuhr sie

seinen Körper hinauf und hinunter, prägte sich jedes Detail ein. Wenn er nicht da war, schloß sie die Augen, fuhr mit den Händen durch die Luft und beschwor ihn so wieder herbei.
Bis in die tiefe Nacht hinein saßen sie oft am Tisch im Garten und waren glücklich, ohne zu reden.
Sie liebte es, wenn er auf der Geige ein Stück übte, das neu in das Programm aufgenommen wurde. Ihre Scham war ihr abhanden gekommen. Sie setzte sich nackt auf eines der großen Kissen im Atelier, und er spielte das Stück. Nur für sie. Mit Pausen, in denen er sie betrachtete. Bis das Stück seinen Rhythmus fand und er zufrieden mit seiner Arbeit war.
Danach liebten sie sich im hellen Licht, das durch die großen Fenster zu ihnen hereinflutete.

*

Er verbrachte jede freie Minute mit ihr, und es machte ihm nichts aus, wenn die Leute hinter seinem Rücken tuschelten. Helmut und Jan saßen jetzt allein nach dem Abendkonzert im Kurhaus-Café und beobachteten die Frauen.
Sie war die zarteste und zerbrechlichste Frau, die er je in den Armen gehalten hatte. Er erfuhr mit ihr zum erstenmal eine Art Glück, von dem er nicht vermutet hätte, daß es überhaupt zwischen Mann und Frau existieren könne. Er hatte das Gefühl, sie seit Urzeiten zu kennen und bei ihr zu Hause zu sein. Er hatte noch nie so mit all seinen Sinnen die Welt erfahren. Noch nie so tief durchgeatmet, noch nie so bewußt den Duft regennasser Hecken eingesogen. Noch nie zuvor seine Nase in Blütenkelche von Blumen gesteckt, deren Namen er nicht kannte. Und er hatte einen Blick entwickelt für ähnlich Liebende. Es gab nur wenige Paare, die diese Liebe ausstrahlten, und früher hatte er solche Dinge gar nicht wahrgenommen. Jetzt fiel es ihm sofort auf. Der Blick, mit dem sich zwei umfingen. Fürsorglich, wach, auf den anderen konzentriert. Ein stummes Streicheln über die Hand, fast zaghaft. Und ein ver-

schämter kleiner Kuß, wenn sie sich unbeobachtet glaubten.

Selbst die Jungen im Orchester nahmen die Veränderung an ihm wahr und machten keine Witze über die ungewöhnliche Beziehung. Zu augenscheinlich war das Glück, das aus ihm strahlte. Jan sagte ihm bewundernd, daß er so gut spiele wie schon seit Jahren nicht mehr.

Er konnte sich keinen Tag, keine Nacht mehr ohne sie vorstellen. In sein Zimmer ging er jetzt nur noch, um die Kleidung zu wechseln oder nach der Post zu sehen. Er war bei ihr. Es war das Natürlichste auf der Welt.

Nach ihrer ersten gemeinsamen Nacht hatte Ruth das Hochzeitsfoto im silbernen Rahmen von der Wand hinter ihrem Schreibtisch genommen und weggepackt. Er wußte nicht, wohin. Auf der Tapete war ein helles Viereck zurückgeblieben.

Ab und zu bekam Ruth einen Anruf von ihrem Sohn. Andrzy hatte nicht den Eindruck, daß es sich um erfreuliche Gespräche handelte.

*

Ruth saß in ihrem Atelier und versuchte, mit einem Stück Kohle eine Skizze von Andrzy anzufertigen. Seinen gespannten Körper, die durchgedrückten Knie, den schräggestellten Kopf, kurz bevor er ihn nach unten fallen ließ, um sich vor dem Publikum zu verbeugen. Sie liebte seine Verbeugungen. Sie hatten etwas ganz Eigenes. Ruth zerriß ein Blatt nach dem anderen. Es wollte ihr nicht gelingen. Heute war kein guter Tag.

Klaus hatte angerufen. Er wollte sie unbedingt sprechen. Heute noch. Ruth hatte ihn nicht davon abbringen können. Ihr war unbehaglich zumute. Was wollte er von ihr? Warum ließ er sie nicht in Ruhe? Glaubte er wirklich, daß sie dieses Haus, in dem schon ihre Eltern und Großeltern gelebt hatten, zum Verkauf freigeben würde? Vor ein paar Tagen hatte sie noch mit Andrzy zusammen Holzpflöcke aufgestellt, um die schweren Äste der Atlaszeder, die vor dem Haus stand, abzustützen. Wie konnte Klaus glauben, daß sie zustimmen würde, dieses Haus abreißen zu lassen, den Garten zu vernichten, um einem Block von Eigentumswohnungen Platz zu machen? Zulassen, daß ein Bagger mit seinen Metallgreifern altes gewachsenes Wurzelwerk aus dem Boden riß. Den Lebensraum der Tiere vernichtete, die in diesem Garten zu Hause waren. Sich hier wohl fühlten. Für einen Moment sah sie vor ihren Augen leblose Tierkörper, tote Igel, Vögel mit blutigen Schwingen, starre Eichhörnchen. Heute war kein guter Tag. Durch die offenen Fenster des Ateliers drang das Quietschen von Bremsen, der Lärm kreischender Kiesel und ein lautes Hupen. Ihr Sohn war da. Sie ging nach unten.

Es erstaunte sie jedesmal von neuem, daß dieser mächtige Mann mit dem vollen Bart, der von weißen Fäden durchzogen war, ihr Sohn sein sollte.

»Hattest du eine gute Fahrt?« fragte sie zur Begrüßung.

Während er sprach, rutschte er unruhig in seinem Sessel hin und her. Er verbreitete die gleiche Unruhe, die sein Vater verbreitet hatte.

Sie servierte ihm ein Glas Wein. Er leerte es rasch, und sie lief in die Küche, um die Weinflasche zu holen. Sie selbst trank Orangensaft. Sie wollte einen klaren Kopf behalten.

»Weshalb bist du gekommen?« fragte sie geradeheraus, als sie das Gefühl hatte, daß genügend Höflichkeiten ausgetauscht waren.

»Ich habe da ein interessantes Angebot. Du solltest es dir noch einmal überlegen.«

Die gleiche Einleitung wie beim letztenmal. Er gab nicht auf.

»Es ist doch einfach unvernünftig, allein hier in diesem Haus zu leben. In einem Seniorenwohnheim, und da gibt es ganz erstklassige in der Schweiz oder am Bodensee, und mit dem Geld, das du für das Haus kriegst, könntest du...«

Ruth atmete tief durch. Es war an der Zeit, Klaus zu stoppen.
»Ich habe dir bereits mehrfach gesagt, daß das für mich nicht in Frage kommt«, sagte sie beherrscht.
»Und ich sage dir, das ist unvernünftig. In deinem Alter«, wies er sie zurecht.
Ruth musterte ihren Sohn. Er war erst Anfang Vierzig. Aber trotz dieses Alters sah er nicht so aus, als ginge es ihm gesundheitlich gut. Er hatte Ringe unter den Augen und wirkte merkwürdig gehetzt. Sicher kam er kaum an die frische Luft, saß nur im Auto. Und wollte ihr Ratschläge geben. Vernünftige Ratschläge.
»In deinem Alter ist es nicht gut, so allein zu sein«, belehrte er sie. »Wenn dir mal was passiert, dann ist niemand da, der dir helfen könnte.«
Ihre Antwort würde ihn überraschen. »Ich lebe nicht mehr allein.«
Verblüfft fragte er nach. »Nicht mehr allein? Wieso lebst du nicht mehr allein?«
»Ich lebe mit einem Freund«, sagte Ruth.
»Einem Freund«, wiederholte er, als ob das Wort einer ihm unbekannten Sprache entstammen würde. »Einem Freund?«
»Ja, ich lebe hier mit einem Freund.« Ruth hoffte inständig, daß das Thema damit bald beendet sein würde.
»Ihr könntet zusammen in ein Seniorenheim gehen. Es gibt viele ältere Paare, die dort zusammen eine kleine Wohnung nehmen.«
»Ich lebe sehr gern mit ihm hier. Und er lebt auch gern hier. Es gibt keinen Grund, warum wir umziehen sollten.«
Ruth merkte, wie der Ärger in ihr hochstieg. Woher nahm er das Recht, ihr Vorschriften zu machen? Sich in ihr Leben zu mischen.
»Ich brauche das Geld.« Er sackte in sich zusammen. »Ich habe Schulden. Wenn du das Haus nicht verkaufst, bin ich ruiniert. Mit dem Geld vom Haus könnte ich es schaffen.«

Sie hatte nicht gewußt, daß es so schlimm um seine Finanzen stand.
»Was ist aus den Häusern geworden, die Gustav dir vermacht hat? Warum verkaufst du die nicht?«
»Die sind schon verkauft.«
Stille breitete sich im Zimmer aus. Die Tür zum Garten war offen. Wildtauben flogen vorbei und kreischten laut.
»Es tut mir leid«, sagte sie unbeholfen. Und er tat ihr wirklich leid. »Aber ich kann dir nicht helfen.«
»Du willst mir nicht helfen«, sagte er bitter. »Du hast mich nie geliebt. Ich war dir immer gleichgültig.«
Sie blieb stumm.
Er richtete sich jetzt im Sessel auf.
»Wenn du nicht willst, werde ich dich zwingen. Glaub mir, da gibt es Mittel und Wege.«
Ihr wurde kalt. So weit war es also gekommen. Er drohte ihr. Sie stand auf und schloß die Tür zum Garten. Klaus ließ sie nicht aus den Augen, verfolgte jede ihrer Bewegungen. Draußen drehte sich ein Schlüssel im Schloß. Die Haustür ging auf und kurz darauf wieder zu. Die Zimmertür öffnete sich, und Andrzy stand da mit dem Geigenkasten in der Hand.
Sie lief zu ihm, umarmte ihn und vergaß für einen Moment den Mann im Sessel, ihren Sohn. Sie drehte sich um.
»Das ist Andrzy«, sagte Ruth zu Klaus. Und zu Andrzy gewandt: »Das ist Klaus, mein Sohn.«
Andrzy ging zu dem Mann im Sessel, streckte ihm die Hand entgegen: »Angenehm, freut mich, Sie kennenzulernen.«
Der Mann im Sessel übersah die ausgestreckte Hand. Er goß sich das Weinglas voll. »Sie sind also der Geliebte meiner Mutter«, stellte er fest. »Sie könnten ihr Sohn sein. Oder besser noch ihr Enkel.«
Ruth fühlte, wie sich alles in ihr verkrampfte. Andrzy setzte sich neben sie und griff besorgt nach ihrer Hand.
»Das ist doch das letzte, das allerletzte«, fuhr Klaus fort. »Meine Mutter fällt auf so einen dahergelaufenen...« Er

suchte nach einem Wort, musterte Andrzy, blickte auf den Geigenkasten, der auf dem Stuhl lag: »Geiger herein.«
Ruth zwang sich zur Ruhe. »Mußt du ausfallend werden?«
»Noch bin ich nicht ausfallend geworden«, stellte Klaus klar. Er leerte sein Glas in einem Zug und schenkte sich aus der Flasche nach. »Hast du denn kein Schamgefühl? Eine Frau in deinem Alter?«
»Du weißt ja nicht, was du sagst«, sagte Ruth leise. »Ich liebe Andrzy.« Andrzy strich ihr über den Rücken.
»Du meine Güte, Liebe. So nennst du das.«
Er hielt es nicht länger im Sessel aus und begann, unruhig durch das Zimmer zu wandern. Schon als Kind konnte er nicht gut stillsitzen.
Er blieb vor dem Schreibtisch stehen, starrte auf den hellen Fleck der Tapete direkt über dem Schreibtischstuhl.
»Wo ist das Bild? Wo ist euer Hochzeitsbild?« Er setzte sich in den Schreibtischstuhl und begann mit den Fingern der rechten Hand auf die Schreibtischplatte zu trommeln. Er sah zu Andrzy und Ruth herüber. »Wo ist das Bild?« Das Trommeln wurde schneller. »Ich will wissen, wo das Bild ist.«
»Ich habe es abgenommen. Ich wollte es nicht mehr sehen.« Ruth war wieder ruhiger. Sie würde ihrem Sohn die Wahrheit sagen. Es gab nichts zu verheimlichen. Nichts, dessen sie sich zu schämen brauchte.
»Du ziehst Vaters Andenken in den Schmutz. Das werde ich nicht zulassen.«
»Was weißt du von deinem Vater?« fragte Ruth ihren Sohn. »Du hast ihn doch kaum gesehen.« Und zu Andrzy gewandt: »Er war im Internat, und in den Ferien hat er außer mir nur sein Kindermädchen gesehen. Sein Vater war die meiste Zeit auf dem Golfplatz.«
»Ich war nicht glücklich mit Gustav«, sagte sie zu Klaus. »Er wußte gar nicht, was das ist, Glück. Und Liebe war für ihn genauso ein Fremdwort.«
»Ich lasse nicht zu, daß du Vaters Andenken in den Schmutz

ziehst«, wiederholte er störrisch. »Ich lasse nicht zu, daß sich meine Mutter einem Geiger an den Hals wirft. Einem Geiger.« Er spuckte das Wort förmlich aus.
»Du bist genau wie dein Vater«, Ruths Stimme blieb kontrolliert. »Und was machst du? Womit verdienst du deinen Lebensunterhalt? Du gehst mit dreckigem bedrucktem Papier um. Was anderes ist Geld? Geld, Geld, Geld. Um nichts anderes ging es in unserem Haus. Geld und nochmals Geld. Dafür tut ihr alles. Da lobe ich mir einen Geiger, der geht mit erfreulicheren Dingen um. Das ist ein ehrliches Handwerk.«
»Du hast es doch genossen. Das Geld. Vaters Geld. Er hat dir doch ein angenehmes Leben geboten. Deshalb bist du doch bei ihm geblieben.«
»Als ob ich wegen des Geldes geblieben wäre. Glaubst du das wirklich?« Ihr Sohn war ihr noch nie so fremd wie in diesem Moment. Glaubte er, daß man mit Geld alles kaufen konnte? War ihm Geld deshalb so wichtig? »Ich bin bei Gustav geblieben, weil ich mich an das Wort gebunden gefühlt habe, das ich ihm gegeben hatte. Aber heute bin ich niemandem mehr etwas schuldig. Jetzt lebe ich, wie es mir gefällt.« Sie streichelte Andrzy über den Arm. »Meine Liebe lasse ich mir nicht nehmen. Ich habe mein ganzes Leben darauf warten müssen. Du nimmst sie mir nicht.«
Klaus verließ den Stuhl hinter dem Schreibtisch, setzte sich zurück in den Sessel und musterte Ruth und Andrzy, die nebeneinander auf der Couch saßen.
»Du wirst zweiundsiebzig. Zweiundsiebzig.« Er ließ das Wort auf der Zunge zergehen. »Hat sie Ihnen das gesagt, will ich wissen.«
»Laß uns bitte allein, Andrzy«, sagte Ruth beherrscht, »und komm erst morgen abend wieder.«
Andrzy gab ihr einen Kuß auf die Stirn, nahm die Geige und verließ das Zimmer, ohne den Mann im Sessel weiter zu beachten.

»Bist du jetzt zufrieden?« fragte sie ihren Sohn, sobald die Haustür hinter Andrzy ins Schloß gefallen war. »Bist du zufrieden, daß du mich vor Andrzy beleidigt hast?«
»Das war erst der Anfang. Ein ganz kleiner Anfang… Noch kannst du es dir überlegen«, fuhr er versöhnlicher fort. »Du brauchst nur das Haus zu verkaufen. Dann kaufen wir dir eine kleine Eigentumswohnung, wenn du in kein Heim ziehen willst, wenn du mit deinem Freund zusammenleben möchtest. Dann hörst du nie wieder von mir.«
»Und warum sollte ich dieses Haus aufgeben? Warum?«
»Die Frage kann ich dir beantworten. Nichts leichter als das. Wenn du es nicht verkaufst, dann tu' ich es. Glaubst du denn, es ist schwer, eine Frau in deinem Alter für verrückt erklären zu lassen? Oder, wenn dir das lieber ist, für ›eingeschränkt geschäftsfähig‹? Eine zweiundsiebzigjährige Frau, die mit einem Geiger zusammenlebt. Einem Mann, der ihr Enkel sein könnte. Glaubst du wirklich, das ist schwer?«
Sie wußte nicht, ob es leicht oder schwer war, eine Frau in ihrem Alter für verrückt erklären zu lassen. Sie wußte es nicht, und sie wollte es nicht wissen. Aber sie wußte, daß der Mann vor ihr mit seinen vom Wein geröteten Augen zu allem fähig war. Sie ging in die Küche und holte ihm eine neue Flasche Wein.
»Laß uns morgen weiterreden.« Sie schenkte ihm das Glas voll. »Ich muß erst einmal darüber schlafen.«
Der Triumph in seinen Augen blieb ihr nicht verborgen. Zufrieden schlürfte er seinen Wein. Sie richtete ihm das Bett im Gästezimmer und zog sich in ihr Schlafzimmer zurück.

*

Ruth wälzte sich unruhig in dem Bett, das ihr ohne Andrzy viel zu groß vorkam. Es war sinnlos. In dieser Nacht würde sie keinen Schlaf finden. Sie war zu aufgewühlt von dem, was sich heute abend abgespielt hatte. Ruth zog den Morgenmantel über und ging hinunter in den Garten. Unter dem Wachol-

der raschelte es. Irgendein Tier war von ihr aufgeschreckt worden. Floh jetzt vielleicht in Todesangst an einen sicheren Ort. Sie lief zu der alten Blautanne, die ihr Großvater zu ihrer Geburt gepflanzt hatte. Stolz und hoch ragte sie in den Nachthimmel. Einen Nachthimmel ohne Wolken mit unzähligen Sternen und einem Mond, der eine helle Sichel war. Sie stellte sich in die Mitte der schweren Äste, umfaßte den Stamm, strich über die rauhe Rinde, sog den Duft der Tannennadeln ein und fühlte, wie sie ruhiger wurde.
Sie durfte dieses Haus nicht verkaufen. Nicht zulassen, daß dies alles zerstört wurde. Von einem unglücklichen Mann, der zufällig ihr Sohn war. Sie durfte nicht Platz machen. Sie mußte kämpfen. Für ihren Garten. Für ihre Liebe. Für das Leben. Sie mußte sich auf alte Kräfte rückbesinnen. Auf die Furchtlosigkeit einer Göttin Diana, die, nur mit einem Hirschfell bekleidet, bei Wind und Wetter durch die Wälder streifte und die gefährlichsten Tiere zur Strecke brachte. Und die dafür von den Menschen verehrt wurde.

*

Ruth drückte die Türklinke zum Gästezimmer herunter. Durch den Luftzug blähten sich vor dem geöffneten Fenster die Gardinen wie ein Segel. Sie schloß die Tür, und das Segel fiel in sich zusammen. Ruth sah die Umrisse des Schranks, des Waschtischs, des Nachttischs, des Bettes. Das Bett war unberührt. So, wie sie es heute abend hergerichtet hatte. Klaus lag nicht darin. Den Weg bis in sein Bett hatte er anscheinend nicht mehr geschafft.
Sie fand ihn in einem Sessel im Gartenzimmer. Auf dem Tisch standen zwei leere Weinflaschen. Sein Hemd war aufgeknöpft, und die Ärmel waren hochgerollt. Das Jackett lag neben dem Sessel auf dem Boden. Von all dem Alkohol war ihm warm geworden. Sie trat näher heran. Den Kopf zurückgelehnt, hing er da im Sessel. Die Arme weit offen neben sich. Offen und arglos wie ein Baby. Sie hatte es sich leichter vorge-

stellt. Sein Mund war leicht geöffnet, und eine Spur Speichel rann ihm den Mundwinkel herab. Ausgerechnet jetzt mußte sie daran denken, wie es war, als sie ihn nach der Geburt an die Brust gelegt hatte. Es schnürte ihr die Kehle zusammen.
Ruth beugte sich über ihn, blickte auf die helle Haut im Inneren seines linken Arms und erkannte klar und deutlich den Verlauf der Adern. Sie entfernte das Papier von der Rasierklinge, nahm sie vorsichtig zwischen Daumen-, Zeige- und Mittelfinger und setzte die Spitze zart wie einen Pinsel auf die Haut. Mit der freien Hand hielt sie den Arm fest auf das Polster gepreßt. Dann drückte sie zu, zog die Klinge fest und ohne abzusetzen durch. Er stöhnte leicht auf im Schlaf. Das Blut füllte sofort die Furche, die sie in den Arm geritzt hatte, lief weiter den Unterarm hinunter, bis es auf den blauen Samt des Sessels tropfte.
Sie ging auf die andere Seite, stieg über das Jackett neben dem Sessel. Tränen traten ihr in die Augen. Dieses Jackett würde er nicht mehr brauchen. Nie mehr. Sie setzte die Klinge ein zweitesmal an, drückte durch.
Nie hätte sie vermutet, daß soviel Blut in einem Menschen war. Soviel Blut aus einem Menschen herausfließen konnte. Es floß und floß. Hörte nicht auf zu fließen. Sein Hemd saugte sich voll, die Hose, die Polster des Sessels, der Teppich. Sie würgte, ekelte sich vor dem Blut, das jede Ritze füllte, in jede Vertiefung floß.
Ruth drückte die Rasierklinge zwischen die Finger seiner rechten Hand. Für einen Moment blieb sie dort, dann öffneten die Finger sich, und die Rasierklinge fiel in die Blutlache, die sich in einer Falte seiner Hose gebildet hatte. Das Blut stieg langsam von der Mitte und von den Seiten über die scharfen Kanten und eroberte das Metall. Es würde alle Spuren verwischen.
Erschöpft fiel Ruth ins Bett und schlief sofort ein. In dieser Nacht kämpfte sie mit der Jagdgöttin. Mit einem Hirschfell bekleidet, jagte sie an ihrer Seite durch die Wälder. Aber als

Diana den Bogen spannte, um ein Reh zu erlegen, ein unschuldiges, zartes Kitz mit weißen Punkten, fiel sie ihr in den Arm, und der Pfeil ging ins Leere. Es war kein guter Traum.

*

Der Anblick des Toten im hellen Tageslicht war so schlimm, wie sie es erwartet hatte. Das Blut bildete häßliche Krusten und war von einem schmierigen Braun. Sein Gesicht war starr, der Speichel in den Mundwinkeln wie dünn gefrorenes Eis, die Haut an den Stellen, wo kein Blut hingelangt war, unschuldig weiß.

Der Arzt gab ihr eine Beruhigungsspritze, und die Polizisten sprachen ihr Beileid aus zu diesem gräßlichen Selbstmord. Die Sanitäter legten den Toten, in Plastikbahnen verpackt, auf eine Bahre und trugen ihn in den Rettungswagen. Im Leichenschauhaus würden ihn Ärzte aufschneiden, die inneren Organe untersuchen, um auszuschließen, daß der Tod vor Aufschneiden der Pulsadern eingetreten war. Sie wurde von einem Weinkrampf geschüttelt bei der Vorstellung, daß Fremde diesen Körper noch weiter aufreißen würden.

»Er war so ein unglückliches Kind«, stammelte sie wieder und wieder und wußte nicht, was sie damit erklären, wen sie damit trösten wollte.

*

Als Andrzy an diesem Abend nach dem Konzert zu ihr kam, fand er sie auf der Bank im Garten. Sie hatte kein Licht aufgestellt. Der Mond war zu einem schmalen Schlitz geschmolzen.

Er setzte sich zu ihr, legte seinen Kopf in ihre Halsgrube. Sie strich ihm mit ihren Fingern durch das Haar. Ihre Tränen tropften auf seine Haare, auf seine Stirn.

Sie schluchzte stoßweise. Ihr Rücken bebte, als würde er von Anfällen geschüttelt. Er sagte nichts, nahm sie in den Arm, strich über ihren Rücken, der immer wieder bebte, strich weiter, immer weiter über diesen schmalen Rücken bis hinauf in ihren Nacken, den er so liebte, und spürte, wie sie unter dem Streicheln seiner Hände ruhiger wurde.

»Er war mein Baby«, brach es aus ihr hervor. »Mein unglückliches, kleines Baby.«

Er hörte nicht auf, ihren Rücken zu streicheln. In gleichmäßigen, kräftigen Bewegungen. Nach und nach entkrampfte sich ihr Körper, wurde weich. Sie lehnte sich an ihn, und er umspannte sie ganz mit den Armen.

»Wo ist er?« fragte er und fuhr mit seiner Nase ihren Haaransatz hoch.

»Weg«, sagte sie leise. »Er ist weg. Weit weg.«

Er ließ sich von ihrer Stimme wiegen. »Weg«, murmelte er und schloß die Augen.

»Weg«, sagte sie, nahm seine Hände von ihrem Bauch, öffnete die Handflächen und küßte das Innere seiner Gelenke. »Weg, weg, weg, weg.«

Er fragte nicht weiter. Er wollte nicht mehr wissen. Er wollte sie nur spüren. Riechen. Ihrem Atem lauschen. Er wollte nur bei ihr sein.

Schon bald würden die Bäume im Kurpark ihre prächtige rote Farbe annehmen. Aber es war noch Zeit, bis die kalten Nebel aus dem Rheintal nach Badenweiler hochkrochen.

Und der Weiher im Kurpark fror nie zu.